九州文库

易经解义

李　新　著

九州出版社
JIUZHOUPRESS

图书在版编目（CIP）数据

易经解义 / 李新著 . -- 北京：九州出版社，
2022.9

ISBN 978-7-5225-1173-3

Ⅰ.①易… Ⅱ.①李… Ⅲ.①《周易》—通俗读物
Ⅳ.①B221-49

中国版本图书馆 CIP 数据核字（2022）第 172052 号

易经解义

作　　者　李　新　著

责任编辑　黄明佳

出版发行　九州出版社

地　　址　北京市西城区阜外大街甲 35 号（100037）

发行电话　（010）68992190/3/5/6

网　　址　www.jiuzhoupress.com

印　　刷　唐山才智印刷有限公司

开　　本　710 毫米×1000 毫米　16 开

印　　张　26.5

字　　数　476 千字

版　　次　2023 年 1 月第 1 版

印　　次　2023 年 1 月第 1 次印刷

书　　号　ISBN 978-7-5225-1173-3

定　　价　99.00 元

前　言

在博大精深，光辉灿烂的中国历史文化中，有一朵奇葩长久绽放着它的神奇与异彩，并被誉为中华民族的文化之源，它就是《易经》。

几千年来人们在不觉中用它获得了成功而不知；在不知中违背它给自己带来了挫败而不觉。它用"以象喻事"的方法，把复杂的问题简单化了，使人们因简而不知其意。同时它又把简单的问题复杂化了，使本来简单的问题变得深奥莫测。它就像一间外观奇特，内部却装满奇珍异宝的房间，多少年来，人们经过无数努力想登堂入室一探究竟，却都因其晦涩难懂，而难以修成"正果"。因此导致古今众说纷纭，研精探奥之人绵延不断，这就是《易经》的魅力所在。

自古以来百姓读《易》，解其占；文人读《易》，解其辞；为臣读《易》，解其正；为君读《易》，解兴衰；仁者见仁，智者见智。先人们的艰辛努力，为我们今天解开《易经》之谜，打下了良好的基础；当前盛世为我们还原《易经》的本来面目，创造了良好的条件。儒家将《易经》列为群经之首。首有统领之意，是众经之源。由此可知《易经》对于中国文化而言是多么的重要啊！

本书第一章采用了历史传说、人物典故的方式讲述了《易经》的起源。第二、三、四章介绍了阅读《易经》的常识及《易经》的特点。第五章是以通俗易懂的方法，解释了《易经》的卦辞、象辞、爻辞和象辞。

众所周知，《易经》写作目的是"垂教于人"。教什么人？教什么？这是我们每一位读《易》之人所关心的问题。

本书采用了与众不同的方式系统地回答了上述问题；使读者能够快捷、轻松地读懂《易经》，并且重新认识这部千古奇书的社会价值；同时也使读者能够从其精彩绝伦的叙事方法中领悟古人的智慧。这是一本指导在职的领导者，如何取得事业成功和减少失败的人生教科书。同时也可帮助读者正确走出人生的困惑与迷茫。

本书献给在事业的征途上励志走正道，正在艰难探索成功的人们。

目 录
CONTENTS

第一章

易经简介

《易经》是从远古时期伏羲仰观象于天，俯观法于地，创作八卦开始，到周文王姬昌被囚羑里，将八卦两两相重推演成六十四卦，并创作了卦辞，实现了进一步发展；再经其子周公旦续爻辞、汇编成书，命名为《易》。后人称之为《周易》，周指的是周人，易是占筮的书。《周易》是指周人用于占筮的书。而后孔子晚年又将解释《周易》的专著：《彖》《系》《象》《说卦》《文言》《杂卦》编入《周易》，被后人称之为《易经》。伴随人们对《易经》研究的不断深入，其研究成果也不断地丰富了《易经》的内容，例如后来其中出现的各种太极图，以及与六十四卦相关的各种图和表等，都是后人根据对《易经》的理解而编撰的内容。

《易经》大体分为"经"和"传"两部分："经"是经文的意思，其中包括卦辞和爻辞。"传"是解释经文的专著，其中包括：《彖辞上》《彖辞下》《象辞上》《象辞下》《系辞上》《系辞下》《文言》《说卦》《序卦》《杂卦》。又称十翼。《彖辞》解释卦辞；《象辞》解释卦象与爻辞；《系辞》总论《周易》的内容；《文言》探讨的是乾、坤两卦之义；《说卦》讲述的是八卦的组成和方位，以及象征的意义；《序卦》是按照六十四卦的卦序，解说卦义；《杂卦》是未按卦序，杂说卦义。

《易经》出现之后，各朝各代都有人研究、著书，其中有些人的作品由于获得后人的广泛认同，而代代相传；因此形成了不同时期、不同领域研究《易经》的代表人物：例如汉代的孟喜、京房；魏晋时期的王弼；唐代的孔颖达；宋代的邵雍、朱熹等。这些人研究《易经》的著作，仍然是现代人读《易》、解《易》的重要参考书。

人们对《易经》的研究，可大致分为两个学派，即象数派和义理派。这两个学派分别代表《易经》研究的不同方向。

象数派是根据《易经》中象与数的内容，解释《易经》中的卦象和爻象。其研究成果主要用于占卜立卦、预测未来。为了解决卦辞、爻辞在占卜解卦时的局限性，象数派创立了卦气、纳甲、爻辰等学说，扩展了《易经》占卜的应用范围。象数派史上主要代表人物是孟喜、京房等人。

义理派是根据《易经》中的卦象和爻象所象征的意义，解释卦辞与爻辞中修德、进业的道理。其研究成果主要用于社会不同阶层的人士养德、修身，以成就自身的事业。《乾凿度》中说："孔子曰：上古之时，人民无别，群物未殊，未有衣食器用之利，伏羲乃仰观象于天，俯观法于地，中观万物之宜，于是始作八卦，以通神明之德，以类万物之情。故易者所以断天地、理人伦，而明王道。是以画八卦、建五气，以立五常之行；象法乾坤，顺阴阳，以正君臣、父子、夫妇之义；度时制宜，作为罔罟，以佃以渔，以赡民用。于是人民乃治，君亲以尊，臣子以顺，群生合恰，各安其性。"由此可知，《易经》是正君臣、治理天下的王者之道。义理派史上主要代表人物是王弼、孔颖达等人。

因此，为了能够正确理解《易经》卦辞、爻辞和象辞所讲述的内容，我们应从其成书的年代、历史背景以及作者的创作意图方面寻找答案。

一、 伏羲发明八卦

伏羲又称包牺氏。据考证伏羲时代大约从公元前 7700 年到公元前 5000 年，先后延续了 2700 年到 3000 年左右。这一时期人类已经从旧石器时代过渡到了新石器时代。人类从采摘野果、狩猎捕鱼的游猎生活方式过渡到有固定的居所，以石器、骨器为生产工具，开始从事早期种植业、养殖业的新时代。传说伏羲就是在这个时期根据社会的需求，发明了用圭表记录一年四季方法，即圭表（八卦）记历。用于指导当时种植业和养殖业的生产。

圭表是我国古代测量日影长度变化的工具，由"圭"和"表"两个部分组成。人们把立在石板上的木杆或石柱称为"表"，把有刻度的石板称为"圭"，用于测量一年四季日影的长短变化。

在观察日影变化的过程中，伏羲发现在每年最热的时候，正午时有一天固定的立杆在石板上的投影最短。每年在最冷的时候，正午时有一天同一立杆在石板上的投影最长。其他时间的影长都在这两点之间变化。因为当时还没有文字，伏羲用两个符号在石板上记录这两个点。首先用实线（一）表示最短的点，代表一年中最热的一天，并且将其命名为夏至日。至是极限的意思，夏至日是指夏季到了极限。过了夏至日立杆的影子由最短渐渐变长，气温也随之逐渐变凉。其次用虚线（— —）表示影子最长的点，代表一年中最冷的一天，并且将其命名为冬至日。冬至日是指冬季到了极限，过了冬至日立杆的影子由最长渐渐变短，气温也随之逐渐升高。

由此伏羲发现了立杆影子长短变化与气温高低变化的相关规律。当影子由最长变到最短时，气温则由最冷转为最热。当影子从最短变回到最长时，则气温又从最热变回到最冷，一个循环共计 365 天。而后被人们称为一年。这即是《系辞》中所说的"易有太极，是生两仪"的过程。"易有太极"说的是易（八卦）起源于太极。太极指的是"季节"尚没有被人们认知前的迷茫、混沌时期。两仪是指伏羲发现的冬至点和夏至点。后来人们称代表最冷一天的符号"— —"为"阴"，在八卦中又称阴爻。代表最热一天的符号"—"为"阳"，在八卦中又称阳爻。因此两仪通常又指阴与阳。

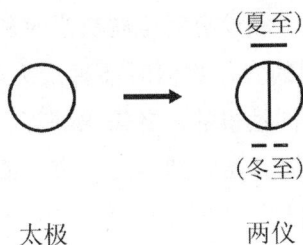

（夏至）

太极　　　　　　　　两仪

图一

伏羲通过对日影的观测又发现，当立杆的影子由最长向最短转变的过程中，在影子变短到总长的一半时，即达到中分点时，地下的谷物种子开始破壳生发；地上的植物开始发新枝，长新芽。伏羲将这个中分点命名为春分日。分是一半的意思。春分日指的是影子减少到总长一半的那一天。

当立杆的影子从最短向最长转变的过程中，在影子变长到总长的一半时，即到达另一个中分点时，大地上的谷物已经生长成熟了；地上的植物开始枯黄落叶了。伏羲将这个中分点命名为秋分日。秋分日指的是影子变长到总长一半的那一天。

为了在石板上记录春分日、秋分日的两个点，伏羲在原来两个符号的上方，分别又加上了一个符号，即（☳）、（☶）用以表示春分日、秋分日。这时伏羲已经将一年的时间分成了四等分，其四个点分别是：春分（☳）、夏至（☰）、秋分（☶）、冬至（☷）。这即是《系辞》中所说的"二仪生四象"的过程。"四象"指的是伏羲将一年分成四季的过程，即春季、夏季、秋季和冬季。至此一年四季被伏羲发现了，农耕文明也就从此开始了。

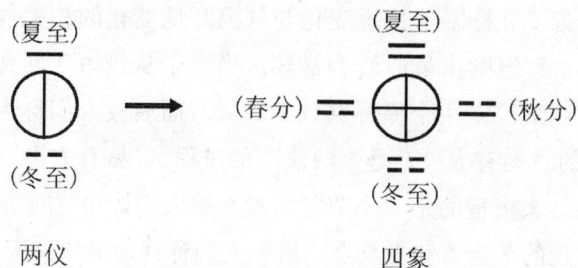

图二

将一年划分为四个季节，并没有完全解决当时种植业和养殖业所面临的问题。例如：在一年当中不同的农作物何时播种最终才能有收获；冬季来临后，要准备多少饲料才能满足不同牲畜的过冬需求等等。另外一年虽然被划分了四个季节，但是每个季节从何时开始，到何时结束，都没有明确的规定。于是伏羲在原来影长四等份的基础上，又将影长分成了八等份。并将新增的四个点分别命名为：立春日、立夏日、立秋日、立冬日。立是设立、开始的意思。立春日指的是春天开始了，同时说明冬天结束了；立夏日是指夏天开始了，春天结束了；立秋日是指秋天开始了，夏天结束了；立冬日是指冬天开始了，秋天结束了。到此为止伏羲明确划定了一年四季春、夏、秋、冬的变化范围，同时也为确定二十四节气奠定了基础。为了在石板上记录新增的四个点，伏羲在原来四个符号的下方，又增加了一个符号，即冬至（☷），立春（☶），春分（☵），立夏（☴），夏至（☰），立秋（☳），秋分（☲），立冬（☱），到此为止八卦已经形成。这即是《系辞》中所说的"四象生八卦"的过程。

因此伏羲早期发明的八卦，实际上是根据立杆影子的长短变化，编制的太阳历，用于指导当时种植业和养殖业的生产。后来人们又将八卦按照大自然八种现象分别命名为：（☰）为乾，代表天；（☷）为坤，代表地；（☳）为震，代表雷；（☴）为巽，代表风；（☵）为坎，代表水；（☲）为离，代表火；

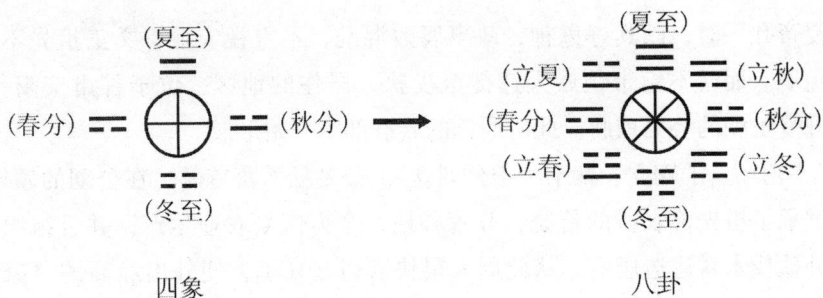

四象　　　　　　　　　　　　　　八卦

图三

（☱）为兑，代表泽；（☶）为艮，代表山。至此八卦已经超出了太阳历的应用范围，逐渐演变成为中华文明的起源。

二、 周文王作卦辞

《易经》中的卦辞据传是周文王在监狱中创作完成的。周文王姓姬名昌，于公元前 1148 年出生于陕西省岐山县。他是五帝之首黄帝的后代。周文王的祖先后稷弃是黄帝的曾孙。后稷是官职，弃是名字。

司马迁的《史记》中说：弃在儿童时期就有大人物的志向，当看到麻、豆可以解决人们的衣食问题时，就喜欢上了种麻、种豆，把种麻、种豆当作了儿时的游戏，并且经他种植的麻、豆都长得很好。由于弃特别喜欢研究农耕及种植技术，所以成年之后积累了丰富的种植谷物和考察选择土地耕种的经验，周围的百姓都纷纷向他学习。帝尧知道后任命弃为农师，主管农业技术的推广，使帝尧后期的农业生产得到了很大的发展，解决了百姓的吃饭问题，使天下人都受了益，因此人们都记得他的功绩。到了帝舜时期，帝舜对弃说，"弃，老百姓以前经常吃不饱，你能带领天下众人适时播种百谷"，彻底解决了人们的吃饭问题。为了表彰其功绩，于是将邰地封给了弃（位于今陕西咸阳市境内）。并任命为"后稷"，赐其姬姓，让其主管农业生产。此后这一官职被周氏子孙一直延续到夏帝孔甲。

后稷这一族的兴起，是在唐尧、虞舜、夏禹时期，他们历代都有出色的表现，并且其美好的德行受到人们广泛的称赞，为中国古代农业的发展做出了重

5

要贡献。

夏帝孔甲时，因其好鬼神，政事腐败混乱，不重视农业，文王祖先不窋被罢官免职。而后不窋带领族人迁徙至戎狄人居住的地区，位于甘肃庆阳一带，以避开夏王朝的势力威胁。此时周氏的族群部落开始形成。

"不窋卒、子鞠立、鞠卒、子公刘立"。公刘任部落首领。在公刘的领导下，周人继承了祖先善农耕的传统，开荒种地，全力恢复农业生产，并且组织族人在远处砍伐木料建造居室。从此周人很快富裕起来了，使外出经商的"家家有余资"，在家种田的"户户有余粮"。公刘因此深受人们的尊敬和爱戴，远近的百姓纷纷慕名迁徙而来。周氏侯国的兴起就是从这时开始的，公刘也因此成了周氏族群的第一位诸侯国国君。后来人们创作了许多诗歌，赞美公刘的德行。

公刘为了追求自己部落的更大发展，避开夏朝最后一代君王夏桀的逐乱（《史记·刘敬传》曰"公刘避桀居豳"），带领族人越过渭河迁于豳地（位于今陕西彬县境内）。豳地有山有水，土地肥沃。公刘带领族人在此开垦耕地、围城建都，为周氏侯国的后续发展奠定了坚实的基础。因此公刘立国是他最大的功绩。

公刘去世后，又经周氏后人八代传承至古公亶父。古公是周氏后人对其尊称。亶父是名字。亶父是周氏族群继后稷弃和公刘之后的另一位有大作为的国君。他带领周人扩大领地，修建邑城。全面继承了后稷、公刘的事业，大力发展农业、手工业，使周国很快富甲一方。他公正、善良、爱民，擅长治理国家和发展经济，但不喜欢战争。当周国受到周围野蛮民族的反复勒索欺辱时，周人愤怒了，纷纷拿起武器，要为保卫周国而战。古公亶父却对大家说："自古以来百姓拥护君王，是为了自身的利益。如今戎狄入侵，是为了夺取我们的土地和人民，因此百姓在我这里或在他们那里，没有什么区别。如果你们因我而战，为我失去了你们的父子，这样会令我于心不忍，内心不得安宁，以后叫我如何做你们的君主呢？"由此可见古公亶父宅心仁厚。于是他带领周人翻山越岭，跋山涉水，迁至岐山脚下的周原，位于陕西岐山县，后来被人们称为岐周。在这里古公亶父带领周人，开荒种地，重建家园。很快使岐周变成了一个欣欣向荣、生机勃勃的新侯国。古公亶父迁徙建国，恩泽百姓，厚爱民众，坚持正义，主持公道，深受人们的爱戴，因此人们纷纷吟诗作歌，颂扬他的德行。

古公亶父有三个儿子，长子太伯，次子虞仲，三子季历（也就是周文王的父亲）。亶父非常重视对自己的子女在道德和发展经济、治理国家方面的教育，使三个儿子都成了道德高尚、能力超群之人。但是亶父更偏重喜欢季历。因为季历善战，是一位优秀的军事统帅。而他的儿子姬昌深得亶父的喜欢，并且说："我世当有兴者，其昌乎。"就是说，我们这一族有王者兴起，这大概就是姬昌吧。姬昌就是后来的周文王。当太伯、虞仲得知自己的父亲将要把王位传给小弟季历之后，两人为了不让父亲为难，一起不辞而别。为了不让父亲找到，南下到文明尚未兴起的吴越之地，在那里后来成了吴国的创始人。由此可见古公亶父是一位教育子女的成功者。在王位相传的过程中没有出现兄弟相残的情况，为后来君王教育子女树立了榜样。

亶父去世后，季历成为周人的首领。季历与父亲不同，其父不喜欢战争，而季历崇尚武力解决问题。他不仅全力反击入侵者，而且经常在军事上先发制人。他从一上台就开始大力发展岐周的武装力量，目的是使周人强大起来，不再受他人的欺辱。同时也为了替父辈报迁徙之仇，以雪受戎狄敲诈欺辱之耻。因此他主动出击，征伐周边的戎狄部落。这些戎狄部落不但欺辱周人，同时也侵犯中原商王朝的领地。季历消除西北部戎狄的祸乱，客观上也为商王朝在西北部建立了一道保护屏障。

为了进一步获得商王朝的支持。季历在灭毕程氏、伐义渠成功之后，又去朝见商帝武乙，俯首称臣，并且得到武乙的奖赏。从此后，季历以替朝廷平定戡乱的名义，征鬼方、克余无之戎，被商新帝文丁任命为牧师。这是一个高于诸侯王的封号，是商朝西部的诸侯之长。而后季历又灭始呼之戎和翳之戎，取得了震惊商朝的胜利。岐周很快成了军事强邦，变成了商朝西部的霸王。由于岐周的日益强大，季历对商王文丁构成了威胁，最后被商王文丁设计囚杀了。

从季历开始，周氏族人彻底改变了过去仅以扩大农业生产发展自己的弱势。在季历的领导下，岐周通过大力发展武装力量实现了"以农业富国，以军事强国"的政治目标。季历最大的贡献是将周氏侯国建成了一个军事强邦，为后来的周氏王业做出了重大贡献。

季历死后，儿子姬昌四十五岁继位，成了岐周的最高领导人。文王姬昌凭借自己博学和丰富的阅历，严格遵守先祖的遗训，做到了仁德爱民，攘夷保民，礼贤下士，深得岐周上下的拥护和爱戴。他是一个文能治国、武能安邦的优秀领导者。在姬昌的领导下岐周的势力变得日益强大。

商朝国君太丁崩，帝乙立，帝乙崩，帝辛立。帝辛就是商朝的最后一帝，即是商纣王。商纣王是历史上最著名的暴君。由于他刚愎自用、好酒喜色、听信谗言、残害忠良，社会变得更加动荡不安。姬昌乘机壮大自己的势力，他不仅代表商朝平定周边戡乱，同时也在不断消减商朝的势力范围，导致商纣王深感不安。于是他用威胁利诱的方式，迫使当时力量强大的周侯（文王姬昌）、九侯、鄂侯入朝当官，并授予"公"的称号。"公"是仅次于王的官职，历史上统称这三人为"三公"。

三人入朝后有职无权，已被商纣王牢牢地控制了。商纣王听说九侯的女儿长得漂亮，便选入宫中，因其看不惯妲己的淫荡而遭商纣王杀害，并将其父九侯剁成肉酱煮成了肉羹，分给诸侯吃。鄂侯对此不满，上谏纣王，纣王一气之下将其处死，并制成肉干示众。文王姬昌闻其暴行，私下为九侯、鄂侯的惨死叹息不平，不料被崇侯虎得知后报告了商纣王。纣王因岐周势力强大，未敢将姬昌立即处死，将其关进了河南汤阴县的羑里监狱中，这时文王姬昌已是82岁的老人了。

这一关便是7年之久。7年间文王在监狱中无事可做，为了不虚度光阴，他认真总结了夏、商朝兴衰的原因，结合周氏祖先和自身多年为君、为臣的经验与教训，决定要编写一部教育子孙后代的教材，以保周氏家族的基业长青，江山永驻。这就是文王姬昌在监狱中创作《易经》卦辞的初衷。

在狱中由于受到商纣王的监视，文王想到了用占筮卜辞的写作方法，阐述为君、为臣走向事业成功的行为准则，以保证自己的创作能够顺利进行。文王根据自己创作的需要，重新确定了伏羲八卦的方位，又将八卦两两相重，组成了六十四卦。并在原有八卦名称的基础上，对其他五十六卦进行了命名。同时又根据卦与卦之间的相互关系，编排了六十四卦的卦序并填写了卦辞。至此《易经》的早期创作便完成了。

商纣王执政期间昏庸无道、暴虐成性，他用炮烙之刑残害大臣；无辜残暴诛杀比干、鄂侯、九侯等忠良。《帝王世纪》中说：商纣王囚禁文王后，将其长子伯邑考作为人质，留在宫内侍奉自己。后来因崇侯虎诬告"文王是圣人将来对商不利"，所以伯邑考被商纣王处死，并煮成人肉羹，赐予文王，以此试探文王是不是"先知先觉"的圣人。文王吃后谢恩。商纣王得知后说：如果姬昌是圣人，他吃了儿子的肉羹能不知道吗？

父亲、儿子的冤死，自己身陷监狱所遭受的凌辱，国仇家恨促使姬昌在狱中立志要彻底推翻灭绝人性的商纣王。在闳夭等大臣们的全力营救下，7年之后文王出狱。

文王出狱后在政治上暗中积德累善，瓦解商王朝阵营。首先献出了洛水西岸的大片土地给纣王，以此请求纣王废除炮烙之刑。纣答应了他的请求。文王因此大得人心，远方的诸侯及商大臣在政治上纷纷倒向了岐周。其次为了取得纣王的信任，文王筑灵台，大规模祭奠纣王祖先，以感谢纣王的释放之恩。而后又率西方诸侯朝拜纣王俯首称臣，使纣王兴致勃勃地说："周伯昌（即周文王）改道易行，吾无忧矣。"并且赐弓箭斧钺，授其有征伐其他诸侯的权力，并册封文王为"西伯侯"。

在军事上他先后组织了伐大戎、伐密须国、伐耆国、伐邗国连战连捷。名义上替商朝平定周边之乱，实际上是为了扫除周边障碍，扩大自己的领地。最后又伐商纣王的爪牙崇侯虎，彻底报了使自己丧子和遭受 7 年牢狱之灾的深仇大恨。自此商王朝的诸侯"大国畏其力，小国怀其德"。文王去世时，已是"三分天下有其二"了。

综上所述，周文王的成功并非偶然，而是周氏家族良好的道德观念和治国安邦的经验世代传承结果。这就是为什么周文王在"萃卦"和"涣卦"的卦辞中，曾先后两次提到"王假有庙（君王祭祖）"的原因。即文王提醒自己的子孙在迷惘、困惑时，要采用祭拜祖先的方法，追思先祖的遗训，以求解决问题的正确方法。文王的最大功绩是制订了铲除商王朝，建立周王朝的政治目标，并且为周武王彻底推翻商王朝奠定了坚实的基础。

因此伏羲发明八卦是为了描述季节的变化，用以指导种植业和养殖业的生产。周文王为六十四卦编写卦辞，是为了教育自己的子孙后代，在六十四种情况下，如何能够正确处理政务，并且明确指出了君、臣走向成功所具有的道与德。由于采用了占筮卜辞这种奇妙的写作方法，使后来大多数人都把《周易》当作一本占卜的书来读，这样不仅瞒过了当时商纣王的狱中检查，也躲过了秦始皇焚书坑儒的历史浩劫，使之能顺利流传至今。也可能是由于《周易》真谛在周氏子孙的内部传承，才使周王朝延续了 844 年，成了中国历史上存在时间最长的朝代。

三、 彖辞的作者

关于彖辞的作者从古至今有以下三种说法：

第一种说法是周文王。但是在彖辞中有些事情发生在周文王去世之后。例如《明夷卦》的彖辞曰"文王以之"，其意是文王就是这样。文王的称号是在文王去世之后被追封的，倘若文王作"彖"不应自称文王。又例如《革卦》彖辞中"汤武革命"，指的是商汤推翻夏桀，武王推翻商纣王的革命。武王推翻商纣王是发生在文王去世之后。因此彖辞不应是周文王的作品。

　　第二种说法是孔子。其主要依据是《史记·孔子世家》中说："孔子晚喜《易》，序《彖》《系》《象》《说卦》《文言》。"这里的关键词是"序"。"序"是按次序排列或介绍作品的意思，并不能说明其中的彖辞及其他内容都是孔子的作品。又例如《史记·周本纪》中说周公旦"初作《大诰》，次作《微子之命》"。这里的"作"是创作的意思，即明确地说明《大诰》与《微子之命》的作者是周公旦。倘若彖辞及其他内容都是孔子的作品，史记中上述内容应为："孔子晚喜《易》，'作'《彖》《系》《象》《说卦》《文言》。"

　　另外在同一卦中，彖辞与象辞有说法不同的情况。例如在《观卦》中，彖辞说："圣人以神道（天道）设教，而天下服矣。"意思说君王若能以天道设教，可使天下之人无不信服。而本卦象辞中则说："先王以省方观民设教。"即君王应以观察民情设教。两者说法不一致，其意思也不相同，所以彖辞与象辞并非一人所为。其次彖辞解释卦辞时，是以情真意切的忠告（如同长辈在谆谆告诫自己的子孙）和以象喻事的方式为主，而并非孔子以师教、直叙为主的写作风格。

　　第三种说法是周公旦。周公旦姓姬，名旦。是周文王的第四个儿子，是周武王的同母兄弟。在周文王的诸子中，武王姬发与周公旦是最出色的两个人。文王去世后，武王姬发继位，视其弟周公旦为左右手，在推翻商纣王的过程中周公旦立下了汗马功劳。

　　周公旦不仅是卓越的政治家和出色的军事家，并且还是个多才多艺的诗人、学者、作家。他深得周文王的真传，文能治国、武能安邦，有德有才。

　　武王在灭商后第二年病逝。临终前欲将王位传给周公旦，周公旦涕泣不止，不肯接受。而后武王将王位传给太子涌，即是周成王。当时成王不过十几岁的小孩，周公旦摄政辅佐成王平三监叛乱，东征扩疆，建新邦、定礼乐，安邦治国。七年后将王位还给了周成王。

　　周公旦创作彖辞的理由是：首先彖辞做到了能够准确解释卦象，即确定了上、下两卦所代表的真正含义，即象义。例如《讼卦》的下卦为坎，代表险（见第二章表一）；上卦为乾，代表刚健，彖辞中对卦象的解释为"险而健"。即本卦的象义是"行险刚健"。又例如《屯卦》的下卦为震，代表动；上卦为坎，代表险，彖辞中对卦象的解释为"动乎险中"。即本卦的象义是"动则有险"。八卦象征的意义（见第二章表一）是解开卦辞之谜的"密码"，倘若未得文王解卦的"密码",是无法正确理解象义的。

其次是完整、准确地解释卦辞。周文王在狱中创作卦辞时,为了避开商纣王的检查,采用了"以象喻事"和类似于"密码"的方法,阐述了为推翻商王朝给自己子孙制定的君、臣行为准则,其目的是要达到在没有得到文王的"密码"之前,将无法看懂的效果。由此可知象辞能够全面、准确地解释卦辞,非得文王真传之人所不能。

另外象辞的写作风格是以抒情、喻事的方法为主,从其形式到内容与卦辞、爻辞构成了不可分割的整体。在象辞中通常以天地、刚柔、夫妻代表君、臣,用于解释卦辞中的相关内容;并且以劝导、提示的方法告诫人们需要注意的问题。这一手法极似周公旦在《尚书·大诰》中的写作方法。周公旦在《大诰》中曾多次运用比喻的方法阐述自己的观点,例如以"若涉渊水",比喻处境危险、艰难。又例如"若稼夫,予曷敢不终朕亩",其意为:如同农夫种田,始终不敢违反天时啊!告诫人们若要平定叛乱,不可错失良机啊!总之,象辞的写作风格与周文王的卦辞和孔子的象辞明显不同。

综上所述,能够准确解释卦象及卦义,非得文王真传之人所不能,周公旦是文王之子,又擅长创作,因此象辞极其可能出自周公旦之手,因为其他人并不具备创作象辞的条件。或许是周公旦为周氏子孙能够读懂卦辞编写的参考书。所以本书赞同周公旦作象的说法,仅供读者参考。

四、 爻辞的作者

文王创作的《易经》卦辞,主要阐述了君、臣在六十四种情况下做事的准则。并没有详细说明在每种情况下,可能碰到不同问题时的正确处置方法,这即是爻辞所讲述的内容。每卦有六爻,六十四卦计384爻。为了突出乾、坤两卦的重要性,每卦各增加了一爻,共计386爻。相传是周公旦组织创作了爻辞。

在周公旦组织创作爻辞时商纣王已被推翻,其商朝残余势力也被荡平,周朝已进入了和平发展时期。为什么爻辞的写作方法乃然延续了周文王卦辞的以象喻事,采用隐晦难懂的方法写作,其目的有两个:①为了保证卦辞与爻辞在创作方法上的一致性,实现卦辞和爻辞在形式与内容上的和谐统一。②《周易》的创作初衷是为周氏子孙治国理政编制教材,周公旦不愿将此目的公布于众,要达到非周氏子孙未得真传，不解其意的效果。因此导致后来人在读《易》时出现了仁者见仁、智者见智的情况。

在周公旦的多年努力下，终于完成了这部千古奇书，并且被后来儒家奉为群经之首，也成了中国文化的源头活水。

五、 孔子作象辞

象辞分为卦象和爻象，又称大象（卦象）和小象（爻象）。据传是孔子的作品。卦象是为了解释象义而作。爻象是为了解释爻辞而作。孔子晚年喜欢研读《周易》，《史记》中说：孔子晚年喜欢读《易》，把编书简的皮绳磨断了多次。说明孔子刻苦读《易》的程度，同时也说明了读《易》的艰难和重要。另外孔子在《论语·述而》中说：五十岁之后，给我数年学《易》，可以不犯大错了。说的是孔子自己在五十岁之后，才具备了读懂《周易》的条件。

庄子在《天运》中讲到，孔子在五十一岁南下沛地向老子问道时说：为什么我求学于阴阳（《周易》），十年有二而没有什么收获。说明孔子在三十九岁时就已经开始学习《周易》了，但是并没有什么成效。在五十一岁之后才学有所成。从其所作象辞的内容上看，此时孔子已经能够比较准确理解《周易》的内容了。《史记》中孔子晚年曾说："假我数年，若是，我于《易》则彬彬矣。"即再让我多活几年，我对《易》从文辞到义理都可以充分掌握了。说明此时孔子对《周易》的理解尚未达到让自己十分满意的程度，与象辞能够系统、准确的解释卦辞相比，形成了明显的区别。尽管如此，孔子对《周易》的理解已经达到比较高的水平了。因此孔子是历史上继周文王、周公旦之后，能比较准确解释《周易》的第三人。所以象辞对我们正确地读懂《周易》，是不可缺失的教材。

由此可见，若要读懂《周易》要具备以下三个条件：第一要有一定的阅历，以保证充分了解《周易》成书的历史背景和条件。第二要具有在领导岗位上，长期担任正、副职的工作经历，以保证正确理解《周易》中所讲述的内容。第三由于《周易》阐述问题的方法是"以象喻事"，因此要有丰富的想象力和思考力，才能实现由象转入到对义的理解。

综上所述，《周易》并非是占卜之书，而是周文王、周公旦为教育子孙后代制定的君、臣行为准则。也是当今时代领导干部学习如何从政的实用教材，其社会意义深远重大。唐朝宰相虞世南曾说"不读《易》，不可为将相"。倘若不懂规矩何以为将相。历史上又有"善《易》者，不卜"之说，因为《周易》原本就不是占卜之书。

《周易注疏》中孔颖达曾指出："盖以圣人作《易》，本以垂教，教之所备"，即以前圣人创作《周易》的主要目的，是为教育在下之臣准备教材；因此若要读懂易经的卦辞、爻辞和象辞，就必须彻底跳出"占卜之书"的约束，站在领导者关注自身事业兴衰、成败的高度，去理解周文王和周公旦创作《周易》的初衷，只有这样才能真正读懂这本千古奇书。否则将进入一个怪圈：要么因不解而迷茫，要么因曲解而困惑，这是大多数读《易》者碰到的问题。

第二章

读易须知

一、 八卦

（一）单卦的意义

八卦的单卦是伏羲所画，用于记录一年的季节变化，是中国古代最早的历法。每卦由三个爻组成，他们分别是：乾卦（☰）、坤卦（☷）、震卦（☳）、巽卦（☴）、坎卦（☵）、离卦（☲）、艮卦（☶）、兑卦（☱）。伏羲时用《乾》代表夏至、用《坤》代表冬至、用《离》代表春分、用《坎》代表秋分、用《震》代表立春、用《兑》代表立夏、用《巽》代表立秋、用《艮》代表立冬。

后来人们又用它们分别代表八种自然现象：用《乾》代表天、用《坤》代表地、用《离》代表火、用《坎》代表水、用《震》代表雷、用《巽》代表风、用《艮》代表山、用《兑》代表泽。

到了周文王时，文王又将它们意义进一步扩展至君、臣的行为。用《乾》代表君，君应"健行"。用《坤》代表臣，臣要"柔顺"。用《震》代表怒和动，君怒臣"动"。用《巽》代表顺从，臣应"奉命"行事。用《坎》代表危险，"险"至上下。用《离》代表明智，"明"将有成。用《艮》代表止行，善"止"则通。用《兑》代表与下沟通，以"说教"劝下成事。

所以八卦在不同时期，代表着不同的事物，这也正是八卦在中华文明进程中的发展过程。

（二）八卦卦象

表一

卦名	卦形	象自然	象人	象行为	性质
乾	☰	天	父	刚健	至刚
震	☳	雷	长男	怒、动	刚
坎	☵	水	中男	险	中刚
艮	☶	山	少男	止	弱刚
坤	☷	地	母	柔顺、顺利	至柔
巽	☴	风	长女	顺从	柔
离	☲	火	中女	明智	中柔
兑	☱	泽	少女	悦、说	弱柔

此表是读懂《易经》的"密码"，应当熟记。否则后面内容将无法理解。

（三）八卦取象歌

南宋文人朱熹编写了八卦取象歌，用于帮助读者记忆：

乾三连（☰），坤六断（☷）

震仰盂（☳），艮覆碗（☶）

离中虚（☲），坎中满（☵）

兑上缺（☱），巽下断（☴）

（四）先天八卦方位

伏羲根据日影的长短变化，发明了先天八卦方位图，用于记录季节的变化：

先天八卦方位

图四

先天八卦从冬至开始按顺时针转，其顺序是冬至→立春→春分→立夏→夏至→立秋→秋分→立冬→冬至。因此伏羲的先天八卦是对一年季节变化的记录，是中国古代的历法。

（五）后天八卦方位

周文王为了编写《易经》卦辞，用更隐秘的方法阐述自己的奋斗目标，以及君、臣的行为准则，设计了后天的八卦方位：

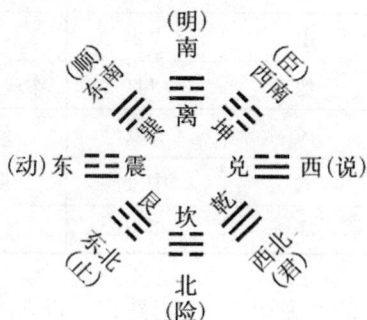

后天八卦方位

图五

周文王的先祖公刘最初创立的周氏侯国，是在甘肃庆阳一带；在文王时期位于商朝国都朝歌（河南淇县）的西北方。文王在狱中把乾位，即君位确定在西北方，说明文王立志要推翻商王朝夺取天下，效法先祖公刘创立一个新王朝。同时也提醒子孙不要忘记自身的使命。司马迁在《史记·周本纪》中记载了周武王东征伐纣观兵于盟津时，以车载文王木制灵牌随军前行，并向下属说明自己是奉文王之命伐纣，不敢擅自作主的过程。君位确定之后，我们看下一步文王怎样对其他七卦的编排。我们从乾位开始反时针看，其顺序是：乾（君）→兑（说教）→坤（臣）→离（明智）→巽（顺从）→震（动）→艮（止）→坎（险）。

我们将括号中的内容连接起来后就成为："身为人君，教育在下之臣，要明智做人，服从命令，当动则动，当止则止，否则将会有危险"。因此后天八卦方位的本质是周文王利用重新设计八卦方位，建立了"推翻商王朝的政治目标"；为了实现这一目标，告诫自己的子孙，身为人君或人臣应如何实现这一目标。这便是周文王设计后天八卦方位的初衷，同时也成了周文王创作卦辞的写作大纲。

（六）重卦的意义

八卦的重卦是由上、下两卦重叠而成，例如：《泰卦》上卦是坤卦（☷），下卦是乾卦（☰），由坤乾两卦重叠而成，即（䷊）。简称"乾下坤上"为泰。

在重卦中的上卦、下卦，又称内卦、外卦。当两卦之间是上、下关系时，经文可翻译成君、臣关系。例如：《蒙卦》（䷃）。上卦是艮卦"为止"，下卦是坎卦为"险"。卦象是"上止下险"。即见下有险时，为君在上要以教止险。

当两者之间是内、外关系时，经文可翻译成内部、外部。例如：《否卦》（䷋）外卦是乾卦，"为阳"，其象为君子。内卦是坤卦，"为阴"，其象为小人。则《否卦》的卦象是"外君子、内小人"，即小人在内被重用，得势。君子在外被冷落，失势。

（七）六爻的命名

重卦每卦共有六爻。其中的阳爻（—）称为"九"。阴爻（——）称为"六"。命名的顺序是自下而上。下数第一爻称初爻。初爻如果是阳爻称"初九"；如果是阴爻称"初六"。第二爻如果是阳爻称"九二"；如果阴爻称"六二"。依次类推至第五爻。第六爻，称上爻。上爻如果是阳爻称"上九"；如果是阴爻称"上六"。

例如，《泰卦》（䷊）：从最下的一爻开始，第一爻是阳爻，称"初九"。第二爻是阳爻，称"九二"。第三爻是阳爻，称"九三"。第四爻是阴爻，称"六四"。第五爻是阴爻，称"六五"。第六爻是阴爻，称"上六"。

二、　五行

五行是我们祖先将复杂多变的宇宙万物分成了五类物质，即水、火、木、金、土。他们将各种物质的存在与变化，都看成是这五物质相互作用的结果。五行是我们祖先的独创。五行的出现奠定了我国古代科学事业发展的理论基础，对我国古代科学事业发展产生了极其重要的推动作用，成为我们祖先抽象思维成果的一朵奇葩。它通常被用于分析、描述事物变化的原因和结果。

（一）五行的起源

"五行"一词最早出现在《尚书·甘誓》中。《甘誓》是夏王朝第一代君王夏启在甘地（现在的洛阳）镇压有扈氏叛乱时，在大战之前向全体将士发表的誓词。其中说道："有扈氏威辱五行，怠弃三正，天用剿绝其命。"其义为：有扈氏运用自己的权力破坏"五行"，抛弃了天道、地道和人间正道，上天因此要灭绝他们。这里的"五行"指的是水、火、木、金、土、五种物质。

在中国古代农耕社会，人们很早就认识了这五种物质的重要性，例如水用于农作物的灌溉和人们的饮用；火用于取暖及烹饪食物；金用于制作生活用具及武器；木用于建造房屋及用具；土用于制作陶器及种植谷物。有扈氏破坏"五行"指的是破坏了人们正常生活的物质基础，使人们陷入了饥饿与贫困之中。

后来古人又将"五行"的内容扩展到人们精神层面的感受。例如《尚书·洪范》中说："五行：一曰水，二曰火，三曰木，四曰金，五曰土。水曰润下，火曰炎上，木曰曲直，金曰从革，土爰稼穑。润下作咸，炎上作苦，曲直作酸，从革作辛，稼穑作甘。"这是周武王向原商朝大臣箕子问政时，箕子对周武王说的一段话。其中明确指出了"五行"是由水，火，木，金，土组成。其义为：水的特点是润下，火的特点是炎上，木的特点是可曲、可直，金的特点可剥皮革，土的特点可种植收获谷物。为君执政若能像水一样润下，给人们带来幸福和快乐时，人们将会感恩于你，称咸（感）。为君执政若是给人们带来灾难，让人们感到如同被火烧烤一样痛苦万分时，称苦。为君执政若是曲直不分，对有功、有过之人不能给予公平的奖、罚，让人们感到内心酸楚时，称酸。为君执政若是不断剥刮民脂民膏，让人们感到辛苦不堪时，称辛。为君执政若是有利于人们种植、收获谷物，人们能大量获得美味的食物，让人们感到生活美满和甘甜时，称甘。所以箕子认为身为人君执政若能依此治理天下，就可将天下管理得井井有条。

综上所述"五行"从内涵到外延是一个不断发展的过程，古人从对大自然五种物质的简单认知开始，最终发展成为我国古代智者认识世界、解释世界、改造世界的理论基础。至于"五行"是何人、何时发现的已无从查证，但是可以肯定"五行"的起源应早于夏朝之前；由于《周易》成书于商末、周初，其中运用五行的特性及相生相克的原理，解释事物的变化过程就不足为奇了。

（二）五行的特性

五行水，火，木，金，土的各自特性如下：

（1）水具有向下，滋润万物的特性。水大则有险。在八卦中"坎"为水，代表险。即为臣若是上、下不顺，则会导致险情不断。

（2）火具有向上，燃烧、照明的特性。火小可烹饪食物和照明，火大则是灾难。在八卦中"离"为火，代表明智或灾难。即为人若能明智做事，则无灾难发生。

（3）木具有曲直，顺从环境成长的特性。在八卦中"震"和"巽"为木；震代表怒（动），即君怒，臣要顺从君意而动。巽代表顺从，即为臣只有顺从君意而动，前行才会顺利。

（4）金具有变革、刚健的特性。在八卦中"乾"和"兑"为金；乾代表君和刚健，即为君要刚健前行，自强不息。兑代表说（悦），即为君与下沟通要达到上说下悦的效果。

（5）土（大地）具有柔顺跟随天道变化和生化、包容万物的特性。在八卦中"坤"和"艮"为土；坤代表臣和柔顺（顺利），即为臣对上做到内、外柔顺，仕途才能一帆风顺。艮代表止，即为臣若能做到自止不当之行，才能有效防止灾祸发生。

（三）五行的相互关系

五行出现后，人们发现五行并非相互之间没有任何联系，而是存在相生相克的规律。相生是一行对另一行有滋生和促进成长的意思，其结果将是顺利或有利。相克是一行对另一行有制约、抑制的意思，其结果将是困难或不利。它们之间的相互关系如下：

1. 相生关系：

（1）木生火，是因为古人依靠钻木取火；并且要保持火能继续燃烧，就要不断添加木材。古人依此得出结论：木可生火。

（1）火生土，是因为古人发现木在焚烧后变成灰烬，远古时人们认为灰即是土。所以依此得出结论：火可生土。

（2）土生金，是因为古人发现金属矿均埋藏在深山的地下泥土之中。古人依此得出结论：土可生金。

（3）金生水，是因为古人发现在冶炼金属时，固体的金属变成了液体，远古时人们将液体统统视为水。古人依此得出结论：金可生水。

（4）水生木，是因为古人发现水可滋润树木生长，无水干旱之地则树木不生。古人依此得出结论：水可生木。

2. 相克关系：

（1）木克土，是因为古人发现树木扎根于土中，依靠消耗土中的营养成分成长壮大。古人依此得出结论：木能克土。

（2）土克水，是因为古人治水依靠用土筑堤拦坝。古人依此得出结论：土能克水。

（3）水克火，是因为古人发现用水可将正在燃烧的大火熄灭，古人依此得出结论：水能克火。

（4）火克金，是因为古人发现金属器具被火加热到一定温度时，就会出现损坏。古人依此得出结论：火能克金。

（5）金克木，是因为古人发现金属制作的工具，可砍伐树木。古人依此得出结论：金能克木。

由此可见五行相生相克的规律，是古人通过观察生活现象得出的结论。后来人们在此基础上运用五行的这些特点分析、解释事物变化的原因和结果；最终发展成为古代人们认识世界，改造世界的理论基础。

（四）五行的方位

东方属木、南方属火、西方属金、北方属水、中央属土。

三、 天干十支

天干十支是古人根据太阳照在圭表上影子的长短变化，将一年分为十个月。分别用甲、乙、丙、丁、戊、己、庚、辛、壬、癸表示。天干十支实际上是古人制定的太阳历。后来人们又根据月亮一年十二次圆亏的变化，将一年分为十二个月，即是十二地支。用子、丑、寅、卯、辰、巳、午、未、申、酉、戌、亥表示。实际上是古人制定的月亮历。又叫太阴历。十二地支在易经的卦辞、爻辞中未曾出现。

（一）天干与五行

甲乙属木、丙丁属火、戊己属土、庚辛属金、壬癸属水。在《易经》中曾用天干与五行表示事件之间的相互关系。例如，《蛊卦》卦辞中的"先甲三日、后甲三日"。甲日属木；先甲三日是辛日，辛日属金，辛金克甲木。其义是如果不清除弊乱，自身的事业将会受到伤害。后甲三日是丁日；丁日属火，甲木生丁火。其义是如果清除弊乱，将有助于自身的事业向前发展。

（二）天干与方位

甲乙属木、位于东方。丙丁属火、位于南方。戊己属土、位于中央。庚辛属金、位于西方。壬癸属水、位于北方。

第三章

易经的写作特点

《易经》的卦辞、象辞、爻辞、卦象、爻象是由历史上公认的三位圣人：周文王、周公旦、孔子创作完成的。卦辞是主线，象辞解释卦辞，卦象解释象义。爻辞诠释卦辞，爻象解释爻辞。

了解《易经》经文的写作特点，是为了更好的理解经文。文王的卦辞；周公旦的象辞（见第一章中"象辞的作者"）、爻辞；孔子的卦象（大象）、爻象（小象）其写作风格明显不同，各具特色；其叙事的方法也不一样。

一、 卦辞的写作特点

《易经》中的六十四卦，是讲述君、臣在处理日常事务中，所碰到的六十四种情况。每一种情况是一个事件。卦辞是讲述这一事件出现之后，身为人君或身为人臣处理、解决这一事件的正确方法。并且指出了这一事件未来将会出现的结果。其叙事方法是"以象喻事"；倘若不知其象，将不解其意。《易经》的卦辞"言简意赅"，以精练的语言阐述了每卦的利弊。卦辞的主要内容如下：

（一）确定事件

在卦辞中首先是利用重卦中上、下两卦所象征的意义确定本事件，即是本卦所要讲述的主要内容。例如，《谦卦》（䷎）：下卦（内卦）是艮，代表止；上卦（外卦）是坤，代表柔顺。用这种方法解释了什么是谦。即为人处事若能做到"内止外顺"，即对内（自己）能自止名利、私欲，对外能顺从他人的愿望，以卑自牧为谦。因此本卦主要讲述的内容是谦虚做人。简称谦。

又例如，《升卦》（䷭）：下卦是巽，代表木（巽卦位于东南方，属木）；上卦是坤，代表大地。木（树）从地下长出，是上升之象。其义是为臣晋升如同树木从地下长出，如果处置得当可步步高升。因此本卦主要讲述的内容是为臣升职。简称升。

（二）结果判断

卦辞中的另一个内容是对这一事件的结果做出判断。例如，《谦卦》的卦辞是："谦，亨，君子有终"。亨：顺利。有终：有好结果、善终。其义是：为人处事若能做到，对内能止、对外能以卑自牧，前行将会顺利，并且可以善终。其中的"亨""有终"，则是对事件结果作出的判断。

（三）做事方法

在有些卦辞中，同时指出了处理这一事件的正确方法。例如，《同人卦》卦辞中的"利君子贞"。贞：持正不变。其义是：在同人的情况下，君子若能坚守正道不变，对自己才会有利。"贞"（持正不变）是做事的方法。

又例如，《坤卦》卦辞中的"先迷后得"。其义是：为臣与君共事，走在君之前，则会迷失方向；跟在君之后，则会得到其君的支持和帮助。"先迷后得"是做事的方法。

（四）注意事项

卦辞中的最后一个内容是提示读者在此事件中的注意事项。例如，《临卦》卦辞中的"至于八月有凶"。八月是阳消阴长之时，暗示正消邪长。其义是：为君执政如果是正消邪长，将会给执政带来凶险。提示人们注意"八月有凶"。

又例如，《大畜卦》卦辞中的"不家食，吉"。不家食是不为自己和家人谋利益，即不谋私利之意。其义为：不谋私利，吉。提示人们注意"不家食"才能吉。

另外需要说明的是在卦辞中，并不是所有卦辞都包含有上述四项内容，有的卦辞仅仅包含一项内容，例如《大有》卦的卦辞为"大有：元亨"。"大有"是卦名。卦辞"元亨"是对结果做出的判断，是大顺的意思。

二、 象辞写作特点

象辞是为了解释卦辞而作。其叙事方法是谈天、说地、言万物，以喻君、臣之道。其写作风格如同教育子孙以深情忠告明是非，情真意切。象辞的主要内容如下：

（一）解释卦名

为了让读者了解卦名的意义，象辞首先对卦名做出了解释。例如，《大过卦》中的象辞："大过，大者过也。"大指的是君，过指的是用臣之过。因此"大过"的意思是"在上之君以过用臣"。

又例如，《困卦》中的象辞："困，刚掩也。"刚指的是君，掩是遮蔽（埋没）之意。因此"困"的意思是"为臣受困于君，被君埋没"。

（二）解释卦象

《易经》中的六十四卦，每卦都是由上、下两卦组成。上、下两卦所象征的意义，就是卦象。象辞均以行为之象阐述卦象。例如《解卦》，下卦是坎，代表险；上卦是震，代表动，象辞中的"险以动"即是本卦的卦象。"动而免乎险，解"是解释卦象之义，即"解卦"说的是动手解险，才能避免受到险情的伤害。

大多数卦的象辞中，都直接阐明了卦象，并解释了象义。但是也有少数卦的象辞中并未直言卦象。读者可在《表一》"象行为"栏中找到答案。并且同样也能在象辞中，找出相应的卦象之义。例如《比卦》，下卦是坤，查《表一》代表顺利；上卦是坎，查《表一》代表险。因此其卦象为"顺利防险"。象辞中"不宁方来，上下应也。后夫凶"。说明为君若求顺利，就要防止下不宁造成的凶险，这即是本卦的象之义。

（三）解释卦辞

为了让读者读懂卦辞，对每句卦辞都做了相应的解释。例如，《贲卦》的卦辞是"贲：亨，小利有攸往"。其象辞对亨的解释为"柔来文刚，故亨"。柔指的是臣，文指的是赞美，刚指的是君，亨是顺利。其义为：为臣用赞美的方法称赞自己上司，自身也将获得顺利。

又如上例象辞对卦辞"小利有攸往"的解释为"分刚上而文柔，故小利有攸往"。分：分清是非。刚指君，柔和小指臣。利有攸往：利长期前行。其义是：在上之君分清是非后表彰在下之臣时，对臣有利，利臣长期依此前行。

（四）强调卦义

象辞的最后部分是解释或强调本卦的意义。例如，上例《贲卦》中象辞的最后一段"观乎人文，以化成天下"。人文：人间相互赞美。化成：教化成功。其义是：观察人间相互赞美的结果，是为了教化天下之人获得成功。

又如《遁卦》中象辞的最后一段："遁之时义大矣哉！"遁：撤离。大矣哉：非常大啊！其义是：把握好撤离时机，其意义非常大啊！

三、 卦象的写作特点

卦象又称大象，是孔子为了解释卦象而作。无论卦象（大象），还是爻象（小象），在解释卦象和爻辞的过程中，都是以直叙为主。即以直言相告，并无"以象喻事"的情况。这是"象辞"与"卦辞""爻辞""象辞"最明显的区别。卦象（大象）的主要内容如下：

（一）阐述卦象

所有六十四卦都是由上、下两卦重叠而成。卦象首先描述的是卦的组成。例如，《蹇卦》的卦象为"象曰：山上有水，蹇"。山上有水即是蹇卦的组成；即下卦是艮，艮为山。上卦是坎，坎为水。其象征的意义是因为山上有水，前行将是步履险难。

又例如，《大壮卦》的卦象为"象曰：雷在天上，大壮"。雷在天上即是《大壮卦》的组成；即下卦是乾。乾为天，代表健。上卦是震。震为雷，代表动。其象征的意义是：为臣在下健行似天，为君在上之动似雷，为臣健行要小心头上有雷。

另外孔子在对卦象的解释中，将八卦的自然之象（见表一）用于解释君、臣的行为，因此出现了有些卦对卦象的解释，不同于卦辞所讲述的内容。例如"复卦"，孔子所作的卦象内容与卦辞所讲述的内容出现了明显不同，请读者自行斟酌。这也许就是孔子对自己解释《周易》感到不满意的原因。

（二）应对方法

另外，卦象告诉人们，如何应对象辞中所提出的问题。例如，《蹇卦》的象辞为"君子以反身修德"。其义为：在前方步履险难之时，对道德高尚的君子之臣而言，要借此机会反省自身不足，以提高自己的道德修养。

又例如，《大壮卦》的象辞为"君子以非礼弗履"。其义为：君子之臣在有权有势的大壮之时，要善保其大，壮而不越礼法。

四、 爻辞写作特点

爻辞是周公旦组织创作完成的，是对周文王卦辞的诠释。每卦有六爻，每爻都是从不同方面阐述了所属重卦的主题。其叙事的特点是广泛采用"以象喻事"的方法，从六个方面阐述一卦的主题。其写作风格是言词精炼，隐涩难懂。爻辞的主要内容如下：

（一）主题的确定

《易经》的六十四卦，每一卦都有一个主题。卦中的六爻是从六个不同方面分别论述主题。在阅读爻辞确定主题的过程中，若有爻辞解读的内容，不符合原来设定的主题时，说明原定的主题有误或者是对爻辞的解释有误。当所有爻辞解读的内容都符合已确定的主题时，说明原来设定的主题已离正确答案不远了。

（二）爻辞的核心

六爻是从六个方面论述主题，所以每条爻辞都是主题所包含的一项内容，其内容就是每爻的核心。例如，《豫卦》爻辞中的"六五：贞疾，恒不死"。贞：持正不变。疾：众人的疾苦。恒：永远。其义为：坚持不变解决众人的疾苦，将永远活在人们的心中。其中的"贞疾"则是本爻的核心。

又例如，《复卦》爻辞中的"初九：不远复，无祗悔，元吉"。复：回归（改错）。祗：大。元：大。其义为：错后不久能及时改正，可无大悔。有大吉。其中的"不远复"则是本爻的核心。

（三）结果的判断

爻辞中的另一个内容是对爻辞中的行为结果做出判断。例如上两例中的"恒不死""元吉"，都是对例中的行为结果做出的判断。

又例如，《豫卦》爻辞中的"六二，介于石，不终日，贞吉"。介：坚。不终日：不过当日。贞：不变。其义为：为下谋取福祉之志，坚如磐石。如果有错立即改正，不过当日；能坚持不变，则吉。其中"贞吉"的吉字，就是本爻的判断之词。

（四）注意事项

爻辞的最后一个内容是对爻辞中的行为提出了注意事项。例如，上例《复卦》中的"不远复"，提示人们有错即改，可无大悔，可获大吉。

又例如，《豫卦》六二爻中的"贞吉"中的贞字，提示人们只有坚持不变，才能吉祥如意。《豫卦》六五爻中的"贞疾"中的贞字，提示人们只有坚持不变解决众人的疾苦，才能永远活在人们心中。

五、 爻象的写作特点

爻象又称小象，是孔子为了解释爻辞而作。对读者理解爻辞有很大帮助。爻象的主要内容如下：

（一）引用关键词或句

爻象的首句都是引用了爻辞中的关键词或句。例如，《离卦》中六五爻的象辞"象曰：六五之吉，离王公也"。其中的"吉"字是引用六五爻中的关键词。

又例如，《晋卦》中六五爻的象辞"象曰：失得勿恤，往有庆也"。其中的"失得勿恤"，是引用了六五爻中的关键句。

（二）解释关键字或句

其次是解释关键词或句，并且告诉读者应当怎样做以及最终出现的结果。例如上例中"六五之吉，离王公也"。离：明智。王公：天子和诸侯。其义为：六五爻之吉，是天子和诸侯的明智之举，若能依此前行将给自己带来的吉祥如意。"离王公也"是做事的方法。"吉"是最终出现的结果。

又例如上例中"失得勿恤，往有庆也"，恤：顾虑。其义为：不要顾虑得失，前行将有喜庆之事发生。即不要顾虑得失的原因是有喜庆之事发生。"得失勿恤"是做事的方法。"往有庆也"是最终出现的结果。

综上所述，由于卦、象、爻、象是《易经》的核心内容，所以了解其写作特点，将有助于我们正确理解《易经》中的卦辞、爻辞、象辞和象辞所讲述的内容，以及读懂这部千古奇书了。

第四章

六十四卦分类及分篇

一、 六十四卦分类与主题

周文王为了编写卦辞，设计了后天八卦方位图（见图五），并且重新定义了八卦象征的意义，即《乾》为天、象征君，代表刚健；《坤》为地、象征臣，代表顺利或柔顺；《震》为雷，代表动或怒；《坎》为水，代表险；《艮》为山，代表止；《巽》为风，代表顺从；《离》为火，代表明智；《兑》为泽，代表说或悦。

周文王设计后天八卦方位图，以及重新定义八卦意义的主要目的有两个：一是通过将乾（君）位放在西北方，为子孙制定了推翻商王朝建立周王朝的政治目标，提醒子孙们不要忘记自身的责任与使命。二是将六十四卦分成了八大类，即以重卦的上卦为主，将其固定不变；下卦分别与八卦中的各卦相配，组成了八个重卦系列，他们分别是：《乾章卦》《震章卦》《坎章卦》《艮章卦》《坤章卦》《巽章卦》《离章卦》和《兑章卦》，同时这八个重卦系列也成为了卦辞的写作大纲。

周文王按照上述八个系列的各自特点，分别阐述六十四卦的各自内容。读者通过对每卦的象义分析，以及卦辞和爻辞所讲述的内容，发现每卦的主题，即每卦所讲述的主要内容。因此这是破解《周易》卦辞、爻辞、象辞的重要方法。同时也可通过其卦所属系列，反向印证所拟定的主题是否正确。所以这一方法成为了本书确定每卦的主题，以及系统、全面解释《周易》的主要依据之一。

（一）《乾章卦》：论刚健

"乾章卦"是指上卦为乾卦，下卦分别由八个不同单卦组合而成的重卦系列。其先后次序按照"表一"中乾、震、坎、艮、坤、巽、离、兑的顺序排列。乾象征刚健。"乾章卦"中每卦的象义及主题如下：

表三

序号	卦名	卦形	卦象	象义	卦主题	卦序
1	乾卦	䷀	下乾上乾	内外刚健	论为君的道与德	1
2	无妄卦	䷘	下震上乾	动随刚健	论臣不妄为	25
3	讼卦	䷅	下坎上乾	行险刚健	论臣之险	6
4	遁卦	䷠	下艮上乾	行止刚健	论臣以柔退	33
5	否卦	䷋	下坤上乾	小人①刚健	论用小人	12
6	姤卦	䷫	下巽上乾	臣②持刚健	论用刚臣	44
7	同人卦	䷌	下离上乾	明智刚健	论大人助人	13
8	履卦	䷉	下兑上乾	悦伴刚健	论臣伴刚君	10

* 注：①坤为阴，此处象征小人。②巽为顺从，意指在下之臣。

（二）《震章卦》：论怒与动

"震章卦"是指上卦为震卦，下卦分别由八个单卦组合而成的重卦系列。其先后次序按照震、乾、坎、艮、坤、巽、离、兑的顺序排列。震象征动或怒。"震章卦"中每卦的象义及主题如下：

表四

序号	卦名	卦形	卦象	象义	卦主题	卦序
1	震卦	䷲	下震上震	下动上怒	论君之怒	51

序号	卦名	卦形	卦象	象义	卦主题	卦序
2	大壮卦		下乾上震	刚健之动	论臣以刚进	34
3	解卦		下坎上震	遇险之动	论以动解险	40
4	小过卦		下艮上震	止险之动	论用臣无诚	62
5	豫卦		下坤上震	顺利之动	论君之顺	16
6	恒卦		下巽上震	顺从之动	论以恒成事	32
7	丰卦		下离上震	明智之动	论能臣之用	55
8	归妹卦		下兑上震	悦上之动	论出任副职	54

（三）《坎章卦》：论行险

"坎章卦"是指上卦为坎卦，下卦分别由八个单卦组合而成的重卦系列。其先后次序按照坎、乾、震、艮、坤、巽、离、兑的顺序排列。坎象征险。"坎章卦"中每卦的象义及主题如下：

表五

序号	卦名	卦形	卦象	象义	卦主题	卦序
1	坎卦		下坎上坎	上险下险	论臣失道	29
2	需卦		下乾上坎	刚健解险	论君之险	5
3	屯卦		下震上坎	动则有险	论创业	3
4	蹇卦		下艮上坎	止于有险	论前行遇险	39

续表

序号	卦名	卦形	卦象	象义	卦主题	卦序
5	比卦		下坤上坎	顺利防险	论亲下	8
6	井卦		下巽上坎	顺从防险	论君之困	48
7	既济卦		下离上坎	明智防险	论成功之险	63
8	节卦		下兑上坎	下悦上险	论防内患	60

（四）《艮章卦》：论行止

"艮章卦"是指上卦为艮卦，下卦分别由八个单卦组合而成的重卦系列。其先后次序按照艮、乾、震、坎、坤、巽、离、兑的顺序排列。艮象征止。"艮章卦"中每卦的象义及主题如下：

表六

序号	卦名	卦形	卦象	象义	卦主题	卦序
1	艮卦		下艮上艮	内外之止	论臣之止	52
2	大畜卦		下乾上艮	刚健之止	论臣养止德	26
3	颐卦		下震上艮	动而知止	论君用臣	27
4	蒙卦		下坎上艮	下险之止	论育人	4
5	剥卦		下坤上艮	顺利之止	论止内乱	23
6	蛊卦		下巽上艮	先顺后止	论止下乱	18

序号	卦名	卦形	卦象	象义	卦主题	卦序
7	贲卦	☲☶	下离上艮	明善之止	论扬善	22
8	损卦	☱☶	下兑上艮	求悦之止	论损下	41

（五）《坤章卦》：论顺利

"坤章卦"是指上卦为坤卦，下卦分别由八个单卦组合而成的重卦系列。其先后次序按照坤、震、坎、艮、巽、离、兑的顺序排列。坤象征柔顺、顺利。"坤章卦"中每卦的象义及主题如下：

表七

序号	卦名	卦形	卦象	象义	卦主题	卦序
1	坤卦	☷☷	下坤上坤	柔顺顺利	论为臣的道与德	2
2	泰卦	☰☷	下乾上坤	刚健顺利	论用大人	11
3	复卦	☳☷	下震上坤	动求顺利	论防内乱	24
4	师卦	☵☷	下坎上坤	行险顺利	论出征	7
5	谦卦	☶☷	下艮上坤	行止顺利	论臣之顺	15
6	升卦	☴☷	下巽上坤	顺从顺利	论事成之升	46
7	明夷卦	☲☷	下离上坤	明智顺利	论臣受阻	36
8	临卦	☱☷	下兑上坤	下悦顺利	论执政	19

（六）《巽章卦》：论顺从

"巽章卦"是上卦为巽卦，下卦分别由八个单卦组合而成的重卦系列。其先后次序按照巽、乾、震、坎、艮、坤、离、兑的顺序排列。巽象征顺从。"巽章卦"中每卦的象义以及主题如下：

表八

序号	卦名	卦形	卦象	象义	卦主题	卦序
1	巽卦	䷸	下巽上巽	内外顺从	论奉命行事	57
2	小畜卦	䷈	下乾上巽	刚健顺从	论臣养顺德	9
3	益卦	䷩	下震上巽	动求顺从	论益下	42
4	涣卦	䷺	下坎上巽	除险顺从	论除内患	59
5	渐卦	䷴	下艮上巽	知止顺从	论出任正职	53
6	观卦	䷓	下坤上巽	顺利顺从	论察政	20
7	家人卦	䷤	下离上巽	明正顺从	论上下同行	37
8	中孚卦	䷼	下兑上巽	悦而顺从	论用臣以诚	61

（七）《离章卦》：论明智

"离章卦"是上卦为离卦，下卦分别由八个单卦组合而成的重卦系列。其先后次序按照离、乾、震、坎、艮、坤、巽、兑的顺序排列。离象征明智。"离章卦"中每卦的象义及主题如下：

表九

序号	卦名	卦形	卦象	象义	卦主题	卦序
1	离卦		下离上离	内明外明	论臣有道	30
2	大有卦		下乾上离	刚健之明	论大人有德	14
3	噬嗑卦		下震上离	动刑之明	论惩恶	21
4	未济卦		下坎上离	遇险之明	论未成之险	64
5	旅卦		下艮上离	自止之明	论能臣不用	56
6	晋卦		下坤上离	顺利之明	论臣晋升	35
7	鼎卦		下巽上离	顺从之明	论用权	50
8	睽卦		下兑上离	进言之明	论上下背行	38

（八）《兑章卦》：论说与悦

"兑章卦"是上卦为兑卦，下卦分别由八个单卦组合而成的重卦系列。其先后次序按照兑、乾、震、坎、艮、坤、巽、离的顺序排列。兑象征说或悦。"兑章卦"中每卦的象义及主题如下：

表十

序号	卦名	卦形	卦象	象义	卦主题	卦序
1	兑卦		下兑上兑	下悦之说	论与下沟通	58
2	夬卦		下乾上兑	刚健之说	论除奸臣	43

序号	卦名	卦形	卦象	象义	卦主题	卦序
3	随卦	䷐	下震上兑	下动上悦	论下随上	17
4	困卦	䷮	下坎上兑	下险上悦	论臣之困	47
5	咸卦	䷞	下艮上兑	止下之说	论以感成事	31
6	萃卦	䷬	下坤上兑	顺利之说	论聚众成事	45
7	大过卦	䷛	下巽上兑	顺从行悦	论君制臣	28
8	革卦	䷰	下离上兑	下明行悦	论变革	49

二、 六十四卦分篇与卦序

周文王在六十四卦的卦辞创作完成后，为什么将前三十卦划分为上篇，后三十四卦划分为下篇？为什么周文王按照现在的顺序排列六十四卦？从古至今尚无令人信服的专著与说法；其原因是六十四卦无论是从卦形还是卦象，或是每卦阐述的内容似乎都显得杂乱无章，没有什么规律可循。但是如果按照周文王创作卦辞的目的，为了"推翻昏庸无道的商纣王，为自己子孙制定君、臣行为准则"的这一思路探索、研究下去，针对上述两个问题可以得出如下结论：

1. 若要推翻商纣王，就要有一个特别能战斗的优秀团队，以保证这一目标的实现。所以周文王在易经的前三十卦中系统论述了"团队的建设与管理"。第一卦乾卦与第二卦坤卦是全书的核心，所讲述的内容是：为了实现上述目标周氏子孙无论是君、还是臣所要具备的道与德。而后的二十八卦均从不同方面论述了如何建设、管理团队。

2. 为了保证推翻商纣王的目标能够顺利实现，周文王深知自己的子孙在各自的岗位上都能正确处理政务的重要性，因此从第三十一卦开始到六十四卦结束的后三十四卦中，系统论述了"处理政事的方法与原则"。同时也是周文王教导周氏子孙在不同的情况下，如何正确处理日常事务。

3. 根据卦辞与爻辞讲述的内容可知，其卦序排列特点之一是：按照六十四卦的排列顺序，所有相邻的奇数卦与偶数卦所讲述的内容均为对偶关系，无一例外。因此我们将相邻的奇、偶两卦划分为一组，其中的奇数卦为两卦之主，偶数卦为两卦之辅。主、辅时而相互对应，时而相互关联：例如"乾卦第一"与"坤卦第二"和"即济卦第六十三"与"未济卦第六十四"，这两组卦分别讲述"君、臣的道与德"和"成功与未成功"的内容，是主、辅相互对应的事件。又例如"师卦第七"与"比卦第八"和"革卦第四十九"与"鼎卦第五十"，这两组卦分别讲述的是"出征与亲下"和"变革与用权"的内容，是主、辅相互关联的事件。另外从卦形上看，在六十四卦中，有二十八组奇偶卦（共五十六卦），其辅卦是主卦反转180度后形成的新卦。例如"师卦"与"比卦"。将主卦"师卦"反转180度就是本组的辅卦，即"比卦"。剩下的四组卦（共八卦）即："乾与坤、颐与大过、坎与离、中孚与小过"，是主卦反转后其卦形并未改变的情况。例如"乾卦"反转后还是"乾卦"，其他三个主卦也都一样。这四组卦的辅卦是主卦的六爻全部阴阳变换后组成的新卦。例如"乾卦"的辅卦是将六个阳爻全部变成阴爻后组成的"坤卦"。其他三组卦也都如此。各组详情见下表：

表十一　上篇：论团队的建设与管理

卦序	1—2	3—4	5—6	7—8	9—10	11—12	13—14	15—16	17—18	19—20	21—22	23—24	25—26	27—28	29—30
讲述内容	君臣的道与德	创业与育人	君险与臣险	出征与亲下	养顺德与伴刚君	用大人与用小人	助人与有德	臣顺与君顺	下随与下乱	执政与察政	惩恶与扬善	止内乱与防内乱	不妄为与养止德	君用臣与君制臣	臣失道与臣有道
性质	对应	关联	对应	关联	关联	对应	关联	对应	对应	关联	对应	关联	关联	对应	对应

表十二　下篇：处理政事的方法与原则

卦序	31|32	33|34	35|36	37|38	39|40	41|42	43|44	45|46	47|48	49|50	51|52	53|54	55|56	57|58	59|60	61|62	63|64
讲述内容	感成与恒成	柔退与刚进	晋升与受阻	同行与背行	遇险与解险	损下与益下	除奸臣与用刚臣	聚众与升职	臣困于君困	变革与用权	君怒与臣止	出任正职与副职	能臣之用与不用	奉命与沟通	除患与防患	用臣以诚与无诚	成功与未成
性质	关联	对应	对应	对应	关联	对应	关联	关联	对应	关联	关联	对应	对应	关联	关联	对应	对应

4. 根据卦辞讲述的内容，其卦序排列特点之二是：《易经》从"乾卦第一"开始，到"未济卦第六十四"结束，是在向人们讲述从创业开始，到最终成功的过程中，将会遇到的六十四种可能事件，根据可能事件发生的情况及事件之间的相互关系，按照下述特点排列成章。

（1）上篇"论团队的建设与管理"

第一组是由"乾"卦和"坤"卦组成。在创业的过程中，身为人君和人臣持什么德、走什么道，才能保证创业能够顺利成功，这是创业的领导者亟待解决的问题。因此乾、坤两卦开篇首论君、臣在创业过程中的行为准则，即论"君、臣的道与德"。两卦的关系为相互对应。

第二组是由"屯"卦和"蒙"卦组成。在创业的过程中，身为人君如何领导、组织创业；并且如何根涽需要通过培养、教育的方法，打造一支优秀的团队，这也是创业者需要解决的问题。因此这两卦讲述的主要内容是：论"创业与育人"。两卦的关系为相互关联。

第三组是由"需"卦和"讼"卦组成。在创业的过程中，为君带领团队前行遇险时，如何走出险境；为臣在与君相争时，如何回避风险；这些是君、臣在创业的过程中将要面对的问题。因此这两卦讲述的主要内容是：论"君、臣之险"。两卦的关系为相互对应。

第四组是由"师"卦和"比"卦组成。在创业的过程中，如何带领团队出征；并且如何让下属做到有令则行、有禁则止，是领导者需要解决的问题。因此这两卦讲述的主要内容是：论"出征与亲下"。两卦的关系为相互关联。

第五组是由"小畜"卦和"履"卦组成。在创业的过程中，为臣能够自觉维护团队内部正常的工作秩序，是自己走向成功的关键。因此这两卦讲述的主要内容是：论为臣"养顺德与伴刚君"。两卦的关系为相互关联。

第六组是由"泰"卦和"否"卦组成。在创业的过程中，如何保证创业能够顺利成功，为君用什么样的人组建团队是关键。用大人可获得事业顺利和成功；用小人可使事业处处受阻和失败。因此这两卦讲述的主要内容是：论"用大人与用小人"。两卦的关系为相互对应。

第七组是由"同人"卦和"大有"卦组成。在创业的过程中，团队若要获得对外交往的顺利，就要学会如何助人；若要获得事业长久顺利，就要学会如何修德。因此这两卦讲述的主要内容是：论"助人与有德"。两卦的关系为相互关联。

第八组是由"谦"卦和"豫"卦组成。在创业的过程中，为臣若要自身顺利，则要学会谦虚做人；为君若要自身顺利，则要学会如何为下属谋求福祉，让下属欢乐。因此这两卦讲述的主要内容是：论"君、臣之顺"。两卦的关系为相互对应。

第九组是由"随"卦和"蛊"卦组成。在创业的过程中，下属可能出现两种情况：一是下随上动、下动上悦，团队内部风气端正。另一种是下逆上动、下动上怒，歪风邪气盛行。因此这两卦讲述的主要内容是：论"下随上与止下乱"。两卦的关系为相互对应。

第十组是由"临"卦和"观"卦组成。在创业的过程中，身为人君如何执政和如何观察自己或他人执政是否有误。因此这两卦讲述的主要内容是：论"执政与察政"。两卦的关系为相互关联。

第十一组是由"噬嗑"卦和"贲"卦组成。在创业的过程中，如何通过惩治违法乱纪分子和宣传正能量的方式来树立团队内部的正气。因此这两卦讲述的主要内容是：论"惩恶与扬善"。两卦的关系为相互对应。

第十二组是由"剥"卦和"复"卦组成。在创业的过程中，为君如何应对下属逐渐削弱自己的权力欲求取而代之，和自己如何做到有错即改，防止团队内部出现混乱。因此这两卦讲述的主要内容是：论"止内乱与防内乱"。两卦的关系为相互关联。

第十三组是由"无妄"卦和"大畜"卦组成。在创业的过程中，身为人臣的职责是辅佐在上之君成事，因此应做到服从命令、听指挥，并且不妄为；同时还应做到在位高权重时做人要有德。若能如此，可有效避免团队内部出现行为混乱。因此这两卦讲述的主要内容是：论为臣"不妄为与养止德"。两卦的关系为相互关联。

第十四组是由"颐"卦和"大过"卦组成。在创业的过程中，如何用好在下之臣是创业能否成功的关键，因此为君要用升职、提薪的方法，用好贤能之人；但是对不明事理的下属，也要根据不同情况、采取不同的方法实施教育。因此这两卦讲述的主要内容是：论"用臣与制臣"。两卦的关系为相互对应。

第十五组是由"坎"卦和"离"卦组成。在创业的过程中，领导者为人处事若是有道，团队上下同心协力、共克时艰，前行将会变得和谐顺利；领导者为人处事若是无道，团队上下离心离德，前行将会变得步履艰难。因此这两卦讲述的主要内容是：论"为臣的失道与有道"。两卦的关系为相互对应。

（2）下篇"论处理政事的方法与原则"

第十六组是由"咸"卦和"恒"卦组成。身为领导人劝导下属成事，宜采用谦和待人、感动下属的方法；身为领导人若要自己成事，需坚守正道长久不变，才能获得最终成功。因此这两卦讲述的主要内容是：论"感成与恒成"。两卦的关系为相互关联。

第十七组是由"遁"卦和"大壮"卦组成。君不用臣，为臣如何隐退离去；君若用臣，为臣如何履行自己的职责。因此这两卦讲述的主要内容是：论为臣的"柔退与刚进"。两卦的关系为相互对应。

第十八组是由"晋"卦和"明夷"卦组成。为臣仕途顺利时，如何面对升职；为臣仕途不顺时，如何面对前行受阻。因此这两卦讲述的主要内容是：论为臣的"晋升与受阻"。两卦的关系为相互对应。

第十九组是由"家人"卦和"睽"卦组成。身为领导者怎样做，才能使上下目标一致，同心前行；当自己与上司意见不同时，怎样阻止君之错才能使自己不受伤害。因此这两卦讲述的主要内容是：论"上下同行与背行"。两卦的关系为相互对应。

第二十组是由"蹇"卦和"解"卦组成。身为人臣前行将会遭遇哪些险情；另外为臣遇险后如何解险。因此这两卦讲述的主要内容是：论为臣"遇险与解险"。两卦的关系为相互关联。

第二十一组是由"损"卦和"益"卦组成。身为领导人，如何运用奖励和处罚统一下属行为以实现自己的目标。因此这两卦讲述的主要内容是：论"损下与益下"。两卦的关系为相互对应。

第二十二组是由"夬"卦和"姤"卦组成。身为领导人，如何利用正式会议除掉奸臣和如何用好刚臣。因此这两卦讲述的主要内容是：论"除奸与用刚臣"。两卦的关系为相互关联。

第二十三组是由"萃"卦和"升"卦组成。身为领导人，如何通过聚众成就自身的事业；事成之后又如何面对自己的晋升。因此这两卦讲述的主要内容是：论"聚众与升职"。两卦的关系为相互关联。

第二十四组是由"困"卦和"井"卦组成。当在上之君整治在下之臣，为臣受困于君时，为臣应当如何应对；当在上之君受困于人们无法生存纷纷离去时，为君应当如何应对。因此这两卦讲述的主要内容是：论"君、臣之困"。两卦的关系为相互对应。

第二十五组是由"革"卦和"鼎"卦组成。当弊乱横行、天怒人怨之时，身为领导人如何实施变革；其次身为领导人如何正确使用手中的权力。因此这两卦讲述的主要内容是：论"变革与用权"。两卦的关系为相互关联。

第二十六组是由"震"卦和"艮"卦组成。当在上之君对臣发怒时，为臣应当如何应对；当在上之君不在时，为臣应当如何自止不当之行。因此这两卦讲述的主要内容是：论"君怒与臣止"。两卦的关系为相互关联。

第二十七组是由"渐"卦和"归妹"卦组成。当身为人臣出任正职时，自己应当如何开展工作；当出任副职时，自己应当如何做好本职工作。因此这两卦讲述的主要内容是：论"出任正职与副职"。两卦的关系为相互对应。

第二十八组是由"丰"卦和"旅"卦组成。在能臣被重用的情况下，为臣应如何行事；在能臣不用的情况下，为臣应当如何应对。因此这两卦讲述的主要内容是：论"能臣之用与不用"。两卦的关系为相互对应。

第二十九组是由"巽"卦和"兑"卦组成。身为人臣服从命令、听从指挥是自己的职责，如何正确的接受命令和执行命令；在接受命令之后如何动员下属配合自己完成任务。因此这两卦讲述的主要内容是：论"奉命与沟通"。两卦的关系为相互关联。

第三十组是由"涣"卦和"节"卦组成。当组织内部出现离散之患时，身为领导人应当如何应对；当自己制定的政策出现偏差时，应当如何调节偏差。因此这两卦讲述的主要内容是：论"除患与防患"。两卦的关系为相互关联。

第三十一组是由"中孚"卦和"小过"卦组成。当在上之君以发自内心的诚信用臣时，在下之臣将会如何配合在上之君的行动；当在上之君用臣无诚时，为臣应当如何应对。因此这两卦讲述的主要内容是：论"用臣以诚与无诚"。两卦的关系为相互对应。

第三十二组是由"既济"卦和"未济"卦组成。当事业获得成功之后，身为领导者应当如何防范险情出现；当事业将要获得成功时，身为领导者要防范哪些风险。因此这两卦讲述的主要内容是：论"成功与未成"。两卦的关系为相互对应。

综上所述，《易经》上、下两篇共计六十四卦。按照卦序分别将奇数卦和偶数卦划分为一组后，共分三十二组。每组都是由两个相互对应或相互关联的不同事件组成。在上、下两篇中，除了每组两卦之间是按照对偶的关系排列之外，组与组之间并没有明显的相关性。因为这些事件都是独立发生的，所以无论是在时间上，还是在空间上都没有必然的联系。但是人们可以发现，《易经》是在力求完整地描述在创业、打天下的过程中，君、臣可能经历的各种事件，并且提出了解决这些问题的正确方法。这些方法不仅适用于创业，同样也适用于守业；不仅适用于中国古代，也同样适用于现代和未来，因此《易经》是指导我们取得事业成功和减少失败的人生教材。

第五章

六十四卦解义

上篇：论团队的建设与管理

乾卦第一： 论为君的道与德

上乾 ☰
                （内外刚健：乾）
下乾 ☰

一、卦辞

乾：元亨利贞。

【注释】

卦辞：阐述卦义之辞。

乾：代表天。天在上，象征君。

元：大。大成。

亨：顺利。

利：宜。利于。

贞：正且固。正：正道。固：不变。

【译文】

乾为君：为君若求大成、顺利，宜正且固。

【解义】

乾代表天。天在上，象征君。身为人君若求自身的事业大成、顺利，宜坚守正道，永远不变。

注：君——领导者。臣——被领导者。

在社会团体中，按其职务特点分为三种人。第一种人是团队的最高领导人。他们只有下属没有上司。他们的身份仅是君。第二种人是中层领导人。他们的身份即是上司又是下属。在上司面前自己是下属，是臣。在下属面前自己是上司，是君。因此这种人不仅要学会如何为君，还要学会如何做臣。第三种人是职务最低的成员。他们只有上司没有下属。他们的身份仅是臣。

二、彖辞与卦象

彖曰：大哉乾元，万物资始，乃统天。

【注释】

彖：断。彖辞：断定卦义之辞。

大哉：叹词。

元：首。

万物：代表各种事业。

资：资助。

统：统领。

【译文】

乾为首，它的功能是多么强大啊！它资助万物出生，并统领万物成长壮大。

【解义】

乾为君道之首，他的领导功能是多么强大啊！天下的事业因他而起。他统领事业的发展壮大，并且决定着它们的成败。

云行雨施，品物流行。

【注释】

品物：地上生物。指下属。

流行：成长变化。

【译文】

行云集聚，化为雨水从天而降，资助地上生物成长变化。

【解义】

身为人君要公平无私地为下属谋求福祉，不断满足下属的生存需要；同时还要真心诚意地帮助下属顺利成长，不断满足下属的发展需要。就像上天公平无私地施雨降露，资助地上生物顺利成长壮大、最终让其自成一样。

大明终始，六位时成，时乘六龙以御天。

【注释】

大明：太阳。

终始：落下升起。

六位：人君成长的六个阶段。详见后面爻辞。

时成：随时间积累而成。

乘：驾驭，利用。

龙：古时人们信奉的能呼风唤雨的神灵。本卦中的龙是指成长中的领导者。

御：治理。统治。

【译文】

日出日落，君的六位依时而成。成后利用六位积累的德、业才能治理天下。

【解义】

日复一日、年复一年，一个优秀领导者的成长并非一日之功，而是长期艰苦奋斗的结果。为君能从一个平民百姓，彻底蜕变成一个优秀的领导者，需要渡过以下六个成长阶段：①德、业低下阶段；②德、业初现阶段；③精修德、业阶段；④德、业初成阶段；⑤德、业大成阶段；⑥位升至极阶段。经历过这六个阶段之后，龙已具备了统领天下的条件，此时可利用六位积累的德、业才能治理天下。

乾道变化，各正性命，保合太和，乃利贞。

【注释】

各：各自。

正：确定。

性命：一生。

保合：保证同心相合。

太：大。太和：最大和顺。

乃：就是。

【译文】

天道的变化，确定了地上万物各自一生的变化。保证与万物同心相合可实现最大和顺，这就是宜坚守正道永远不变。

【解义】

为君若要推动自身的事业不断向前发展使之最终走上辉煌，需要下属在各自的岗位上紧密配合、出色地完成各项任务，如同天道变化，地上万物为了各自的生存与发展紧密配合一样。所以保证与下属同心相合可保证为君在团队内部实现最大的和谐与顺从，这就是在上之君为了获得事业大成、顺利，要永远坚守不变的正道。

首出庶物，万国咸宁。

【注释】

庶：百姓。庶物：指民众。

咸：都。

【译文】

优秀领导出自民众，万国都安宁。

【解义】

优秀的领导出自民众。优秀的领导人一旦出现，可以使原来动荡不安的天下，从此变得祥和、安宁。

象曰：天行健，君子以自强不息。

【注释】

卦象：解释象义之辞。

【译文】

天道运行刚健强劲，君子以天道为榜样勇往直前，永不停息。

【解义】

天道运行刚健不息。身为人君要以天道为榜样奋发向上、勇往直前，不断推动自身事业向前发展、永不停息。

三、象辞终述

本节主要阐述了为君的道与德。道是做人、做事成功的规律。"不按规律做事，不足以成事。"德是对待他人、单位、社会的态度。对其有助，则为有德。对其有害，则为缺德、无德。"无德众不足以久聚；众不久聚，业不足以久成"。因此，乾之道是为君者的成功之道，乾之德是为君者的久成之德。象辞中为君的道与德如下：

1. 乾之道

刚——统领万物之变（成事之刚）

强——百折不挠，勇往直前（自胜之强）

健——努力奋斗，永不停息（不息之健）

2. 乾之德

保合——保持与万物合其心（同心相合）

雨施——造福天下万物（助其生存）

正命——利万物自成（助其发展）

四、爻辞与爻象

初九：潜龙勿用。

【注释】

爻：卦中阴、阳符号的统称。爻辞：阐述爻义之辞。

潜：在水下。指龙的道德水平和业务能力低下。

勿：不。

用：听从。接受。

【译文】

龙在水下，不要接受。

【解义】

具有领导才能之人，在道德水平和业务能力低下之时，即使有晋升的机会，也不要接受。否则会因自身能力不足，害人害己。

象曰：潜龙勿用，阳在下也。

【注释】

爻象：解释爻义之辞。

阳：指龙。

下：指德、业水平低下。

【译文】

龙在下不接受晋升，是因为龙的德、业水平低下。

【解义】

不接受晋升，是因为自身的德、业水平低下，还不能胜任领导工作。

九二：见龙在田，利见大人。

【注释】

见：现。

田：田地。在田：指在田间劳作的普通人。

大人：传德、授业之师。

【译文】

龙出现在地上，宜见大人。

【解义】

在普通人中，初现具有领导才能之人。此时宜拜见传德、授业之师，继续提升自己的道德水平和业务能力。

象曰：见龙在田，德普施也。

【译文】

龙在地上，施恩于众人。

【解义】

在普通人中，初现具有领导才能之人，是因其做事有道、做人有德而与众不同。其最大特点是乐于助人，周围之人都不同程度受益于此人。

九三：君子终日乾乾，夕惕若厉，无咎。

【注释】

乾乾：指外卦是乾、内卦也是乾。外乾进业，内乾修德。

惕：警惕。

厉：是卦中的判断之词，又称断辞。

《易经》中常用断辞的意义如下：

吉：结果有利（有收获）

凶：结果不利（有损失）

悔：事后有后悔（有后悔）

吝：事前有顾虑（有烦恼）

咎：前行有过错（有灾祸）

厉：前行有危险（有伤害）

【译文】

君子外乾进业、内乾修德终日奋斗不止，晚上警惕好像危险来临，没有过错。

【解义】

君子外乾以健行进业，内乾以勤思修德。白天努力工作勤奋进业、终日不止；到了夜晚勤思修德，不断反省自己有无过错；好像危险来临时小心谨慎、处危慎行一样。这样做没有过错。

象曰：终日乾乾，反复道也。

【译文】

终日奋斗不止，是在反复践行乾之道。

【解义】

君子勤奋修德、进业终日不止，是在反复践行乾之道，并且做到持续改进、不断提高。

九四：或跃在渊，无咎。

【注释】

跃：上升。指升职。

渊：最下。指平民。

【译文】

或上升，或在最下，没有过错。

【解义】

具有领导才能之人的德、业初成，无论是否被提拔任用，都要继续努力奋斗、积极进取和不断提升自身的道德水平及业务能力，没有过错。

象曰：或跃在渊，进无咎也。

【译文】

或上升，或在最下，继续进取没有过错。

【解义】

无论是否被提拔任用都能做到继续努力奋斗、积极进取，没有过错。

九五：飞龙在天，利见大人。

【注释】

在天：指德、业已成。

大人：指助成其位，助成其事之人。

【译文】

飞龙在天，宜见大人。

【解义】

具有领导才能之人的德、业已成，可大展宏图建功立业。此时需要有能够提拔重用自己的上司和帮助自己实现远大目标的下属。只有在他们的支持和帮助下，才能保证自身的事业不断走向辉煌。

象曰：飞龙在天，大人造也。

【译文】

龙飞上天空，是大人帮助的结果。

【解义】

领导者能够建功立业是助成其位之人的提拔重用，以及助成其事的下属鼎力相助的结果。

上九：亢龙有悔。

【注释】

亢：极。

【译文】

龙飞至极，事后有悔。

【解义】

为君者位已至极、力已至极，欲进则心有余而力不足，无法继续创造辉煌。面对因自身能力不足造成的损失而感到后悔、焦虑。

象曰：亢龙有悔，盈不可久也。

【注释】

盈：极。

【译文】

至极将有悔，力极不可长久。

【解义】

为君者因欲进而不能、无法继续创造辉煌而焦虑，说明其君能力已经达到了极限。此种状况不宜长期保持不变，否则将会严重妨碍自身事业的发展。

用九：见群龙无首，吉。

【注释】

见：现。

无首：无头。指不加干涉。

【译文】

出现群龙时，不为其首，吉。

【解义】

当下属是一群能够独当一面并能单独建功立业的领头人时，是群龙腾飞之象。此时为君者宜分别委以重任，让其独立工作不加干涉，吉。

象曰：用九，天德不可为首也。

【译文】

见群龙，不为其首是天之德。

【解义】

用群龙要分别委以重任，让其独立工作不加干涉。这是与群龙合其心、不为其首的天之德。

五、终述

1. 爻辞终述

乾——论为君成长之道

初九：潜龙勿用——德业未成（未成勿用）

九二：见龙在田——能力初现（拜师学艺）

九三：终日乾乾——精修德业（反复精进）

九四：或跃在渊——德业初成（其位未定）

九五：飞龙在天——德业大成（其位已定）

上九：亢龙有悔——欲进不能（力已至极）

用九：群龙无首——无束放权（群龙之治）

2. 乾卦终述

上乾下乾，内外刚健是乾之象。身为人君内健修德、外健进业自强不息是象之意。本卦主要阐述了身为人君走什么路、持什么德，才能使自己的事业不断走向辉煌。天之德是为君者的至德，天之道是为君者的成功之道。有德业可久，有道事可成。久靠德、成靠道；持天德、行天道，"天人合一"是领导者的最高境界。

坤卦第二： 论为臣的道与德

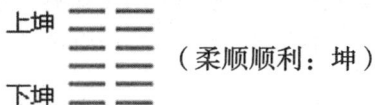

上坤 ☷☷
　　☷☷　（柔顺顺利：坤）
下坤 ☷☷

一、卦辞

坤：元亨，利牝马之贞。君子有攸往，先迷后得，主利。西南得朋，东北丧朋。安贞吉。

【注释】

坤：代表地。地在下，象征臣。

牝：雌性。

有：助词。无实义。

攸：长，远。

主：主人。指自己。

西南：坤方。见图五。代表至柔的坤道。见表一。

朋：朋友。支持者。

东北：艮方。见图五。代表弱刚之道。见表一。

【译文】

坤为臣：为臣若求大顺，宜守母马的正固之道。君子长期前行，在前则迷失，在后得道，对自己有利。行西南得助，行东北失助。安守正道吉。

【解义】

坤代表地，地在下象征臣。身为人臣若求自身大顺，宜坚守母马吃苦耐劳、忠诚柔顺之道不变。倘若为臣伴君长期前行，走在君之前则是自我迷失的不明之举，失道；走在君之后则是为臣伴君的明智之举，得道；对自己有利。走西南行至柔的坤道，会得到在上之君的信任和支持。走东北即使行弱刚之道，也会失去在上之君的信任和支持。所以身为人臣安守至柔的坤道不变，则吉。

二、象辞与卦象

象曰：至哉坤元，万物资生，乃顺承天。

【译文】

坤为首，至极的坤道是多么重要啊！它资助万物生长，并且顺随天道变化。

【解义】

坤为臣道之首，至极的臣道是多么的重要啊！它对待自己的下属就像大地对待万物一样，资助它们成长壮大。它对待自己的上司就像大地顺随天道变化一样，紧紧跟随忠诚不怠。

坤厚载物，德合无疆。含弘光大，品物咸亨。

【注释】

厚：深厚，（感情）深。

德：心。

疆：边界。

含：容纳。

弘：广大。

光大：发展。

【译文】

大地以深厚容载万物，并与万物同心相合、永无止境。大地不仅能容纳广大生物，而且还能将其光大，并使其都能顺利成长壮大。

【解义】

为臣待下要学习大地的美德，以深厚的情谊容纳下属，并且要与下属同心相合、永无止境。为臣容纳下属不仅要心胸宽广，并且还要为下属创造良好的生存条件，让他们自己都能顺利成长壮大。

牝马地类，行地无疆，柔顺利贞。

【译文】

母马是地上的生物，若要跟随主人走遍天下而无止境，宜坚持柔顺永远不变。

【解义】

为臣对上要学习母马的美德。母马是地上的生物，它之所以能跟随主人走遍天下而无止境，是因为它能吃苦耐劳、任劳任怨，始终坚持对主人忠诚、柔顺不变。身为人臣如果能够像母马一样吃苦耐劳、任劳任怨，对在上之君忠诚、柔顺不变，则能伴君走遍天下而不会被途中抛弃。

君子攸行，先迷失道，后顺得常。

【注释】

顺：顺利。

常：常规。道。

【译文】

君子长期前行，在前则迷，失道。在后则顺，得道。

【解义】

君子之臣长期伴君前行，走在君之前则是不合君意、自我迷失的不明之举，说明已经脱离了为臣的正道。走在君之后则是符合君意、可获顺利的明智之举，说明已经走上了为臣的正道。

西南得朋，乃与类行；东北丧朋，乃终有庆。

【注释】

类：同类。指坤之道。

庆：吉庆。喜庆。

【译文】

走西南得助，是在行母马之道。走东北将失助。走西南最终将有吉庆。

【解义】

身为人臣走西南行母马忠诚、柔顺的坤之道，将会得到上司的信任和支持；走东北即使行弱刚之道，也会失去上司对自己的信任和支持。坚持行至柔的坤道，最终将会获得成功之后的吉庆。

安贞之吉，应地无疆。

【注释】

应：应合。

【译文】

安守正道之吉，是不断应合坤之道的结果。

【解义】

为臣安守坤道之吉，是来自践行坤道永无止境的结果。

象曰：地势坤；君子以厚德载物。

【注释】

势：在下。

【译文】

地在下为坤，君子以厚德容载万物。

【解义】

地在下为坤，象征臣。君子以大地为榜样，用深厚的情谊容纳众人。

三、象辞终述

本节主要阐述了为臣的道与德。坤之道是身为人臣的成功之道，不守坤道为臣将受阻无成。坤之德是身为人臣的久成之德，不守坤德为臣将不得善终。象辞中为臣的道与德如下：

1. 坤之道

行之柔顺——合于天道

顺之不怠——忠诚坚定

先迷后得——位正则顺

2. 坤之德

资生万物——助其生存

光大万物——助其发展

容载万物——公平无私

四、爻辞与爻象

初六：履霜，坚冰至。

【注释】

履：踏。

至：到了。

【译文】

踏霜，知道坚冰快要到了。

【解义】

踏霜，知道坚冰快要到了。身为人臣要见微知著。听君言、观君行，及时正确领悟在上之君的意图，确定自己下一步的工作目标及方向。

象曰：履霜坚冰，阴始凝也。驯致其道，至坚冰也。

【注释】

阴：水。

驯：顺。

【译文】

踏霜知道坚冰不久将至，霜是水凝的开始，人们要顺应天道变化，迎接坚冰的到来。

【解义】

踏霜知道坚冰不久将至，为臣要见微知著。通过听君言、观君行，及时正确领悟在上之君的意图，提前做好充分准备迎接紧随其后的高潮到来。

六二：直方大，不习无不利。

【注释】

直：指不曲、无隐、如实。

方：大地。指大地（坤）的柔顺之道。

大：指头等大事。

习：学习。

【译文】

将直、方作为头等大事，不学习也无不利。

【解义】

为臣伴君若能将不曲、无隐、如实、坚守柔顺的坤道不变，作为自己伴君的头等大事。即使不学习伴君之道，对自己也不会有任何不利。

象曰：六二之动，直以方也。不习无不利，地道光也。

【译文】

六二之动，所持之直是以方为基础。不习无不利是光大了坤道。

【解义】

为臣之动只有坚守坤道不变，伴君才能做到：不曲、无隐、如实。不学习伴君之道无不利，是为臣已经将坤之道发扬光大了。

六三：含章可贞，或从王事，无成有终。

【注释】

章：章法，规则。指大地（坤）之德。

或：代词。代表臣。

从：跟随。辅佐。

成：成功。

【译文】

心含坤德才能持正不变。臣辅王事，虽无成功但可善终。

【解义】

为臣心含坤之德，才能做到坚守坤道不变。如果辅佐君王建功立业自己虽无事业成功的辉煌，但是最终会有好结果。

象曰：含章可贞，以时发也。或从王事，知光大也。

【注释】

以：依靠。

发：起用。指辅佐王事。

【译文】

心含坤之德才能持正不变。臣辅王事要等待时机。能辅王事，可知如何光大坤之德。

【解义】

为臣心含坤之德才能做到坚守坤道不变。若要辅佐君王建功立业，只有被启用时才能发挥作用。能辅佐君王建功立业，才能知道如何将坤之德发扬光大。

六四：括囊，无咎无誉。

【注释】

括：扎紧。

囊：口袋。指口。

【译文】

扎紧口袋，没有过错，也无赞誉。

【解义】

为臣要管住自己的嘴，不乱说、乱讲，防止祸从口出。这样虽然没有受到赞誉，但也没有过错。

象曰：括囊无咎，慎不害也。

【注释】

慎：谨慎。

害：伤害。

【译文】

扎紧口袋没有过错，谨慎无害。

【解义】

为臣管住自己的嘴没有过错。只有说话谨慎自己才不会受到伤害。

六五：黄裳元吉。

【注释】

黄：黄色。古时以五色配五行中，黄色为中央正色。在《易经》中"黄"通常用于表示中、正或中正。本爻中的黄表示正。

裳：下衣。象征一人之下。

【译文】

"一人之下"能正，大吉。

【解义】

当为臣处在"一人之下，万人之上"的臣之极位时，若能继续保持谦虚谨慎、坚守为臣的正道不变，可获大吉。

象曰：黄裳元吉，文在中也。

【注释】

文：事物交杂。复杂。

中：正。

【译文】

"一人之下"能正大吉，是在复杂的环境下坚守正道。

【解义】

为臣在"一人之下，万人之上"的极位时获得大吉，说明其臣在复杂的环境下也能坚守正道不变。

上六：龙战于野，其血玄黄。

【注释】

龙：代表君。指上司。

野：不驯服。指对上司不服。

血：血液。指重大损失。

玄：青色。玄黄：黄加青色。黄色是正色，玄黄是已过正色了。指已经不正了。

【译文】

不服从领导与龙交战，遭受重大损失，已经不正了。

【解义】

为臣身处极位不服从领导、与在上之君明争暗斗，最终的结果必然是自己遭受重大损失。这是为臣身处位极之时，未能继续坚守正道的结果。

象曰：龙战于野，其道穷也。

【注释】

穷：极。终。

【译文】

不服从领导与龙交战，是其道已走到尽头了。

【解义】

身为人臣不服从领导、与在上之君明争暗斗，说明其臣已经脱离了为臣的正道，其职业生涯已经走到尽头了。

用六：利永贞。

【译文】

宜坚守正道，永远不变。

【解义】

身为人臣，宜坚守坤道永远不变。

象曰：用六永贞，以大终也。

【注释】

大：通"太"。最。

【译文】

坚守正道永远不变，是为了获得最好的结局。

【解义】

为臣坚守正道永远不变，是将为臣的最好结局作为自己的奋斗目标，并且以此目标严格约束自身的言行。

五、终述

1. 爻辞终述

坤——论为臣之道

初六：履霜坚冰——顺势而动（确定方向）

六二：直 方 大——顺动之法（确定方法）

六三：含章可贞——修 好 心（臣要修心）

六四：括囊无咎——管 住 嘴（臣要守口）

六五：黄裳元吉——位极持正（持正大吉）

上六：龙战于野——位极不正（不正大凶）

用六：利 永 贞——持正不变（可获大终）

2. 本卦终述

下坤上坤，柔顺顺利是坤之象。身为人臣柔顺上行、持德走正道方能顺利是象之意。本卦主要阐述了身为人臣持什么德、走什么路才能获得自身的顺利和有最好的结局。地之德是为臣的至德，地之道是为臣的成功之道。臣要久成，要守地德；臣要事顺，要行地道。持地德、行地道是身为人臣的最高境界。

屯卦第三： 论创业

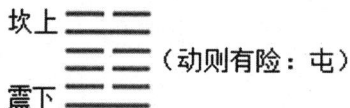

坎上 ☵

（动则有险：屯）

震下 ☳

一、卦辞

屯：元亨，利贞。勿用有攸往，利建侯。

【注释】

屯：艰难。指创业的艰难。

用：享用。

候：仅次于王的官位。建候：指建功立业。

【译文】

创业艰难：大顺宜正且固。不享用可长期前行，宜建功立业。

【解义】

创业艰难，称屯。创业之难在于一切都要从头做起，动则有险是其特点。为君若要险中求大顺，宜坚守正道不变。取得成功时不将成果收归己有，能公平无私与大家分享，则有利于自身事业长期发展。若有此德能建功立业，可成大事。

二、象辞与卦象

象曰：屯。刚柔始交而难生。

【注释】

刚：刚强。指君。

柔：柔顺。指臣。

始交：初交。刚柔始交：指团队初创。

【译文】

屯为艰难。其艰难是由于团队初创造成的。

【解义】

创业艰难是屯之意。在创业之初，由于创业的团队刚刚组建力量还十分薄弱；又何况创业一切都要从头开始，因此团队面临着巨大的生存压力，创业的艰难也将随之而生。

动乎险中，大亨贞。

【注释】

乎：于。

【译文】

动于险中，大顺要正而固。

【解义】

创业之初前行艰难、步步有险，一切创业之动均在险中进行。此时为君若求创业大顺要坚守正道不变。

雷雨之动满盈，天造草昧，宜建侯而不宁。

【注释】

草：杂乱无章。

昧：昏暗不明。

草昧：杂乱无章、昏暗不明。

【译文】

雷雨动是满盈之象。杂乱无章、昏暗不明是正常现象。此时宜建功立业，但不安宁。

【解义】

雷雨之动是满盈之象，象征创业的条件已经成熟。在创业之初，事物杂乱无章、前景昏暗不明是正常现象。此时适合有志者建功立业，但是不会一帆风顺、将会不得安宁。

象曰：云雷屯。君子以经纶。

【注释】

经纶：将丝理出头绪为经，编织成绳为纶。比喻谋划创业大事。

【译文】

上云下雷，屯。君子以理清头绪谋划创业大事。

【解义】

下雷上水、下动上险，动则有险是屯之象。君子观此象，首先理清自己的思路，而后谋划如何取得创业成功。

三、爻辞与爻象

初九：磐桓，利居贞，利建侯。

【注释】

磐：扁而大的石头。

桓：树名。

磐桓：压在扁大石头下的小树。比喻难进之貌。

【译文】

又扁又大的石头压住初生不久的小树，宜居守正道不变，宜建功立业。

【解义】

创业之难就像又扁又大的石头，压住一棵初生不久的小树一样，小树的成长时刻承受着巨大压力。身为人君在创业之初事业难进之时，宜坚守正道不变。同时也正是因为创业的艰难，为有志者提供了建功立业的机会。

象曰：虽磐桓，志行正也。以贵下贱，大得民也。

【注释】

贵：地位尊贵。

下：自降身份。指谦恭待人。

贱：地位卑下。

【译文】

虽然艰难，只要其志正、走正道，并能谦恭待下，可大得人心。

【解义】

创业虽然步履艰难、困难重重，为君如果能保证自己的目标与行为均坚守正道，并且做到谦恭待下、与下同甘共苦，可大得人心。这是保证创业能够获得最终成功的基本条件。

六二：屯如邅如，乘马班如。匪寇婚媾，女子贞不字，十年乃字。

【注释】

如：语气词，表示状态。

屯如：困难不断。

邅如：徘徊不前。

乘马：古时马是交通工具，非常人所用。指有地位，有能力之人。

班如：先后而来。

匪：非。不是。

婚媾：两家结亲。指合作之人。

字：嫁人。比喻创业成功。

【译文】

在困难不断、徘徊不前时，有人骑马先后而来，他们不是敌人，而是来求婚的。女子坚持不嫁，十年之后才嫁。

【解义】

在创业步履艰难、徘徊不前的情况之下，由于为君能坚守正道、谦恭待下，有地位、有能力之人纷纷投奔而来。他们不是敌人而是帮助自己创业成功的合作伙伴。创业并非易事不可能短期获得成功；需要经过至少十年的艰苦奋斗，才可能取得最终的创业成功。

象曰：六二之难，乘刚也。十年乃字，反常也。

【注释】

乘：抵御。

刚：刚强。指创业之难。

反常：改变目前的常态。

【译文】

六二之难，是以弱抵强的结果。十年才嫁，是十年之后才能改变目前的常态。

【解义】

创业之难，主要来自团队以自身的薄弱力量抵御创业的艰难。这种现状短期根本无法改变。若要彻底改变目前这种"敌强我弱"的势态，需要奋斗十年。

六三：即鹿无虞，惟入于林中。君子几，不如舍。往吝。

【注释】

即：追。

虞：虞人。古时掌管猎场的官。指知情人。

惟：单独。

几：时机。此时。

舍：放弃。

【译文】

追鹿没有虞人引导，其鹿进入了丛林之中。君子此时不如放弃。倘若前行，必受迷失的困扰。

【解义】

在创业的过程中，如果遇到被利益引诱前行，当前行有风险时，如果没有知情人的指点，不如主动放弃这个机会。倘若为了眼前的利益不顾一切继续冒险前行，将会受到迷失创业方向的困扰。

象曰：即鹿无虞，以从禽也。君子舍之，往吝穷也。

【注释】

禽：兽的总称。指利益。

【译文】

追鹿没有虞人是跟着禽兽走。君子放弃机会，是前行将被走投无路所困扰。

【解义】

没有知情人的指点被利益引诱之行是有凶险的从利行为。在创业过程中碰到这种情况时，为君主动放弃是明智的选择。如果继续前行将会迷失创业的方向，被走投无路所困扰。

六四：乘马班如，求婚媾。往吉，无不利。

【译文】

骑马之人为了求婚，纷纷而至。前行吉，无不利。

【解义】

创业已经具备了成功的条件，有地位、有能力的人纷纷投奔而来，谋求如何利用当前的有利时机争取创业早日成功。此时为君应抓住机会主动出击，与加盟者一同奋力前行争取创业早日成功。吉，无不利。

象曰：求而往，明也。

【译文】

有求则往是明智之举。

【解义】

能人纷纷投奔而来谋求合作，说明创业已经具备了成功的条件。此时抓住机会奋力前行是明智之举。

九五：屯其膏，小贞吉，大贞凶。

【注释】

膏：肥肉。指利益或成果。

小：少。

贞：乃。

【译文】

难在成果分配，少得乃吉，大得乃凶。

【解义】

经过众人的艰苦奋斗取得创业成功时，为君的困难来自创业成果的分配。在分配成果时，为君自己少得则吉、大得则凶。

象曰：屯其膏，施未光也。

【注释】

施：给予。

光：广大，多。

【译文】

分配成果之难，来自虽然给予，但不够多。

【解义】

创业成果分配之难，来自成果分配不公平。出现这种情况，说明为君在创业成果的分配过程中，没能做到内心无私。虽然普遍恩泽了下属，但是还不够多。

上六：乘马班如，泣血涟如。

【注释】

班：返回。离去。

【译文】

有功之臣或是伤心泣血，或是泪水涟涟，纷纷乘马离去。

【解义】

创业的合作者通过长期的艰苦奋斗，个人付出沉重代价之后才换取了创业的成功。成功之后这些功臣得到的却是极不公平的回报，为此他们或是伤心泣血或是泪水涟涟，纷纷离君而去。

象曰：泣血涟如，何可长也？

【译文】

伤心泣血、泪水涟涟，怎么能够长久呢？

【解义】

倘若创业的有功之臣伤心泣血、泪水涟涟纷纷离君而去，为君的事业又怎么会长久呢？有德者得多助，失德者得寡助。

四、终述

1. 爻辞终述

屯——论创业

初九：磐　　桓——坚守正道

六二：屯如邅如——长期奋斗

六三：即鹿无虞——利诱不迷

六四：乘马班如——机不可失

九五：屯 其 膏——利益共享

上六：泣血涟如——失道寡助

2. 本卦终述

下震上坎，动则有险是屯之象。创业之动均在险中进行是象之意。在动则有险的情况下，取得创业成功的方法是：在创业之初，为君要坚守正道、与下同甘共苦、共渡难关，并要做好长期艰苦奋斗的准备；在创业的过程中，要注意利益的诱惑和对成功时机的把握；在创业成功之后，要善待有功之臣，公平分配创业成果；同时还要注意有利益要与大家分享。

蒙卦第四： 论育人

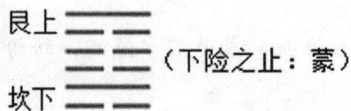

艮上 ☰☰
　　　　（下险之止：蒙）
坎下 ☵

一、卦辞

蒙：亨。匪我求童蒙，童蒙求我。初筮告，再三渎，渎则不告。利贞。

【注释】

蒙：幼稚。指以教育人。即用教育的方法，培养下属。

童蒙：年幼无知的儿童。

筮：占问。

渎：不敬。

【译文】

以教育人：顺利。不是我求无知儿童，而是无知儿童求教于我。初问告之，再三滥问，则是不敬，不敬则不告。宜坚守正道不变。

【解义】

为君采用教育的方法培养下属，称蒙。当下属蒙昧无知时，教育下属要不失时机方能顺利。教育下属如同教育无知的儿童，不能我求下属接受教育，因为这时下属没有求知的需求，所以教下将会不顺。当下属有求知欲时，会主动向我求教，这时施教将会顺利。因此教育下属若要获得成功，先要培养下属的求知欲。对待下属提出的问题，初次问告之。如果同一问题再三滥问，则不告。因为这是对教育的不敬。教人走正道，只有经过长期坚持不懈的努力才能获得成功。

二、象辞与卦象

象曰：蒙。山下有险，险而止，蒙。

【译文】

蒙是以教育人。山下有险，以教止险，称蒙。

【解义】

在上之君采用教育的方法培养下属是蒙之意。当下属行险时，为君在上以教止险，称蒙。

蒙亨，以亨行，时中也。匪我求童蒙，童蒙求我。志应也。

【注释】

亨：顺应。

行：行事。指做事。

时：时机。

中：正。正确。

志：愿望。

应：应和。

【译文】

教育人顺利，是以顺应行事，并且时机正确。不是我求无知者接受教育，而是无知者求教于我，这样才能达到其志相互应和的效果。

【解义】

教育下属之所以顺利，是因为做到了顺应受教育者的需求施教和选择了正确的教育时机。另外在教育下属时，不能是我求无知下属接受教育，而是让无知下属求教于我；这样才能达到上、下互相配合的最佳效果。

初筮告，以刚中也。再三渎，渎则不告，渎蒙也。

【注释】

筮：占问。

中：正。

渎：不敬。亵渎。

【译文】

初问以刚正告之。再三滥问则是不敬，不敬则不告，这是对教育的亵渎。

【解义】

下属初次问，君以直言不讳告之正确答案。如果对同一问题再三滥问，则是不敬的表现；不敬则不告，因为这是对教育的亵渎。

蒙以养正，圣功也。

【注释】

养：培养。

圣：圣人。帝王尊称。指领导者。

功：功业。

【译文】

教人走正道，是领导者的功业。

【解义】

用教育的方法培养下属走正道，是领导者为了获得自身事业成功所要创建的功劳和业绩。

象曰：山下出泉，蒙。君子以果行育德。

【注释】

果：果断。

育：培养。

【译文】

上山下水，蒙。君子以果断施教、育德。

【解义】

上山下水，上止下险是蒙之象。君子观此象，用果断施教的方法制止下属偏离正道之险和培育下属复归正道之德。

三、爻辞与爻象

初六：发蒙，利用刑人。用说桎梏，以往吝。

【注释】

发：启发。

刑：处罚。

桎梏：约束。

【译文】

启发教育，宜用处罚的方法。用说教约束他人，前行会有烦恼。

【解义】

对下属实施启发式教育，宜用处罚的方法。用此方法可有效阻止其本人和其他人再次犯同样的错误。如果用说教的方法约束他人不再犯同样错误，往往因为效果较差给自己带来教育失败的烦恼。

象曰：利用刑人，以正法也。

【注释】

正：通"证"。证明。

法：法律。制度。

【译文】

用处罚的方法施教，是证明制度的威严。

【解义】

为君用处罚下属的方法施教，首先是为了证明制度的威严，其次是教育所有人不再犯同样的错误。

九二：包蒙吉。纳妇吉。子克家。

【注释】

包：包容。

纳妇：娶妻。

子：儿子。指下属。

克家：管理家务。指管理人才。

【译文】

包容无知者吉。娶妻吉。儿子能管理家务。

【解义】

为君教育下属时，如果能够包容下属的无知，可获得教育成功之吉。如果能够像对待新婚妻子一样真诚关爱无知的下属，可获得下属积极配合教育之吉。为君若能做到真心帮助下属改正错误，不断促进下属成长，就能将下属培养成为优秀的管理人才。

象曰：子克家，刚柔接也。

【注释】

接：对待。相待。

【译文】

儿子能管理家务，是刚柔相待的结果。

【解义】

下属能够成长为优秀的管理人才，是其君平时采用刚柔结合的方法教育、培养下属的结果。

六三：勿用取女，见金夫，不有躬，无攸利。

【注释】

取：娶。指教育使用。

金夫：有钱的男子。

躬：自身。不有躬：没有自身。指失身。

【译文】

不要娶这样的女子，见了有钱的男子，就能失身，不会长期有利。

【解义】

为君不要教育、培养缺少道德、一心为了金钱而工作的人。这种人为了金钱可以放弃理想、道德，甚至为了金钱可以出卖一切。如同女子无德，见男子有钱就以身相许一样。倘若教育、培养这种道德沦丧之人，对为君事业的长期发展不利。

象曰：勿用取女，行不顺也。

【译文】

不要娶为了金钱而嫁人的女子，因为她会给你带来前行不顺。

【解义】

为君不要教育、培养为了金钱出卖一切的道德沦丧之人，因为这种人会给你的事业发展带来不顺。

六四：困蒙，吝。

【译文】

受困于无知自满之中，有烦恼。

【解义】

对无知自满的下属施教，只会给你带来失败的烦恼，不会有任何成效。

象曰：困蒙之吝，独远实也。

【注释】

独：单独。

远：远离。

实：充满。自满。

【译文】

教育无知自满之人的烦恼，来自其人在自满的路上远行。

【解义】

为君教育无知自满下属的烦恼，是来自受教育者在无知自满的道路上越走越远。

六五：童蒙，吉。

【译文】

教育年轻好学之人，吉。

【解义】

为君教育培养求知欲强、谦虚好学的年轻下属，吉。因为这种人好学求上进，可以将你所传授的知识发扬光大。

象曰：童蒙之吉，顺以巽也。

【注释】

顺：顺从。

巽：通"逊"。谦逊，谦虚恭谨。

【译文】

教育无知好学的年轻人之吉，是顺从和谦逊的结果。

【解义】

为君教育培养求知欲强、无知好学的年轻下属之吉，来自下属能够做到顺从教育和谦虚恭谨的结果。

上九：击蒙，不利为寇。利御寇。

【注释】

击：打击。

寇：盗匪。盗贼。指敌人。

御：抵抗，阻止。

【译文】

用打击的方法教育下属，不利时成为你的敌人。宜抵抗外敌入侵。

【译义】

为君使用打击的方法教育下属，当下属感到对自己不利时，将会叛逃甚至成为你的敌人。但是在君、臣同时受到外敌威胁时，用打击的方法教育下属有利于下属全力抵抗外敌的入侵。

象曰：利用御寇，上下顺也。

【译文】

利用抵抗外敌入侵，是上下和顺的原因。

【解义】

在君、臣同时受到外敌的威胁时，用打击的方法教育下属有效是因为在君、臣同处危险的情况下，取胜求生是上下的共同愿望。此时为君用打击的方法施教，可以达到上下团结一致、共御外敌的效果。但是击蒙施教成功的前提是君、臣关系和睦融洽。

四、终述

1. 爻辞终述

蒙——论育人

初六：发　　蒙——利用处罚
九二：包　　蒙——利用关爱
六三：勿用取女——拜金勿教
六四：困　　蒙——自满勿教
六五：童　　蒙——谦恭教吉
上九：击　　蒙——不利为寇

2. 本卦终述

下坎上艮，下险上止是蒙之象。下属行险，在上之君以教止险是象之意。为君教育下属若要获得顺利或成功，首先要培养下属的求知欲，让下属求教于我，此时施教才能有效。其次施教时要注意：①对下要有包容关爱之心。②要不失时机。③对待拜金、自满之人勿教。④教下宜刚柔相济。⑤在上下不顺时不宜用击蒙的方法施教；否则下属将会叛逃而去，甚至会变成你的敌人。

需卦第五：　论君之险

上坎　
（刚健解险：需）
下乾

一、卦辞

需：有孚，光亨，贞吉。利涉大川。

【注释】

需：需要。指前行遇险，需要消除险情之后前行。

孚：诚信。上对下有孚，指上对下真诚、守信。

光：广大，广泛。

涉大川：涉水过大河。借指干大事。

【译文】

前行遇险：有诚信，广大顺利。能正且固，吉。宜干大事。

【解义】

为君前行遇险需要消除险情后前行，称需。为君前行遇险时，对待广大下属做到真诚、守信可使脱险变得顺利；如果能够坚守正道不变，可获得成功脱险之吉。遇险之时若能如此，可顺利走出险境，成就大事。

二、彖辞与卦象

彖曰：需，须也，险在前也。刚健而不陷，其义不困穷矣，需。

【注释】

须：等待。

陷：落入。陷入。

困：被围困。

穷：走投无路。

【译文】

需是须之意，须是等待、是险在前方。刚健而不陷入险境，其义是不受困于走投无路，称需。

【解义】

为君前行遇险需要消除险情之后前行是需之意。遇险时不畏险难、奋勇向前而不陷入险境，其义是不被走投无路所困，称需。

有孚，光亨，贞吉。

【译文】

有诚信，广大顺利，正而固吉。

【解义】

在前行遇险的情况下，为君对待广大下属做到真诚、守信可使脱险变得顺利。如果能够坚守正道不变，可获得成功脱险之吉。

位乎天位，以正中也。利涉大川，往有功也。

【注释】

乎：于。

天位：最高领导人。

【译文】

这是最高领导人，能正且中。宜干大事，是前行可成功。

【解义】

脱险之吉是最高领导人在前行遇险时，能够坚守正道不变，并能做到处理事务中而不过的结果。宜带领团队干大事，是前行可获得脱险成功。

象曰：云上于天，需。君子以饮食宴乐。

【注释】

云：指在上的坎卦。

天：指在下的乾卦。

【译文】

云在天上，需。君子用请客吃饭回避险情。

【解义】

天上乌云密布，大雨即将来临是险在前的需之象。君子观此象，用请客吃饭的方法回避险情，同时与人共商解险事宜。

三、爻辞与爻象

初九：需于郊，利用恒，无咎。

【注释】

郊：旷远之地。

【译文】

目标遥远之险，宜用恒解，不会有错。

【解义】

为君实现遥远目标之险来自中途放弃、半途而废。这是领导人意志不坚定，没能坚持到最后的结果。在实现遥远目标的过程中，如果能够做到①心有恒：坚定不移、始终如一；②行有恒：勇往直前、善始善终。即使前行的目标异常遥远，最终也一定能够获得成功。不会有错。

象曰：需于郊，不犯难行也。利用恒无咎，未失常也。

【注释】

犯：遭遇。不犯：未遇。

常：常规。常理。

【译文】

目标虽然遥远，但是未遇难行。用恒无错，是未离常规。

【解义】

为君前行目标虽然遥远，但是并不难行。只要自己有恒心做到勇往直前、善始善终就不会有错。因为其君之行并未脱离通常的成功之道。

九二：需于沙，小有言。终吉。

【注释】

沙：沙漠。指难行。

小：小人。指下属。

【译文】

沙漠之中前行遇险，虽有小人抱怨，最终吉。

【解义】

为君带领团队前行遭遇步履艰难之险，如同行进在沙漠之中，加之前行凶吉难料，下属人心浮动、抱怨不断。此时需要为君用讲明道理的方法统一下属思想，率领众人继续前行，最终将会获得成功之吉。

象曰：需于沙，衍在中也。虽小有言，以终吉也。

【注释】

衍：平息。平定。

中：正。

【译文】

沙漠之中前行遇险，平息用正。虽然小人抱怨，但最终可获吉祥。

【解义】

为君带队前行步履艰难，如同行进在沙漠之中，平息下属怨言，可用正面引导的方法。虽然下属有抱怨，只要为君讲明道理带领大家继续前行，最终将会获得成功之吉。

九三：需于泥，致寇至。

【注释】

泥：淤泥。

致：导致。

【译文】

淤泥之中前行遇险，导致敌寇到来。

【解义】

为君狂妄自大将团队带入险境，如同艰难行进在淤泥之中，此时将会导致你的敌人很快到来，凶险不久将至。这是因为你的错误决定，给对手创造了成功的机会。

象曰：需于泥，灾在外也。自我致寇，敬慎不败也。

【注释】

敬：敬人。

慎：慎行。

【译文】

淤泥之中前行遇险，灾祸产生外部。是自己招来的外患，敬人、慎行可不败。

【解义】

为君狂妄自大将团队带入险境，引来外患。这是自己对人不敬、行为不慎导致的灾祸。为君如果能够做到敬人、慎行，则可立于不败之地。

六四：需于血，出自穴。

【注释】

血：失血。借指重大损失。

穴：身体穴位。自穴：自身。

【译文】

前行遭受重大损失之险，是自身的原因。

【解义】

为君在对外交往中遭受重大损失之险，这是其君草率决定造成的严重后果。这个结果的出现，完全由于自身的原因。

象曰：需于血，顺以听也。

【注释】

顺：通"慎"。谨慎。

听：接受。

【译文】

前行遭遇重大损失之险，要谨慎接受。

【解义】

为君在对外交往中，若要避免遭受重大损失之险，在做决定时要谨慎接受对方提出的要求或条件。

九五：需于酒食，贞吉。

【译文】

酒宴之险，持正不变，吉。

【解义】

为君在对外交往中，酒席宴会带来的风险是言谈举止失正。如果在酒宴之上能够做到有礼有节、坚守正道不变，则会吉祥如意。

象曰：酒食贞吉。以中正也。

【注释】

中：内心。

【译文】

酒宴之上守正之吉。是内心已正的结果。

【解义】

在对外交往时酒宴之上的守正之吉，是为君内心能够坚守正道的结果。

上六：入于穴。有不速之客三人来，敬之终吉。

【注释】

穴：窟穴。指困境。

不速之客：不请自到。

三人：多人。

【译文】

陷入窟穴之险，有多人不请自到，以礼相待，最终可吉。

【解义】

为君陷入外交困境之后不能自救时，先后多人不请自到，此时若能以礼相待，则会在来人的帮助下最终走出困境。吉。

象曰：不速之客来，敬之终吉。虽不当位，未大失也。

【译文】

不请自到的人前来，若能以礼相待，最终可吉。虽然位不当，但没有大损失。

【解义】

为君陷入外交困境之后，对待不请自到的客人若能以礼相待，最终可获得走出困境之吉。虽然为君是以上敬下、行为有些不当，但是可避免团队遭受更大的损失。

四、终述

1. 爻辞终述

需——论君之险

初九：需于郊——远行之险

　　九二：需于沙——难行之险

　　九三：需于泥——狂妄之险

　　六四：需于血——草率之险

　　九五：需酒宴——酒宴之险

　　上六：入于穴——困境之险

2. 本卦终述

　　下乾上坎，刚健解险是需之象。前行遇险，为君持刚解险是象之意。前行遇险是成功者重要的成长经历。因此强者遇险不惧，迎险而上不为险所困。若能以险铸就自己事业的辉煌，可成大事。遇险时为君的解险方法是：①遇险时坚守诚信可使脱险变得顺利；坚守正道可使脱险获得成功。②在不同的险情下，采用不同的方法防险、解险：远行之险，用恒解险；难行之险，以正疏导；狂妄之险，敬慎防险；草率之险，慎重防险；酒宴之险，持正防险；困境之险，敬客解险。

讼卦第六： 论臣之险

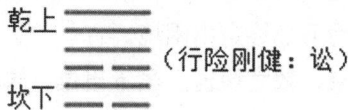

乾上 ▬▬▬▬
　　　▬▬▬▬　（行险刚健：讼）
坎下 ▬▬ ▬▬

一、卦辞

讼：有孚，窒惕，中吉。终凶。利见大人，不利涉大川。

【注释】

讼：臣与君争辩。

孚：诚敬。下对上有孚，指下对上忠诚、恭敬。

窒：受阻。

惕：小心，谨慎。

大人：道德高尚的上司。

【译文】

臣与君争辩：要诚敬，受阻后要小心，中而不过吉。最终凶。宜见道德高尚的上司，不宜干大事。

【解义】

君、臣的意见不同，为臣与君争辩，称讼。相争时为臣对上要忠诚、恭敬，但是受阻后要小心行事。相争时为臣若能做到言行中而不过，可吉。如果不计后果，顽固坚持自己的意见，最终将凶。与君争辩如果其君道德高尚，还能包容、理解为臣的所做所为，但是不宜干大事。因为干大事缺少上司的支持，最终不会有好结果。

二、象辞与卦象

象曰：讼。上刚下险，险而健，讼。

【译文】

讼是争辩。上刚下以险争，知险而争，称讼。

【解义】

臣与君争辩是讼之意。君在上以刚待下、臣在下以险对上，为臣知险而争，称讼。

讼，有孚，窒惕。中吉，刚来而得中也。终凶，讼不可成也。

【注释】

得：成功。

【译文】

与君相争要诚敬，受阻小心。中而不过吉，是刚来时臣成于正。最终将凶，是争不可能成功。

【解义】

为臣与君相争时，对上要忠诚、恭敬。当相争受阻时，应小心行事。相争时言行中而不过之吉，是在上之君以刚应对时，为臣采用了正确的方法所获得的成功之吉。如果相争不能成功，为臣仍然痴迷不悟、固执己见，最终将凶。

利见大人，尚中正也。不利涉大川，入于渊也。

【注释】

尚：崇尚。

渊：深潭。指陷入困境。

【译文】

宜见道德高尚的上司，因其崇尚中正。不利干大事，是陷入困境了。

【解义】

为臣与上相争时，宜见道德高尚的上司，因为其君在下属与自己相争时，能够做到持正且中而不过。为臣与君相争不利干大事，是因为臣与君相争之后，自己已经陷入困境了。

象曰：天与水违行，讼。君子以作事谋始。

【注释】

违：违背。

作：同"做"。

【译文】

天水相背而行，讼。君子观此象，谋划做事的开始。

【解义】

君在上似天向上，臣在下似水向下，君、臣相背而行是讼之象。君子观此象，在开始与君相争时，就应仔细谋划如何避免与君相争，防止为臣在争后自身陷入困境。

三、爻辞与爻象

初六：不永所事，小有言，终吉。

【注释】

永：长久。

小：少。

【译文】

不可因一件事长久争执，若能少言，最终可吉。

【解义】

身为人臣不可因一件事长久与君争执不休，这是对上不敬的表现。在君、臣意见不同时，为臣若能以敬为基、以少言说明缘由，最终可获吉祥。

象曰：不永所事，讼不可长也。虽小有言，其辩明也。

【注释】

其：还是。

辩：通"辨"。区分，分清。

明：敬，恭敬。

【译文】

不永所事，是争执不可长久之意。虽用少言，还是要分清是否恭敬。

【解义】

为臣不为一件事与君争执不休，是指不可与君长久争执的意思。在与君争辩时，虽然可以采用少言的方法，但是还应分清自己是否做到了恭敬。

九二：不克讼，归而逋。其邑人三百户，无眚。

【注释】

克：胜。

逋：逃离，逃走。

邑人：大夫封地内的农户。指下属。

眚：灾祸。

【译文】

对上不敬之争失败后，返回时应立即逃走，这样自己的下属三百户不会受到伤害。

【解义】

为臣在与君争辩时自以为是、出言不逊，这种不敬之争失败后已成祸事，大凶不久将至，应尽快逃走以避免自己下属众人因此受到伤害。

象曰：不克讼，归逋窜也。自下讼上，患至掇也。

【注释】

窜：隐藏。

患：灾难，灾祸。

掇：自取。

【译文】

争执失败后，返回立即逃离隐藏起来。这是下与上争，自取灾祸的结果。

【解义】

为臣与君的不敬之争失败后，返回驻地立即逃走隐藏起来，这是狂妄自大、自以为是的对上不敬之争，给自己带来的灾祸。

六三：食旧德，贞厉，终吉。或从王事，无成。

【注释】

食：享受。依靠。

旧德：过去的功绩。

贞厉：坚持争有危险。

或：代词。指有功的争臣。

从王事：辅佐君王。

【译文】

依靠过去的功绩与上相争，坚持不变危险，不争终吉。如果辅佐君王，相争无成。

【解义】

依靠过去的功绩与上相争，如果坚持不改将会有危险。若能做到有功也不与上相争，最终会吉祥如意。倘若为臣辅佐君王，如果依靠过去的功绩不顾一切与君相争，也不可能获得成功。

象曰：食旧德，从上吉也。

【译文】

过去有功绩，顺从上司，吉。

【解义】

在君、臣意见不同时，有功之臣不依靠过去的功绩与君相争，并且做到言、行都能顺从君意则吉。

九四：不克讼，复即命渝，安贞，吉。

【注释】

复：回去。

命：命令。

渝：改变。

安：安守。

【译文】

相争不胜，回去后立即修改命令，并且安守君命不变，吉。

【解义】

为臣与君相争其意见被君否定之后，回去能够立即修改自己以前下达的命令，并且严格按照其君的命令行事，此时若能安守君命、坚持不变，则吉。

象曰：复即命渝，安贞不失也。

【注释】

失：丧失，失去。

【译文】

回去后立即修改命令，安守不变，是未丧失正道。

【解义】

为臣与君相争其意见被否定之后，回去能够立即修改自己以前下达的命令，并且能够安守君命坚持不变，说明其没有丧失为臣的正道。

九五：讼，元吉。

【注释】

元：大。

【译文】

与君相争，臣获大吉。

【解义】

为臣与君相争获得大吉，说明臣的建议被君采纳，并且为其君做出了重要贡献，因此获得大吉。

象曰：讼，元吉，以中正也。

【译文】

与君相争，臣获大吉，是持正和方法正确。

【解义】

为臣与君相争获得大吉，说明臣的建议已被君采纳，并且为其君做出了重要贡献。这是为臣在给君谏言的过程中，能坚持正确的意见和采用了正确的方法所取得的成果。

上九：或锡之鞶带，终朝三褫之。

【注释】

锡：同"赐"赏给。

鞶：官衔之饰。鞶带：代表官衔的腰带。

褫：夺去。降职。

【译文】

相争受到君王赏赐的升职腰带，但在终朝前被夺回三次。

【解义】

为臣与君的不明智之争，虽然暂时可能得到晋升，倘若痴迷不悟、以争为荣，最终为臣的职务将会被一降再降。

象曰：以讼受服，亦不足敬也。

【注释】

亦：语气词。

敬：敬佩。

【译文】

以争获得晋升，不值得人们敬佩。

【解义】

身为人臣采用与君相争的方法获得晋升，这样的晋升不值得人们敬佩。

四、终述

1. 爻辞终述

讼——论臣之险

初六：不永所事——固执之险

九二：不 克 讼——不敬之险

六三：食 旧 德——功臣之险

九四：复即命渝——被否之险

九五：讼 元 吉——成功之险

上九：以讼受服——晋升之险

2. 本卦终述

下坎上乾，行险刚健是讼之象。君似天、向上，臣似水、向下，君、臣意见相背臣以险争是象之意。在君、臣意见不同的情况下，为臣固执己见与君相争，这是为臣以险伴上的不明之举。与君相争如果处置不当，将使自己陷入困境。在君、臣意见相背的情况下，为臣如何陈述自己的观点，才能使自己免于被动是本卦阐述的主要内容。当君臣观点不同时，为臣应尽可能避免与君争辩。君明时，臣可争而不过。君庸时，臣不可争。一旦出现争论也要以敬为基，以持正、少言、知止作为自己与君沟通的行为准则。

师卦第七： 论出征

坤上 ▤▤
　　　　　（行险顺利：师）
坎下 ▤▤

一、卦辞

师：贞，丈人吉，无咎。

【注释】

师：众人。指率领众人出征作战。

丈人：贤能之人。指经验丰富、道德高尚之人。

【译文】

率众征战：坚守正道，用贤能之人，吉。没有灾祸。

【解义】

为臣奉命率众征战，称师。率众征战要坚守正道不变，并且选用道德高尚、经验丰富的贤能之人为主要助手，才能获得成功之吉，也不会有失败的灾祸。

二、彖辞与卦象

彖曰：师。众也。贞，正也。能以众正，可以王矣。

【译文】

师是率众征战。贞是走正道。能使众正，可以成王事啊！

【解义】

率领众人出征作战是师之意。贞是率众走正道的意思。能够带领众人走正道，可夺取天下成就王事啊！

刚中而应，行险而顺，以此毒天下，而民从之。吉。又何咎矣。

【注释】

中：正。

应：响应。

毒：役使。领兵出征。

从：跟随。

【译文】

持刚行正可得众人响应，行于险境也会顺利。以此法役使众人夺取天下，民众会紧紧跟随其后，吉。怎么会有灾祸呢？

【解义】

率众征战如果能够做到持刚行正，则能得到众人的信任和支持。若能如此即使遇险也会顺利。用此法领兵出征夺取天下，人们将会紧紧跟随其后，并且会如意吉祥。怎么会有灾祸呢？

象曰：地中有水，师。君子以容民畜众。

【注释】

容：宽容。

畜：容纳。

【译文】

上地下水，师。君子以宽容纳众。

【解义】

上地下水，水聚地下是师之象。君子观此象，用宽厚待人的方法容纳众人成就自身的事业。

三、爻辞与爻象

初六：师出以律，否臧凶。

【注释】

以：依靠。

律：纪律。

臧：有。

【译文】

率众出征，要依靠纪律严明，否则有凶。

【解义】

为臣率领众人出征作战，必须依靠纪律严明管理和约束下属，这样才能做到有令则行、有禁则止，否则将会有凶险。

象曰：师出以律，失律凶也。

【译文】

率众出征依靠纪律严明，丧失纪律有凶险。

【解义】

率众出征作战必须依靠纪律严明管理、约束下属，否则团队将有凶险。

九二：在师中，吉。无咎，王三锡命。

【注释】

三：多次。

锡：同“赐”。嘉奖。

【译文】

率众征战中，吉。没有过错，多次收到嘉奖的命令。

【解义】

为臣率众征战的过程中，若能不断取得胜利，则吉。若能多次收到其君嘉奖的命令，说明为臣没有过错。

象曰：在师中吉，承天宠也。王三锡命，怀万邦也。

【注释】

承：受到。

天：天子。指君。

万邦：天下。

【译文】

为臣率众征战之吉，是其君的宠爱。其君多次颁发嘉奖命令，是心怀夺取天下之志。

【解义】

为臣率众征战之吉，是自己受到在上之君宠爱的结果。在为臣不断取得胜利的情况下，若能多次获得嘉奖说明其君胸怀夺取天下之志。

六三：师或舆尸，凶。

【注释】

舆：大车。

【译文】

率众征战用大车载尸，凶。

【解义】

为臣奉命领兵出征，因其指挥失误遭遇惨败，用大车载尸而归，给其君的事业造成重大损失，这是凶之道。

象曰：师或舆尸，大无功也。

【注释】

大：指大过。大错。

【译文】

率众征战用大车载尸，仅有大过而无功绩。

【解义】

为臣奉命领兵出征，因其指挥失误遭遇惨败，用大车载尸而归给其君事业造成重大损失。虽然在征战的过程中曾经取得一些功绩，但是因为惨败，为臣最终仅有大过而不会有功绩。

六四：师左次，无咎。

【注释】

左次：后退，退回。

【译文】

领兵出征，退回，没有灾祸。

【解义】

为臣奉命领兵征战，知不可进时主动退回，虽然其事未成，但是并没有给其君的事业造成损失，因此不会有灾祸发生。

象曰：左次无咎，未失常也。

【注释】

常：常规。

【译文】

退回没有灾祸，是未失用兵的常规。

【解义】

为臣奉命领兵征战知不可进后及时退回没有灾祸，说明其臣没有丧失正常的用兵之道。

六五：田有禽，利执言，无咎。长子帅师，弟子舆尸，贞凶。

【注释】

田：打猎。禽：猎物。田有禽比喻战机出现。

执：捉拿。

言：下命令。

长子：指经验丰富之人。

弟子：指经验不足之人。

【译文】

猎物出现后立刻下达捉拿命令，无错。用长子为统率，弟子帅师则会大车载尸而归。虽正也凶。

【解义】

为臣在领兵征战时，当有利战机出现后若能及时下达出击的命令，不会有错。此时用能力强、经验丰富之人为主帅是正确的选择；如果用能力差、经验不足之人为主帅将会大败而归，即使为臣指挥正确，最终也凶。

象曰：长子帅师，以中行也。弟子舆尸，使不当也。

【注释】

行：用。

使：用。

【译文】

长子帅师是正确用人。弟子帅师大车载尸而归，是用人不当的结果。

【解义】

战机出现后任用能力强、经验丰富之人为主帅，说明为臣能够正确用人。用能力差、经验不足之人为主帅最终大败而归，这是用人不当的结果。

上六：**大君有命，开国承家，小人勿用。**

【注释】

大君：最高领导人。

开国：建国。

承家：辅佐国家。

小人：指道德低下、人格卑鄙之人。

【译文】

国君发布命令，建国和辅佐国家。小人勿用。

【解义】

经过长期艰苦奋斗终于迎来了最终的胜利，此时君王发布命令论功封赏有功之人。有人用于建国、有人用于管理国家；但是道德低下、人格卑鄙的小人不要任用。

象曰：**大君有命，以正功也。小人勿用，必乱邦也。**

【注释】

正：确定。

邦：国。

【译文】

国君发布命令，为了确定功绩大小。小人不用，用之其国必乱。

【解义】

国君发布封赏命令，是为了评定有功之臣的功绩大小。此时道德低下、人格卑鄙的小人不能任用，如果任用其国必乱。

四、终述

1. 爻辞终述

师——论出征

初六：师出以律——无律有凶

九二：在师中吉——胜要奖赏
六三：师或舆尸——败要处罚
六四：左次无咎——无损不责
六五：田 有 禽——重用能臣
上六：大君有命——勿用小人

2. 本卦终述

下坎上坤，行险顺利是师之象。为臣率众出征，如何做到行险也能顺利是象之意。为臣率众出征是否能够获得成功，要注意以下几点：首先在出征之前，要选择道德高尚、经验丰富的贤能之人为主要助手，以此保证出征获得预期成功。其次在征战的过程中，用将要做到有功则奖、有过则罚、无损不责。另外在成功之后要论功封赏，但是道德低下的卑鄙小人不要任用，否则必乱其国。

比卦第八： 论亲下

坎上 ☵
（顺利防险：比）
坤下 ☷

一、卦辞

比：吉。原筮，元永贞，无咎。不宁方来，后夫凶。

【注释】

比：亲近。指在上之君亲近下属辅佐之臣，简称上亲下。

筮：占问其意。原筮：原意。

元：首。指君。

方：将。

夫：指君。

【译文】

上亲下，吉。原意是君持正永远不变，不会有灾祸。不宁将来，而后君凶。

【解义】

在上之君亲近下属辅佐之臣，称比。为君若能做到亲近下属，自身的事业将会吉祥如意。比的原意是如果上亲下能够坚守正道永远不变，就不会有灾祸发生，否则团队内部将会不得安宁，为君因不亲下导致的凶险也将随后就到。

二、彖辞与卦象

彖曰：比。吉也。

【译文】

比是上亲下。上若亲下可吉。

【解义】

在上之君亲近下属辅佐之臣是比之意。为君若能亲近自己的下属，可获得事业成功之吉。

比，辅也，下顺从也。

【注释】

辅：辅佐之臣。

【译文】

比是亲近辅佐之臣，可使臣顺从于君。

【解义】

比是为君亲近自己的辅佐之臣。为君若能亲近自己的辅佐之臣，可以达到下属之臣自觉顺从君意而动的效果。

原筮，元永贞。无咎，以刚中也。

【译文】

原意是君永远不变。无灾祸是持刚行正的结果。

【解义】

比的原意是指为君亲下要坚守正道永远不变。为君持刚执政要坚守正道，才能有效避免发生灾祸。

不宁方来，上下应也。后夫凶，其道穷也。

【注释】

应：应对。

穷：尽。穷途末路。

【译文】

不安将来，是上下相应的结果。而后君凶，是自己陷入了穷途末路。

【解义】

团队内部不安宁将来，是上以刚待下、下以刚回应的结果；而后夫凶，是在上之君自己因此陷入了穷途末路的困境。

象曰：地上有水，比。先王以建万国，亲诸侯。

【译文】

水在地上，比。先王以分封万国，亲近诸侯。

【解义】

水在地上，水地亲密无间是比之象。先王观此象，用分地封侯、建万国的方法，亲近下属重臣。

三、爻辞与爻象

初六：有孚比之，无咎。有孚盈缶，终来有它吉。

【注释】

盈：充满。

缶：盛水的瓦器。盈缶：借指充满感激。

来：助词。

【译文】

有诚信的亲下，无灾祸。诚信达到下属充满感激，最终有其他收获之吉。

【解义】

为君若能真诚亲下，就不会有灾祸发生。当亲下的诚信达到足以让下属充满感激之情时，虽然暂时没有什么改变，但是最终会在其他方面有收获，吉。

象曰：比之初六，有它吉也。

【译文】

初六之比，是有其他收获之吉。

【解义】

为君真诚亲下达到足以让下属充满感激之情时，会在其他方面有收获，吉。

六二：比之自内，贞吉。

【注释】

内：指内部之臣。

【译文】

亲近朝廷内部之臣，坚守正道不变。吉。

【解义】

为君亲近自己的内部之臣，若能坚守正道永远不变，则吉。

象曰：比之自内，不自失也。

【译文】

亲近朝廷内部之臣，自己不受损失。

【解义】

为君亲近内部之臣，自己的事业不会遭受损失。

六三：比之匪人。

【注释】

匪：通"非"。非：邪恶。匪人：邪恶之人。

【译文】

亲近邪恶之人。

【解义】

为君亲近不走正道、阴险恶毒之人，自身事业将会遭受损失。

象曰：比之匪人，不亦伤乎？

【译文】

亲近邪恶之人，怎能不受伤害呢？

【解义】

为君亲近不走正道、阴险恶毒之人，自身的事业怎能不受伤害呢？

六四：外比之，贞吉。

【注释】

外：指外部之臣。

【译文】

亲近朝廷外部之臣，坚守正道不变，吉。

【解义】

为君亲近自己的与驻外之臣，若能坚守正道永远不变时，吉。

象曰：外比于贤，以从上也。

【注释】

贤：贤人。德才兼备之人。

【译文】

外部亲近贤人，是为了让他们顺从于君。

【解义】

为君亲近驻外德才兼备之人，其目的是获得他们的信任和支持。

九五：显比，王用三驱，失前禽。邑人不诫，吉。

【注释】

显：彰显。

三驱：包围三面，放开一面。指放一条生路。

失：失去。

前禽：头领。

邑人：随从之人。

诫：惩诫。伤害。

【译文】

显比是君采用"围三缺一"，领头之人愿走的放走，留下的随从人员也不惩戒，吉。

【解义】

为君对待被俘人员彰显的亲善是采用"网开一面"的方法，对待想走的领头之人放一条生路，对留下的随从人员也不惩诫，这样不但能够壮大自己的力量，还可最大限度地孤立、瓦解对方的团队，吉。

象曰：显比之吉，位正中也。舍逆取顺，失前禽也。邑人不诫，上使中也。

【注释】

上：指君。

使：用。

中：正确。

【译文】

显比之吉是在其位、走正道的结果。舍去逆者、保留顺者是失前禽。随从不惩诫是在上之君采用了正确的方法。

【解义】

为君对被俘人员的亲善之吉，是来自其君在其位、走正道的结果。失前禽是对想走的领头之人放一条生路，对其他人员愿去的放其离去，愿留下的将其留下，并且对待留下的人也不施加任何惩诫。这是在上之君对待被俘人员采用了正确的方法。

上六：比之无首，凶。

【注释】

无首：无主次。

【译文】

亲近没有主次之分，凶。

【解义】

为君亲近下属不分上下，没有主次之分。例如越级亲下不分主次或用相同的方法，亲近不同级别的下属，凶。

象曰：比之无首，无所终也。

【译文】

亲近没有主次之分，最终不会有好结果。

【解义】

为君亲近下属不分上下、没有主次之分，这样会导致团队内部出现混乱；让辅佐自己的重要下属无法认真履行职责，并且逐渐与自己离心离德，最终不会有好结果。

四、终述

1. 爻辞终述

比——论亲下

初六：有孚比之——真诚亲下

六二：比之自内——亲近内臣

六三：比之匪人——亲近恶人

六四：外比贞吉——亲近外臣

九五：显比之吉——亲善战俘

上六：比之无首——亲无主次

2. 本卦终述

下坤上坎，顺利防险是比之象。在上之君为了事业顺利，防止内部险情出现亲近在下之臣是象之意。君、臣亲密无间是为君事业成功的保证。为君若能亲近下臣，则会得臣，可获事业成功之吉。若不亲下或亲之有变，则会失臣；失臣为君事业终将有凶。亲下时要注意：①不能亲近邪恶之人。②不能亲无主次。③不能有始无终。否则将会出现内乱，最终导致为君的事业发展受阻，给团队造成重大损失。

小畜卦第九：　论臣养顺德

巽上 ▅▅▅▅
　　　　▅▅　▅▅　（刚健顺从：小畜）
乾下 ▅▅▅▅

一、卦辞

小畜：亨。密云不雨，自我西郊。

【注释】

小：指臣。

畜：畜养，培养。小畜：指为臣畜养顺从之德。简称为臣养德。

密云：象征厚德。

不雨：象征不露。

我：指周文王自己。

西郊：指文王所在地岐周（陕西岐山县）。岐周位于商朝国都朝哥（河南淇县）的西部。

【译文】

为臣养德：顺利。浓云密布而不下雨，此云从我岐周来。

【解义】

身为人臣畜养顺从之德，称小畜。为臣养德，可获事业顺利。在君非正之时，为臣厚德要含而不露。这种厚德"含而不露"之法，来自当年岐周的周文王。

二、象辞与卦象

象曰：小畜。柔得位，而上下应之，曰小畜。

【注释】

柔：指臣。

【译文】

小畜是为臣养德。臣得位养德，可获得上、下支持，称小畜。

【解义】

为臣畜养顺从之德是小畜之意。为臣有权有势时若能持正养德，可获得上、下的信任和支持，称小畜。

健而巽，刚中而志行，乃亨。

【注释】

健：刚健。

巽：恭顺。

志：目的。志向。

乃：就是。

【译文】

刚健而恭顺，持刚行正可实现其志，就是顺利。

【解义】

为臣虽然行为刚健，但能做到对君恭敬、顺从。如果身为人臣能用持刚走正道的方法实现自己的志向，就是为臣自身的顺利。

密云不雨，尚往也。自我西郊，施未行也。

【注释】

尚：还。才能。

施：实施。

【译文】

浓云密布而不下雨，才能前行。此云从我岐周来，实施要在未行之前。

【解义】

当君不正时，为臣的厚德只有在"含而不露"的情况下，才能顺利前行。这种厚德"含而不露"之法，来自当年岐周的周文王。但要注意实施"含而不露"之法，要在未行之前进行。

象曰：风行天上，小畜。君子以懿文德。

【注释】

懿：善。

文：修饰。

【译文】

下天上风，小畜。君子用做善事修德。

【解义】

下天上风，下健上顺是小畜之象。君子观此象，用做善事的方法修德。

三、爻辞与爻象

初九：复自道，何其咎，吉。

【注释】

复：回归。复归。

自道：自己的正道。指为臣的正道。

【译文】

复归自己的正道，哪来的灾祸呢？吉。

【解义】

为臣犯错之后能够及时改正错误、复归为臣的正道，若能如此，哪来的灾祸呢？并且还能获得复归正道之吉。

象曰：复自道，其义吉也。

【译文】

自己复归正道，其本义是吉祥的。

【解义】

错了自己改正是复归正道。纠正自身错误是为了走正道。走正道则是吉之道，所以复归正道的本义是吉祥的。

九二：牵复，吉。

【注释】

牵：拉。

【译文】

被拉回正道，吉。

【解义】

为臣之行脱离了正道，被君强行牵拉而回。倘若在上之君牵拉，为臣能顺势复归正道，则吉。

象曰：牵复在中，亦不自失也。

【注释】

中：正。

亦：也。

失：丧失。损失。

【译文】

牵而能复是在走正道。走正道自己也没有损失。

【解义】

为臣脱离正道之后被君牵拉能复归正道，说明为臣已经开始走正道了；同时复归正道也能有效避免自己遭受损失。

九三：舆说辐，夫妻反目。

【注释】

舆：大车。

说：脱。

辐：车轮辐条。脱辐：辐条脱落。比喻甩手不干了。

夫：指君。

妻：指臣。

【译文】

车轮的辐条脱落了，夫妻翻脸。

【解义】

为臣之行脱离了正道，君止臣、臣驳君，牵而不复，最终发展到君、臣翻脸，为臣因此甩手不干了。此时严重影响了其君的前行，如同大车的辐条自己脱落一样。

象曰：夫妻反目，不能正室也。

【注释】

正室：正妻。指主管内部事务。

【译文】

夫妻翻脸，不能成为正妻了。

【解义】

君、臣翻脸为臣甩手不干之后，为君将会剥夺其臣的权力，不会继续让他主管事务了。

六四：有孚，血去惕出，无咎。

【注释】

血：受伤害。血去：不受伤害。

惕：小心谨慎。

【译文】

诚敬，小心谨慎，不会受到伤害，没有过错。

【解义】

为臣对上忠诚、恭敬，做事小心谨慎可使自己不受伤害，不会有错。

象曰：有孚惕出，上合志也。

【译文】

忠诚、恭敬，小心谨慎，符合上司的要求。

【解义】

为臣对上忠诚、恭敬，做事小心谨慎，这样符合在上之君的要求。

九五：有孚挛如，富以其邻。

【注释】

挛：蜷曲，不伸。指谦虚。

富：通"福"。造福，降福。

邻：邻居。指周围之人。

【译文】

有诚信，谦虚。造福周围之人。

【解义】

为臣对待周围人能够做到谦虚待人、真诚守信，并且能造福于人是有德之人。

象曰：有孚挛如，不独富也。

【译文】

有诚信，谦虚，有成果不单独享受。

【解义】

为臣对待周围之人能够做到谦虚待人、真诚守信，并且有成果能与大家分享，这是有德之人。

上九：既雨既处，尚德载，妇贞厉。月几望，君子征凶。

【注释】

既：尽。

尚：通"常"。

载：满。

妇：妻子。指臣。

几：几乎。

月几望：月亮几乎圆了，比喻养德将满之时。

【译文】

不分时间、不分地点有雨即下，常是养德自满，臣坚持不变有危险；月亮几乎圆时，君子前行，凶。

【解义】

在君非正之时为臣不分时间、不分地点，一有机会就尽显其德，这通常是养德自满的情况。如果坚持不改，将会有危险，如同天上的月亮几乎满圆时，继续前行将会出现满月。养德如果自满，前行将会有凶险。

象曰：既雨既处，德积载也。君子征凶，有所疑也。

【译文】

不分时间、不分地点有雨即下，是养德自满。君子征凶，是被怀疑了。

【解义】

不分时间、不分地点有德尽显，这是为臣养德自满的情况。君子征凶，是不正之君怀疑其臣不忠的结果。

四、终述

1. 爻辞终述

小蓄——论臣养顺德

初九：复自道吉——有错自复

九二：牵复之吉——牵而能复

九三：夫妻反目——牵而不复

六四：血去惕出——忠诚谨慎

九五：富以其邻——造福他人

上九：既雨既处——德盈征凶

2. 本卦终述

下乾上巽，刚健顺从是小蓄之象。为臣若是行为刚健，应当畜养顺从之德是象之意。身为人臣修好顺从之德是自己事业成功的保证。对上健而能顺，对下刚中不过，则会得到上、下对自己的信任和支持，为臣的事业因此也会吉祥顺利。何谓有德呢？①有错自纠。②君牵臣复。③对上忠诚，做事谨慎。④对他人谦而有诚，并能造福于人。除此之外还要注意：在君不正时，有德尽显将会给自己带来不利的后果。

履卦第十： 论臣伴刚君

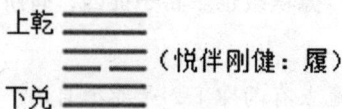

上乾 ▬▬▬▬
　　　　　▬▬ ▬　（悦伴刚健：履）
下兑 ▬▬▬▬

一、卦辞

履：履虎尾，不咥人，亨。

【注释】

履：跟随。履虎尾：跟在老虎后面走。指为臣伴刚君。

咥：咬。

【译文】

臣伴刚君：跟在老虎后面走，老虎不咬人，顺利。

【解义】

身为人臣陪伴刚君前行，称履。为臣若能知卑守礼，小心谨慎跟在刚君之后伴君而行，不仅不会受到伤害，并且还能获得自身顺利。如同跟在老虎后面行走，由于自己小心谨慎不会被老虎伤害一样。

二、象辞与卦象

象曰：履。柔履刚也。

【注释】

柔：指臣。

刚：指君。

【译文】

履是臣伴君，是柔臣伴刚君。

【解义】

为臣陪伴刚君前行是履之意。履是为臣以柔顺的方法，陪伴刚君前行。

说而应乎乾，是以履虎尾，不咥人，亨。

【注释】

说：悦。

应：应和。

【译文】

以悦色应和于君，就是跟在老虎后面走，不会受伤害，顺利。

【解义】

为臣以和颜悦色应和在上的刚君，如同小心谨慎跟在老虎后面行走，不会受到伤害一样。只有如此为臣才能获得自身顺利。

刚中正，履帝位而不疚，光明也。

【注释】

疚：内心痛苦。

光：广大。

明：贤明。

【译文】

刚君若中正，跟在君后行走内心不会痛苦，是广大而贤明。

【解义】

如果在上刚君能够坚守正道、持刚且能中而不过，为臣伴君内心才不会有痛苦。这是由于在上之君心胸宽广、能够贤明执政的结果。

象曰：上天下泽，履。君子以辨上下，定民志。

【注释】

辨：分清。区分。

民：人。指臣。

【译文】

上天下泽，履。君子以分清上下关系，确定为臣的志向。

【解义】

上天下泽，上健下悦是履之象。君子观此象，以分清上下、尊卑的君臣关系，确定为臣自己的行动目标及方向。

三、爻辞与爻象

初九：素履，往无咎。

【注释】

素：白色。是单独的颜色。素履：比喻独履。

【译文】

单独伴君，前行不会受到伤害。

【解义】

刚君在上为臣单独伴君而行，呈现独履的情况。此时为臣伴君不会受到伤害，因为其君需要有人陪伴自己前行。

象曰：素履之往，独行愿也。

【注释】

愿：希望。需要。

【译文】

单独伴君而行，是其君独行的需要。

【解义】

为臣单独伴君前行无咎，是因为其君独行不便需要有臣相伴而行。此时其君对臣没有选择余地，因此不会受到伤害。

九二：履道坦坦，幽人贞吉。

【注释】

坦坦：宽平易行。履道坦坦：比喻履道易行有众人争履。

幽人：隐而不争之人。

【译文】

履道易行，持正隐而不争，吉。

【解义】

伴君之道易行，为君身边有众臣相伴是众臣争履之象。此时为臣若能坚守正道、隐而不争，吉。

象曰：幽人贞吉，中不自乱也。

【注释】

中：正。

【译文】

坚守正道隐而不争之吉，是持正不自乱的结果。

【解义】

在众臣争相伴君的情况下，为臣坚守正道、隐而不争之吉，来自在众臣争履的情况下，自己能够坚守正道、不乱方寸的结果。

六三：眇能视，跛能履，履虎尾，咥人凶。武人为于大君。

【注释】

眇：一只眼失明。指限制臣看。

跛：一只脚有疾。指限制臣行。

武人：头脑简单之人。

为：助。辅佐。

【译文】

一只眼失明能看，一只脚有疾能行，如此伴君，会受到伤害凶。这是武人辅佐大君。

【解义】

当君限制臣看时，为臣不知回避却依旧认真查看；当君限制臣行时，为臣不知不能与君同行；用这种不识时务、不明事理的方法伴君，自己将会受到伤害，凶。这是头脑简单、胆大妄为武人伴大君的情况。

象曰：眇能视，不足以有明也。跛能履，不足以与行也。咥人之凶，位不当也。武人为于大君，志刚也。

【译文】

一只眼失明能看，是不明智。一只脚有疾能行，是不能与君同行。受到伤害之凶，是不称职。武人辅佐大君，是志大才疏。

【解义】

君限制臣看时为臣不知回避，是臣不明智的表现；君限制臣行时为臣不知不能与君同行，是臣愚笨的表现；为臣受害之凶，是有伴君之职而无伴君之能的结果。这是志大才疏、胆大妄为武人伴大君的情况。

九四：履虎尾，愬愬终吉。

【注释】

愬愬：恐惧之貌。

【译文】

伴君若知恐惧，最终吉。

【解义】

为臣伴君要知道惊恐畏惧，同时还应恭敬顺从、小心谨慎地跟随在君之后，如果能够坚持不变，最终可获吉祥。

象曰：愬愬终吉，志行也。

【注释】

行：实施。践行。

【译文】

惊恐终吉，是践行其志的结果。

【解义】

为臣伴君惊恐畏惧之吉，是为臣能够坚守臣德和不断践行臣之道的结果。

九五：**夬履，贞厉。**

【注释】

夬：清除。不。

【译文】

不履，坚持不变有危险。

【解义】

位高权重之臣，无所顾忌不履其君，如果坚持不变将有危险。

象曰：夬履贞厉，位正当也。

【注释】

当：挡住。

【译文】

不履坚持不变之险，是其位挡住了履之道。

【解义】

位高权重之臣坚持不履的危险，是由于其臣的职位挡住了自己的履之道。

上九：**视履考祥，其旋元吉。**

【注释】

视：考察。

考：泛指祖先。指前人。

祥：福。

旋：调正。

【译文】

考察前人履道之福，为臣调正大吉。

【解义】

为臣通过仔细考察前人的伴君之福，认真反省自身的不足，及时调正自己的伴君之道，可获大吉。

象曰：元吉在上，大有庆也。

【译文】

居高位的大吉，是有大福大庆。

【解义】

为臣身居高位能够谦虚谨慎、恭敬伴上的大吉，是为臣出任高官之后，通过继续坚守履之正道所获得的大福大贵。

四、终述

1. 爻辞终述

履——论臣伴刚君

初九：素　　履——独履无咎

九二：履道坦坦——众履不争

六三：武人伴君——不明有凶

九四：愬愬终吉——明智终吉

九五：夬履贞厉——不履有险

上九：视履考祥——履正大吉

2. 本卦终述

下兑上乾，悦伴刚健是履之象。刚君在上，为臣在下以悦相伴是象之意。自古以来有"伴君如伴虎"之说；身为人臣为了避免自身受到伤害，伴君要有敬畏之心、要戒刚戒过、要色悦柔顺。同时要注意：①众履不争。②明智恭敬。③不明有凶。④履要有终。⑤不履有险。

泰卦第十一：　论用大人

坤上 ☷
　　　　　　　（刚健顺利：泰）
乾下 ☰

一、卦辞

泰。小往来大。吉，亨。

【注释】

泰：安宁。指团队上下安宁。

小：小人。指道德低下、人格卑鄙之人。

大：大人。指德才兼备的贤能之人。

【译文】

上下安宁：小人走大人来。吉祥，顺利。

【解义】

团队上下安宁，称泰。为君若要实现团队上下安宁，则要以正相合重用贤能之人。此时道德低下、人格卑鄙的小人将离君而去，德才兼备的大人则为君而来。为君也将因此获得成功之吉和事业顺利。

二、象辞与卦象

象曰：泰。小往来大，吉亨。则是天地交而万物通也。上下交而其志同也。

【注释】

天地：指君臣。

交：交合。相互配合。

通：通畅。

【译文】

泰是上下安宁。小人走大人来，吉祥、顺利。这即是天地相互配合万物生长通畅无阻的情况。上下能够相互配合是志同道合的结果。

【解义】

团队上下安宁是泰之意。为君执政若能以正相合，则利大人而不利小人。因此人格卑鄙的小人将会离君而去，德才兼备的大人将会为君而来。此时为君的团队将会变得祥和安宁，其事业也将获得吉祥、顺利。这就是君、臣相互配合万事都变得畅通无阻的情况。君、臣若能相互配合是上下志同道合的结果。

内阳而外阴，内健而外顺，内君子而外小人，君子道长，小人道消也。

【注释】

内阳：指内卦为乾，为健。

外阴：指外挂为坤，为顺。

【译文】

阳位于内，阴位于外。阳在内刚健，阴在外柔顺。君子在内，小人在外，君子正气日益增长，小人邪气日益消退。

【解义】

君、臣以正相合，可使团队内部充满正气、强而健，团队外部邪气因不能侵入而顺从。这是为君重用德才兼备的君子，远离卑鄙小人的结果。此时团队内部正气日益上升，邪气日益下降。

象曰：天地交，泰。后以财（裁）成天地之道。辅相天地之宜，以左右民。

【注释】

后：君主。

财：通裁。节制。制裁。

辅相：辅佐。

宜：事情。

左右：帮助。

民：百姓，人民。

【译文】

天地交合，泰。为君用制裁之法成天地之道，辅佐天地之事，以帮助天下百姓。

【解义】

天在下、向上，地在上、向下，天地交合是泰之象。为君观此象，用制裁小人之法，成就君、臣之间以正相合的正道，以此辅佐天下政事为百姓造福。

三、爻辞与象象

初九：拔茅茹，以其汇，征吉。

【注释】

茹：牵引。

汇：同类。指根。

征：征伐。

【译文】

拔掉茅草，连根清除。征伐，吉。

【解义】

为了实现君、臣以正相合，首先要彻底清除为君身边的小人之党不留后患，如同拔掉茅草要连根清除一样。其次吸纳贤人入阁参政，从而保证以后的事业发展能够吉祥如意。

象曰：拔茅征吉，志在外也。

【译文】

拔掉茅草征伐之吉，是为君立志向外发展的结果。

【解义】

为君清除小人之党征伐之吉，是其君立志吸纳外部贤能之人入阁参政的结果。

九二：包荒，用冯河。不瑕遗，朋亡，得尚于中行。

【注释】

包：接收。

荒：荒野。指外部没有起用的贤能之人。

冯河：涉水过大河。指干大事。

遐：远。

亡：无。

得：成功。

尚：崇尚。尊重。

中：正。

【译文】

接收外部贤能之人，用于涉水过大河。不因遥远而放弃，不结朋党，成功于尊重，走正道。

【解义】

为君吸收外部贤能之人入阁参政是为了干大事。求贤首先不因路途艰难遥远而放弃。其次吸收贤人不为自己结党营私。另外用贤将成功于对贤人的尊重和自身走正道。

象曰：包荒，得尚于中行，以光大也。

【注释】

光大：发展。

【译文】

接收外部贤能之人，成功于尊重贤人、行正道，为了将事业发扬光大。

【解义】

外部贤能之人入阁后，为君的事业将成功于对贤能之人的尊重和自己走正道。为君启用贤能之人的最终目的是将自身的事业做强、做大。

九三：无平不陂，无往不复，艰贞无咎。勿恤其孚，于食有福。

【注释】

平：平地。

陂：山坡。

往：送出，投入。

复：回报。

恤：顾虑。

食：受。于食：由于接受。

【译文】

没有总是平地而无山坡，没有投入就没有回报，艰难时坚持不变没有过错。不要顾虑其诚信，由于接受就有后福。

【解义】

为君的事业不能总是平坦而无险阻，艰难时没有投入就不会有回报；为君在遇到险难的情况下，坚持在贤能之人身上的投入不变，不会有错。此时对待贤能之人要坚守诚信，不要顾虑在贤者身上的投入是否有成效，如果贤者接受日后必有福报。

象曰：无往不复，天地际也。

【注释】

天地：指君臣。

际：界限。指分离。

【译文】

没有投入就没有回报。是天地已经分离了。

【解义】

为君在事业上不能总是平坦而无险阻；艰难时在贤能之人身上没有投入就不会有回报，这是贤能之人与君之间已经产生隔阂的情况。

六四：翩翩，不富以其邻。不戒以孚。

【注释】

翩翩：轻松往来。

富：盛，多。指权力大。

邻：邻居。指贤臣。

戒：命令。

【译文】

轻松往来，虚怀不富与邻相交。不用命令，用诚信。

【解义】

为君与贤能之人往来要轻松，并且要谦虚、不彰显自己的权力大。用贤能之人不要用命令，要以诚信用之。

象曰：翩翩不富，皆失实也。不戒以孚，中心愿也。

【注释】

中：内。

【译文】

轻松往来、虚怀不富，都是不符合实际情况。不用命令用诚信，符合内心的愿望。

【解义】

为君与贤能之人往来要轻松和谦虚，并且不要彰显自己的权力大。这不代表自己没有权力。不用命令以诚信用之，是为君采用了符合贤者心愿的用人方法，使贤者能够心甘情愿地帮助其君实现既定的奋斗目标。

六五：帝乙归妹，以祉元吉。

【注释】

帝乙：商纣王的父亲。

归妹：嫁出女儿。

祉：福。

【译文】

商纣王的父亲将自己的女儿嫁出，以赐福下属贤能之人大吉。

【解义】

为君不惜失去心爱之物恩泽贤能之人，例如将自己的女儿嫁给贤者。用此方法赐福贤者，将获大吉。

象曰：以祉元吉，中以行愿也。

【译文】

以赐福贤能之人获得大吉，是以正确方法顺行心愿。

【解义】

为君恩泽贤能之人获得大吉；是为君采用了正确的方法，帮助贤者实现了自己的愿望。

上六：城复于隍，勿用师，自邑告命。贞吝。

【注释】

隍：壕沟。

师：责问。

自邑：自己内部。

告：公告。

【译文】

城墙倒在壕沟中，不要责问，最好自己在内部发布文告，否则即使正确无误，也有烦恼。

【解义】

城墙不攻自破是君之错，不要责问贤能之人，应自己向团队内部公告，主动认错、承担责任。否则即使为君正确无误，也会有君、臣失合的烦恼。

象曰：城复于隍，其命乱也。

【译文】

城墙倾倒在壕沟之中，是命令混乱的结果。

【解义】

城墙不攻自破是为君自己命令混乱造成的后果，并非他人之过。

四、终述

1. 爻辞终述

泰——论用大人

初九：拔茅征吉——清除小人

九二：包荒冯河——求贤要诚

九三：勿恤其孚——养贤勿吝

六四：翩翩不富——用贤要谦

六五：以祉元吉——泽贤以祉

上六：城复于隍——保贤勿责

2. 本卦终述

下乾上坤，刚健顺利是泰之象。为君坚决、果断重用贤能之人，以求自身的事业顺利是象之意。身为人君若要获得事业顺利吉祥，首先要清除自己身边的小人之党，并且要不留后患。其次吸纳贤人入阁参政。在求贤、养贤、用贤、泽贤、保贤的过程中，若能采用正确的方法就能达到君、臣相合万事皆通、可成大事的效果。

否卦第十二： 论用小人

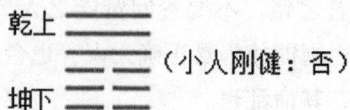

乾上 ☰☰☰
（小人刚健：否）
坤下 ☷☷☷

一、卦辞

否：否之匪人，不利君子贞，大往小来。

【注释】

否：阻隔不通。指君、臣失和不交。

匪人：不走正道的邪恶之人。

大：指大人。

小：指小人。

【译文】

君、臣不交：君、臣不交起源于邪恶之人。不利君子坚守正道，大人走，小人来。

【解义】

君、臣失和不交，称否。君、臣失和不交是不走正道的邪恶之人从中作祟，因此对君子之臣坚守正道不利。其最终的结果是：为君身边德才兼备的大人纷纷离去，道德低下、人格卑鄙的小人纷纷前来。

二、象辞与卦象

象曰：否。否之匪人，不利君子贞。大往小来。

【译文】

否是君、臣不交。君、臣不交起源于邪恶之人，不利于君子坚守正道。大人走小人来。

【解义】

君、臣失和不交是否之意。君、臣失和不交是不走正道的邪恶之人从中作祟，因此对君子之臣坚守正道不利。此时为君身边德才兼备的大人会纷纷离去，道德低下、人格卑鄙的小人会纷纷前来。

则是天地不交，而万物不通也；上下不交，而天下无邦也。

【注释】

邦：国。

【译文】

这就是天地不能相互配合，万物生长因此都不通畅的情况。君、臣不交，天下无国。

【解义】

这就是君、臣不能相互配合，万事都不通畅、都不顺利的情况。如果君、臣不能相互密切配合，为君夺取或治理天下之志也将无法实现。

内阴而外阳，内柔而外刚，内小人而外君子。小人道长，君子道消也。

【译文】

内卦为阴、外卦为阳，内柔而外刚。其意是内小人、外君子。小人之道增长，君子之道消亡。

【解义】

否卦由坤、乾两卦组成。内卦是坤、为阴。外卦是乾、为阳。其卦象是内阴柔、外阳刚；卦意是其君周围的阴柔小人得势，外部的阳刚君子失势。此时小人邪道日益增长，君子正道日益消亡。

象曰：天地不交，否。君子以俭德辟难，不可荣以禄。

【注释】

俭德：收敛其德。

辟：避。

【译文】

天向上、地向下，天地不交，否。君子以收敛其德避难，不能以利禄为荣。

【解义】

君在上似天、向上，臣在下似地、向下，君、臣相背不交是否之象。君子之臣观此象，用收敛其德的方法回避将要出现的危难。此时不能以求取高官厚禄为荣。

三、爻辞与爻象

初六：拔茅茹，以其汇。贞吉。亨。

【译文】

拔掉茅草，连根清除，坚守正道不变，吉。并且顺利。

【解义】

为君利用小人清除自己身边的异党，可做到不留后患，如同拔掉茅草连根清除一样。倘若其君能够坚守正道不变则吉，并且会顺利。

象曰：拔茅贞吉，志在君也。

【译文】

拔出茅草，连根清除，是其君的想法。

【解义】

为君利用小人清除异党、不留后患之吉，是小人奉命行事的结果，并非是小人的功绩。

六二：包承，小人吉。大人否亨。

【注释】

包：包庇。

承：奉承。

否：不。

【译文】

包庇阿谀奉承的小人，小人吉。大人不顺利。

【解义】

为君包庇重用阿谀奉承的小人时，其身边卑鄙无耻的小人吉，德才兼备的君子之臣则不顺利。这是君子之臣未得到重用，被在上之君冷落的情况。

象曰：大人否亨。不乱群也。

【译文】

大人不顺利，是不与小人同流合污。

【解义】

德才兼备的君子之臣如果不顺利，说明在小人受宠的情况下，君子之臣能够坚守正道、不与小人同流合污。

六三：包羞。

【译文】

包庇不知羞耻的小人。

【解义】

为君包庇重用不知羞耻的小人，将会导致自身的事业蒙羞。

象曰：包羞，位不当也。

【译文】

包庇不知羞耻的小人，居其位，行不当。

【解义】

为君包庇重用不知羞耻的小人使自身事业蒙羞，是在其位、行不当的结果。

九四：有命无咎。畴离祉。

【注释】

命：命令。指有权。

畴：界。指君臣分离。

祉：幸福。

【译文】

有令则行时，没有灾祸。君、臣分离，离开福祉。

【解义】

为君在有权有势时重用小人虽然没有灾祸，但是在执政的过程中由于君、臣失和不交会烦恼不断，已无幸福快乐可言了。

象曰：有命无咎，志行也。

【译文】

有令则行时没有灾祸，是为君可行其志。

【解义】

为君在有权有势时重用小人没有灾祸，是因为其君还有能力实现自己的愿望。

九五：休否，大人吉。其亡其亡，系于苞桑。

【注释】

休：止。

其亡其亡：亡之又生，生之又亡，亡生不断。

系：绑。

苞桑：丛生的桑树。

系于苞桑：比喻不牢固。

【译文】

止否大人吉。但是止了又生，生了又止，生止不断；如同绑在桑树枝上。并不牢固。

【解义】

为君开始制止小人弄否，解决君、臣失和不交的问题，此时君子之臣吉。但是因为小人未除，还在继续不断搬弄是非，止了又生，生了又止，生止不断。君子之吉如同绑在丛生的桑枝上，摇摆不定并不牢固。

象曰：大人之吉，位正当也。

【译文】

君子之吉，是居其位，行得当。

【解义】

君子之臣的吉祥，是其君在其位、走正道重用君子的结果。

上九：倾否，先否后喜。

【注释】

倾：倾覆。清除。

【译文】

彻底清除弄否的小人，则否去喜来。

【解义】

为君若想彻底解决小人弄否导致君、臣不交的问题，就要彻底清除小人，不给小人继续搬弄是非的机会，这样才能实现否去泰来。

象曰：否终则倾，何可长也？

【译文】

否到终极将被清除，怎么会长久呢？

【解义】

当小人搬弄是非给其君造成重大损失时，为君将会彻底清除小人，解决君、臣失和不交的问题。由此可见，小人弄否怎么会长久呢？

四、终述

1. 爻辞终述

否——论用小人

初六：拔茹贞吉——清除异党

六二：包　　承——奉承之否

六三：包　　羞——羞耻之否

九四：有命无咎——无福之否

九五：系于苞桑——止否不固

上九：倾否后喜——除否泰来

2. 本卦终述

下坤上乾，小人刚健是否之象。为君执政小人得势刚健是象之意。为君执政包庇重用小人，将会导致小人得势、君子失势，君、臣失和不交。如果长此以往，必然引起天下大乱。但是用小人清除异党，可做到除恶至尽；小人除恶虽然有功，但不可重用。为君重用奉承之人，君子将会离去；重用不知羞耻之人，为君的事业将会蒙羞。身为人君知否不及止否、止否不及除否、否除将泰来。泰来则是君、臣以正相合的结果。因此以正相合是为君事业走向成功的基本保证。

同人卦第十三：　论大人助人

```
乾上 ══  ══
     ══  ══  （明智刚健：同人）
离下 ══  ══
```

一、卦辞

同人：同人于野，亨。利涉大川，利君子贞。

【注释】

同：同盟。

同人：共结盟约之人。本卦指帮助结盟之人。简称：助人。

野：郊外。指外出。

【译文】

助人：在外助人，可顺利。宜过大河，宜君子坚守正道不变。

【解义】

帮助结盟之人，称同人。外出帮助结盟之人，自身的事业也将获得顺利，并且宜干大事。但是要注意，助人只有坚守正道不变，才会对自己有利。

二、象辞与卦象

彖曰：同人。柔得位，得中而应乎乾，曰同人。

【注释】

柔：顺。顺势。柔得位：指顺势而行。

中：正。

乾：代表天。指天道。

【译文】

同人是助人。顺势而行，成于正而合于天道，称同人。

【解义】

外出帮助结盟之人是同人之意。助人如果能够做到顺势而行、方法正确，并且又能与无私助生万物的天道相合时，称同人。

同人曰："同人于野，亨。利涉大川。"乾行也。

【译文】

同人卦说"在外助人，顺利。利干大事，"是在行天道。

【解义】

外出帮助结盟之人，自身的事业也将获得顺利。助人有利于干大事，说明助人是在行无私助生万物的天之道。助人若能行天道，在自己遇到险难时才能获得他人真心相助的回报。

文明以健，中正而应，君子正也。唯君子为能通天下之志。

【注释】

文：善，善良。

明：明智。

中：适当。中正：适当的时机、正确的方法。

通：通晓。

【译文】

善良、明智、健行，并以适当、正确相配合是君子之正。只有君子才能通晓天下之人的需求。

【解义】

助人若能做到善良、明智、健行，并以适当的时机、正确的方法相配合，说明其人在行君子助人的正道。只有持正助人的君子，才能通晓天下之人的内心需求。

象曰：天与火，同人。君子以类族辨物。

【注释】

类：善。

族：分类。

【译文】

上天下火，同人。君子以善恶分类，辨明是非。

【解义】

天在上、向上，火在下、向上，火助天是同人之象。君子观此象，以善恶分类，辨明是非之后助善不助恶。

三、爻辞与爻象

初九：同人于门，无咎。

【注释】

门：家庭房屋的出入口。指家人或下属。

【译文】

帮助同出一门的家人，没有过错。

【解义】

当自己的下属在工作中遇到困难或麻烦时，为君出手相助，如同帮助自己家人一样，没有过错。

象曰：出门同人，又谁咎也？

【译文】

帮助同出一门的家人，对谁会有错呢？

【解义】

帮助自己的下属，无论是对自己或对下属而言，怎么会有错呢？

六二：同人于宗，吝。

【注释】

宗：同族。指同行。

【译文】

帮助同族之人，自己将会有麻烦。

【解义】

在同行遇到困难或麻烦时，为君倘若出手相助；在对方走出困境之后，自己将会遇到麻烦。

象曰：同人于宗，吝道也。

【译文】

帮助同族之人，是烦恼之道。

【解义】

帮助同行走出困境，将会给自己带来麻烦，是自寻烦恼之道。

九三：伏戎于莽，升其高陵，三岁不兴。

【注释】

伏：埋伏。

戎：军队。实力。

莽：草。

高陵：高处。

兴：动。

【译文】

将军队埋伏在草丛之中，登上高地观察敌情，三年不动。

【解义】

为君在救助他人之前，首先要将自己的实力隐藏起来。然后登上高处，认真观察了解情况，倘若救援时机未到或者救援的条件不成熟时，要耐心等待不要急于出手相助，哪怕等上三年。

象曰：伏戎于莽，敌刚也。三岁不兴，安行也。

【注释】

安：安全。

【译文】

藏于草中，是因敌强。三年不动，是安全之行。

【解义】

救助前将自己的实力隐藏起来，是因为对手过于强大。在出手救助的时机或条件不成熟时要耐心等待，哪怕等上三年也不要贸然行动。因为这是保证安全救助的正确决定。

九四：乘其墉，弗克攻，吉。

【注释】

乘：利用。

墉：围墙。指包围。

克：胜。

【译文】

当攻不能取胜时，利用包围，吉。

【解义】

为君救助他人在攻不能取胜时，要用兵将其包围使对手知难而退，达到不战而屈人之兵的效果，吉。

象曰：乘其墉，义弗克也。其吉，则困而反则也。

【注释】

义：意义。

反侧：相反。

【译文】

利用包围是因攻不可胜。所以吉，是敌方相反被围困的结果。

【解义】

将敌方包围起来是因为攻不可胜。将敌方包围之吉，是原来被救之人曾被敌方围困，现在相反敌方被我方围困的结果。

九五：同人，先号咷而后笑。大师克相遇。

【注释】

号咷（táo）：大哭。指遇到全军覆没的凶险。

【译文】

被救助之人，先大哭而后大笑。大军胜利会师。

【解义】

通过里应外合的救援大战，最终大获全胜。获救者前因团队遭遇全军覆没的凶险而悲伤大哭，后因凶险彻底消除而开怀大笑。这是救援成功双方胜利会师的情况。

象曰：同人之先，以中直也。大师相遇，言相克也。

【注释】

先：指"先号咷而后笑"。

直：面对。应对。

言：相互转告。

【译文】

先大哭而后大笑，是用正确的方法应对强敌。胜利会师之后，相互转告取胜的经过。

【解义】

危难时的哭泣变成胜利后的欢笑，这是为君在实施救援的过程中以正确的方法应对强敌的结果。两军胜利会师之后，通过相互转告取胜经过，分享成功的欢乐和双方的喜悦之情。

上九：同人于郊，无悔。

【译文】

助人分手于郊外，没有悔恨之事发生。

【解义】

为君救助他人成功之后，宜主动在郊外分手。不宜进城索要助人的补偿或回报，若能如此就不会有后悔之事发生。

象曰：同人于郊，志未得也。

【注释】

志：记住。

【译文】

助人后分手于郊外，是让对方记住没有回报。

【解义】

为君救助他人成功之后，主动撤离分手于郊外，并且不去索要助人的补偿或回报，目的是让对方记住此次救援并没有回报。

四、终述

1. 爻辞终述

同人——论大人助人

初九：同人于门——帮助下属

六二：同人于宗——帮助同行

九三：伏戎于莽——择机而行

九四：乘 其 墉——不战之胜

九五：助人用兵——战要全胜

上九：同人于野——不求回报

2. 本卦终述

下离上乾，明智刚健是同人之象。为君以明智、刚健帮助结盟之人是象之意。为君无私帮助结盟之人是在行天道、是在成就他人；在成就他人的同时也将成就自己的未来。出手帮助他人之前，首先要分清是非助善不助恶；其次要清楚自己是否有能力施救；另外要择机而行，在救援条件不成熟时，要耐心等待。助人时还应注意：①最好不战而胜，使救助付出的代价最小。②要联合被助方共同对敌，若战必胜，不打无把握之仗。③救助成功之后，不求助人的回报。若能如此就不会有双方反目的后悔之事发生。

大有卦第十四： 论大人有德

离上 ▬▬ ▬▬
▬▬▬▬▬ （刚健之明：大有）
乾下 ▬▬▬▬▬

一、卦辞

大有：元亨。

【注释】

大：大人。指身处极位之臣。

有：有德。

【译文】

大人有德：大顺。

【解义】

极位之臣有大人之德，称大有。身处极位之臣若有大人之德，可获得事业大顺。

二、象辞与卦象

彖曰：大有。柔得尊位，大中而上下应之，曰大有。

【注释】

柔：指臣。

尊位：最高职位。

中：正。

【译文】

大有是大人有德。臣得极位时，大正可获得上、下支持，称大有。

【解义】

为臣身处极位、有大人之德是大有之意。为臣身处极位能严守臣德、大行正道可获得上、下的信任和支持，这是位极之臣有大德之象，称大有。

其德刚健而文明，应乎天而时行，是以元亨。

【注释】

应：顺应。

天：天道。象征君。

【译文】

其德是行为刚健而善良明智，并能顺应天道而不失时机，所以大顺。

【解义】

为臣身处极位时，由于能刚健做事、善良明智做人，并能不失时机顺从君意行事，因此获得大顺。

象曰：火在天上，大有。君子以遏恶扬善，顺天休命。

【注释】

遏（è）：阻止。

休：善。

【译文】

下天上火，大有。君子以止恶扬善，顺应天道善待生命。

【解义】

为臣健行似天、能明智做人似火，健而明是大有之象。君子观此象，用止恶扬善的方法，顺应天道造福天下众生。

三、爻辞与爻象

初九：无交害，匪咎。艰则无咎。

【注释】

交：交往。

匪：非。没有。

艰：艰难。

【译文】

与人相交不害他人，没有过错，艰难之时，无灾祸。

【解义】

身处极位之臣与人相交不害他人，这样做不会有错。即使自己处在艰难的条件下，也不会受到他人的伤害。

象曰：大有初九，无交害也。

【译文】

大有卦的初九爻，讲的是相交不害他人。

【解义】

大有卦的初九爻，讲的是身处极位之臣在与人相交时，应当做到不利用职权谋害他人。若能做到不害他人，自然也不会受到他人的伤害。

九二：大车以载，有攸往，无咎。

【注释】

载：满。大车以载：指肩负重任。

往：行。

【译文】

大车载物，可远行，不会有错。

【解义】

身处极位之臣其工作如同大车载物任重而道远。如果为臣有大德，可帮助自己在负重远行的情况之下，不出差错。

象曰：大车以载，积中不败也。

【注释】

积：久。

中：正。

【译文】

大车载物，长久持正而不失败。

【解义】

身处极位之臣其工作如同大车载物任重而道远。如果为臣有大德，可保证自己长久走正道而不失败。

九三：公用亨于天子，小人弗克。

【注释】

公：指臣。

亨：宴请。

【译文】

臣宴请天子，小人不可胜。

【解义】

身处极位有大德之臣对小人施德不克时，宜用宴请在上之君的方法与其单独沟通，以增进其君对自己的了解与支持。

象曰：公用亨于天子，小人害也。

【译文】

臣宴请天子，是小人所害的结果。

【解义】

身处极位有大德之臣宴请在上之君，这并不是有大德之臣愿意做的事，而是受到小人伤害后的无奈之举。

九四：匪其彭，无咎。

【注释】

彭：壮盛之貌。

【译文】

没有壮盛之貌，无灾祸。

【解义】

身处极位之臣在功勋卓著时，能够对在上之君继续保持谦恭有礼而不狂妄自大，这是有大德之人。如此做人可有效避免自己受到伤害，不会有灾祸发生。

象曰：匪其彭无咎。明辩晳也。

【注释】

辩：通"辨"。明辨：分清。

晳：明察。明智。

【译文】

没有壮盛之貌，无灾祸。是能分清是非的明智之人。

【解义】

身居极位之臣在功勋卓著时，对在上之君继续保持谦恭有礼而不狂妄自大，从而有效避免了灾祸的发生。说明其臣是能够分清是非的明智之人。

六五：厥孚，交如，威如，吉。

【注释】

厥：其。

交：交往。指与下交往。

【译文】

其交往能够做到诚信、威严。吉。

【解义】

身处极位之臣与下交往能够做到诚信、威严，可获得事业顺利和成功之吉。

象曰：厥孚交如，信以发志也，威如之吉，易而无备也。

【注释】

信：守信。诚信。

发：阐明。

易：容易。

备：准备。

【译文】

以诚信与下交往，是用守信阐明自己的志向。威严之吉容易做到，不用任何准备。

【解义】

身处极位之臣与下交往能够做到真诚守信，是其用信守承诺的方法对下属阐明自己的目标和方向。威严之吉则容易做到，而且不需要任何准备即可实现。

上九：自天祐之，吉。无不利。

【注释】

天：指在上之君。

【译文】

来自上天的祐护，吉。没有不利。

【解义】

身处极位之臣有大德时，将会得到在上之君的祐护，其自身的事业也将因此变得吉祥如意，无不利。

象曰：大有上吉，自天祐也。

【注释】

上：上等。上吉：指大吉。

【译文】

位极之臣的大吉，是上天祐护的结果。

【解义】

身处极位之臣获得大吉是有大德的结果。其大吉来自在上之君对自己的祐护。

四、终述

1. 爻辞终述

大有——论大人有德

初九：无 交 害——做人之德
九二：大车以载——做事之德
九三：亨于天子——施德不克
九四：匪 其 彭——对上之德
六五：厥孚交如——待下之德
上九：大有上吉——大德天祐

2. 本卦终述

下乾上离，刚健之明是大有之象。为臣身居极位时刚健、明智有大人之德是象之意。身为人臣无论在任何情况下都要不失臣德、坚守正道。同时要谨记"健行可保大成，明智可保大顺"。另外还应注意"做人不能害人、做事要勇挑重担、对上要忠诚柔顺、对下要诚信威严"。总之，干大事要修大德；有大德则天祐之。否则为臣的结局将是不得善终。

谦卦第十五： 论臣之顺

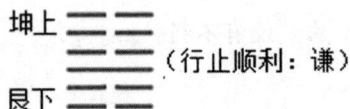

```
坤上 ▅▅ ▅▅
     ▅▅ ▅▅ （行止顺利：谦）
     ▅▅ ▅▅
艮下 ▅▅▅▅▅
     ▅▅ ▅▅
     ▅▅ ▅▅
```

一、卦辞

谦：亨，君子有终。

【注释】

谦：谦虚。

有终：有好结局。

【译文】

谦虚：顺利，君子有好结局。

【解义】

为人处事谦恭有礼，称谦。为臣若能做到谦恭有礼，其自身的事业也将变得顺利，并且最终会有好的结局。

二、彖辞与卦象

彖曰：谦。亨。天道下济而光明，地道卑而上行。

【注释】

济：救济。周济。

光明：光辉明亮。无私。

卑：低。下。

【译文】

谦是谦虚。顺利。天道因其济下而光辉明亮。地道因其卑下而万物上行。

【解义】

为人处事谦恭有礼是谦之意。做人行谦道可获事业顺利。为君在上的谦道是无私造福下属。为臣在下的谦道是无私帮助下属顺利成长，如同天在上无私下济地上万物，地在下无私帮助万物顺利成长一样。

天道亏盈而益谦，地道变盈而流谦，鬼神害盈而福谦，人道恶盈而好谦。

【注释】

益：帮助。

流：变化。指生长变化。

福：造福。

好：亲善。

【译文】

天道亏盈转变则以帮助为谦。地道由亏变盈则以变化为谦。鬼神害人满盈则以造福为谦。人道作恶满盈则以亲善为谦。

【解义】

因此天道谦否，看其是否对万物有帮助。地道谦否，看其是否有利于万物生长变化。鬼神谦否，看其是否能造福于人。人道谦否，看其是否能善待他人。

谦尊而光，卑而不可逾，君子之终也。

【注释】

光：无私。

逾：越过。

【译文】

能谦因无私而受人尊重，能卑使人无法超越，君子谦卑可善终。

【解义】

为人若能做到谦而无私，可以获得他人对自己的尊重；为人若能用谦卑管理自己，可使他人根本无法超越。为人处事若能做到谦卑有礼，最终会有好结局。

象曰：地中有山，谦。君子以衷多益寡，称物平施。

【注释】

衷：减。

称：衡量。

【译文】

山藏于地下，谦。君子以自损其多，补人不足，衡量多少公平分配。

【解义】

下山上地，山藏于地下是谦之象。君子观此象，用自损其多补他人不足的方法，公平分配名与利。

三、爻辞与爻象

初六：谦谦君子，用涉大川，吉。

【注释】

谦谦：指对上谦，对下也谦。

【译文】

对上谦，对下也谦的君子，用谦干大事，吉。

【解义】

身为人臣若能做到对上谦、对下也谦，可获得上、下对自己的信任和支持。用此方法干大事，一定能够获得成功之吉。

象曰：谦谦君子，卑以自牧也。

【注释】

卑：谦卑。

牧：管理。约束。

【译文】

对上谦、对下也谦的君子，是用谦卑管理自己。

【解义】

君子之臣对上能谦、对下也能谦，说明其能以谦卑严格管理自己。

六二：鸣谦，贞吉。

【注释】

鸣：闻名。

贞：不变。

【译文】

远近闻名能谦，坚持不变，吉。

【解义】

为臣在远近闻名的情况下，对待他人若能做到谦卑有礼，并能做到坚守谦道永远不变，其事业将会一帆风顺，吉祥如意。

象曰：鸣谦贞吉，中心得也。

【注释】

中：正。

【译文】

远近闻名能保持谦卑有礼之吉，是正心的结果。

【解义】

为臣在远近闻名的情况下能继续保持谦卑有礼之吉，是为臣自己能够调正内心的结果。

九三：劳谦，君子有终，吉。

【注释】

劳：功绩。

【译文】

有功绩能谦虚，君子可善终，吉。

【解义】

为臣取得功绩之后，仍能做到不骄傲自满、狂妄自大，言行能保持谦恭有礼；这是道德高尚的君子所为，可获善终，吉。

象曰：劳谦君子，万民服也。

【译文】

有功绩而能谦虚的君子，天下之人都服了。

【解义】

君子之臣有了功绩之后，能够做到不骄傲自满、狂妄自大，其言行仍能保持谦恭有礼，可获得天下之人的称赞和敬佩。

六四：无不利，扬谦。

【注释】

扬：通"挥"。指挥。

【译文】

指挥谦虚，无不利。

【解义】

为臣身为指挥者若能做到不独断专行，虚心听取他人意见，对指挥者而言，没有任何不利。

象曰：无不利扬谦，不违则也。

【注释】

则：原则。

【译文】

指挥谦虚，无不利，没有违背指挥的原则。

【解义】

指挥者不独断专行、虚心听取他人意见无不利，是没有违背指挥原则的结果。

六五：不富以其邻，利用侵伐，无不利。

【注释】

富：财富多。指有实力。

邻：邻国。

侵：入侵者。

伐：进攻。反击。

【译文】

对邻国不显露自己的财富多，利用于反击入侵者无不利。

【解义】

把自己的实力隐藏起来，用突然袭击的方法反击主动挑战自己底线的入侵者，没有任何不利。

象曰：利用侵伐，征不服也。

【注释】

不服：不顺从者。

【译文】

隐藏实力征伐入侵者，是为了征伐不顺从者。

【解义】

隐藏自己的实力征伐挑战者，其目的是出其不意战胜骄横跋扈的不顺从者。

上六：鸣谦，利用行师，征邑国。

【注释】

鸣：发声，发表。指师出有名。

行师：出兵。

邑国：候国。大夫的封地。指下属。

【译文】

出师有名是鸣谦。用于征伐下属候国。

【解义】

征伐不义出师有名是鸣谦。用此方法征伐作恶多端、不仁不义的下属是为了伸张正义。

象曰：鸣谦，志未得也。可用行师，征邑国也。

【译文】

出师有名，是其志并未实现。用于出兵，是征伐下属候国。

【解义】

出师有名是伸张正义的想法尚未实现。可用此法出兵是征伐作恶多端、不仁不义的下属，可获得成功。

四、终述

1. 爻辞终述

谦——论臣之顺

初六：谦谦君子——谦对上下

六二：鸣　　谦——盛名之谦

九三：劳　　谦——有功之谦

六四：扐　　谦——指挥之谦

六五：不富其邻——反击之谦

上六：鸣　　谦——征伐之谦

2. 本卦终述

下艮上坤，行止顺利是谦之象。为臣若能自止名利私欲，以谦卑管理自己可获顺利是象之意。为臣若谦可获上、下对自己的信任和支持，事业因此变得吉祥、顺利。谦的核心是：为了满足他人需求，而减损自身的名或利。若能做到这一点，可使他人无法超越。行谦之时要注意：①谦待上下，可成大事。②盛名能谦，不变则吉。③有功能谦，可得善终。④指挥能谦，无所不利。⑤反击之谦，隐藏实力。⑥征伐之谦，出师有名。因此为人处事谦则受益、满则遭损。

豫卦第十六：　论君之顺

上震　☳☷　（顺利之动：豫）
下坤

一、卦辞

豫：利建候行师。

【注释】

豫：欢乐。指为君执政为民，下属幸福快乐的样子。

建候：指建功立业。

【译文】

下属快乐：利建功立业、领兵征战。

【解义】

执政为民让下属幸福快乐，称豫。为君若能做到执政为民、为下谋取福祉，让下属感到幸福快乐时，可实现上动、下以悦顺的效果。在这种情况下，有利于为君领兵征战、建功立业。

二、象辞与卦象

象曰：豫。刚应而志行，顺以动，豫。

【译文】

豫是让下属快乐。上刚应合下属可行其志，下顺上动，称豫。

【解义】

在上之君为下谋取福祉，让下属幸福快乐是豫之意。在上之君若能采用满足下属需求的方法执政，可以达到上动、下以悦顺，上下同心协力共同实现其君目标的效果。下因欢乐而顺随上动，称豫。

豫顺以动，故天地如之，而况建侯行师乎？

【译文】

下属快乐，上动下以悦顺，如同天动地顺一样，还怕建功立业领兵征战吗？

【解义】

如果为君执政能给下属带来幸福快乐，就可实现上动、下以悦顺的效果，如同天动地顺一样。此时领兵征战、建功立业，还怕不成功吗？

天地以顺动，故日月不过，而四时不忒。圣人以顺动，则刑罚清而民服。豫之时义大矣哉！

【注释】

以：因为。依靠。

四时：四季。

忒：差错。

清：公正。

【译文】

天地因为顺动，所以日月不乱，四季不出差错。为君实现顺动不出差错，则要依靠刑罚清明而使万民服。上动下顺不失时机的意义非常大啊！

【解义】

天地因为顺时而动，所以日月不乱、四季不出差错。为君若要实现下属能不失时机顺随上动并且不出差错，还要依靠严厉惩处违法乱纪分子；并且要做到刑罚公正、严明，从而达到下顺上动万民皆服的效果。因此实现下属及时顺随上动、不出差错对君执政而言，其意义非常大啊！

象曰：雷出地奋，豫。先王以作乐崇德，殷荐之上帝，以配祖考。

【注释】

奋：振奋。

作：制造。

崇：尊重。

殷：众多。

荐：祭品。

祖考：祖先。

【译文】

雷声出，大地奋，豫。先王为下属制造快乐，尊崇天德，用众多的祭品供奉天帝，并与自己的祖先共享。

【解义】

春雷轰鸣、大地振奋，上一呼下百应是豫之象。先王观此象，效法上天之德，全心全意为百姓谋取幸福和快乐，如同用丰盛祭品供奉天帝，让天帝快乐一样；其最终目的是继承祖先的遗训，将其推崇的事业发扬光大。

三、爻辞与爻象

初六：鸣豫，凶。

【注释】

鸣：叫喊。指空喊。

【译文】

空喊的幸福欢乐，有凶。

【解义】

为下属谋取福祉仅仅停留在口头宣传上而无任何实际行动，这是毫无诚意、欺骗下属的行为，坚持不变必有凶险。

象曰：初六鸣豫，志穷凶也。

【译文】

初六空喊的幸福欢乐，有胸中无志之凶。

【解义】

为下属谋取福祉仅仅停留在口头宣传上而无任何实际行动，这是毫无诚意、欺骗下属的行为。由此可知其君在事业上已经没有任何追求了，长此以往必有凶险。

六二：介于石，不终日，贞吉。

【注释】

介：坚。

不终日：不过当天。

【译文】

像磐石一样坚硬，纠正错误不过当日，若能坚持不变，则吉。

【解义】

为下属谋取福祉之志坚如磐石；一旦出现违背其志的错误行为能认真改正，并且做到改错不过当日。若能长期坚持不变，则吉。

象曰：不终日贞吉，以中正也。

【注释】

中：内心。

【译文】

纠正错误不过当日坚持不变之吉，是因为内心正了。

【解义】

为君纠正错误不过当日并能长期坚持不变之吉，是其内心能够长期坚守正道不变的结果。

六三：盱豫悔，迟有悔。

【注释】

盱：看似。

【译文】

看似受益将有悔。迟迟不改将有新悔。

【解义】

为君看似为下属谋取福祉而下属根本没有受益，这是欺骗下属的另一种表现，将会有后悔之事发生。倘若其君迟迟不改会给自己带来更多的麻烦，将会后悔不断。

象曰：盱豫有悔，位不当也。

【译文】

看似受益前行有悔，这是位不当的结果。

【解义】

看似受益而下属根本没有受益，是其君用虚假的方法欺骗下属，前行必将有悔。这是在其位、行不当的结果。

九四：由豫，大有得。勿疑，朋盍簪。

【注释】

由：实现。

盍簪：衣冠配合完美。指上下配合完美。

【译文】

下属受益已经实现，有大收获。不用怀疑，下属如同衣冠配合完美。

【解义】

为君执政让下属真正受益，将会有大收获。即使在这方面投入较大也不必担心，其结果都不会让你失望。因为下属与你的配合，已经达到了十分完美的程度。

象曰：由豫，大有得。志大行也。

【译文】

下属受益已经实现，大有收获。可大行其志。

【解义】

下属能够真正受益，其君自己将有大收获。这是上下同心，君臣共创大业，最终必有大成的结果。

六五：贞疾，恒不死。

【注释】

疾：疾苦。

恒：永久。永远。

【译文】

坚持解决疾苦，永远不会消亡。

【解义】

为君倘若能够长期坚持不懈地为众人解除疾苦，其光辉的业绩将会被人们长久传颂，并将永远活在人们的心中。

象曰：六五贞疾，乘刚也。恒不死，中未亡也。

【注释】

乘：凭持，凭借。乘刚：凭借用刚。

中：心中。

未亡：未离去。

【译文】

坚持解决疾苦，是凭借用刚。永远不死，是在人们心中没有离去。

【解义】

能够坚持不懈地解决众人的疾苦，是其君依靠手中的权力坚决实现这一目标的具体体现。永远不死，是被人们长久传颂永远活在人们的心中。

上六：冥豫，成有渝。无咎。

【注释】

冥：愚昧无知。不明是非。

渝：改变。

【译文】

不明是非的快乐，成功于改变，不会受到伤害。

【解义】

为下属谋求幸福快乐，却因不明是非给自身事业带来伤害，这是不明之豫，叫冥豫。此时若要事业有成必须改正，改正之后不会再受伤害。

象曰：冥豫在上，何可长也？

【译文】

在上之君为下谋求幸福快乐不明是非，怎么能长久呢？

【解义】

为君在上不明是非为下属谋求幸福快乐，例如采用不正当的方法为下属谋求福祉，或者为邪恶之人谋利益是冥豫。用这样的方法执政，自身的事业怎么会长久呢？

四、终述

1. 爻辞终述

豫——论君之顺

初六：鸣　豫——无诚之凶

六二：介于石——有诚之吉

六三：盱　豫——假豫有悔

九四：由　豫——真豫大得

六五：贞　疾——明豫不死

上六：冥　豫——不明有咎

2. 本卦终述

坤下震上，顺利之动是豫之象。当上动下以悦顺时，在上之君可获吉祥顺利是象之意。为君若要实现上下同心、君动臣以悦顺的目标，身为人君则要行天道、要真诚益下。同时应做到：①造福于下意志坚定。②解除下属疾苦全心全意。③不做无诚、虚假和是非不明的益下之事。若能如此，为君的事业就一定能够日新月异、兴旺发达。

随卦第十七： 论下随上

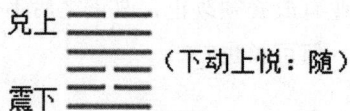

```
兑上  ▅▅ ▅▅
      ▅▅▅▅▅        （下动上悦：随）
      ▅▅▅▅▅
      ▅▅ ▅▅
      ▅▅ ▅▅
震下  ▅▅▅▅▅
```

一、卦辞

随：元亨，利贞，无咎。

【注释】

随：跟随。指下随上。

【译文】

下随上：大顺，宜正而固，无过错。

【解义】

臣随君动、臣动君悦，称随。身为人臣要随君而动，倘若臣动可使在上之君愉悦，臣将获得大顺。为臣随上若能做到坚守正道不变，则不会有错。

二、象辞与卦象

象曰：随。刚来而下柔，动而说，随。

【注释】

说：悦。

【译文】

随是下随上。上以刚来而下以柔顺相随，下动上悦，称随。

【解义】

臣随君动是随之意。在上之君持刚而动，为臣在下以柔顺相随，并且臣动可使在上之君愉悦，称随。

大亨，贞无咎。而天下随时。

【注释】

天下：指大地万物。

时：指季节。

【译文】

大顺，坚守正道无错。天下万物随季节变化。

【解义】

为臣随君若能坚守正道可获大顺，并且没有过错。随君要不失时机，如同地上万物不失时机跟随天道变化一样。

随之时义大矣哉！

【译文】

随的时机，其意义非常大啊！

【解义】

因此，为臣随上如何做到不失时机，对臣而言其意义非常大啊！

象曰：泽中有雷，随。君子以向晦入宴息。

【注释】

向晦：天将黑，傍晚。

宴：安。宴息：安身休息。

【译文】

下雷上泽，随。君子傍晚安身休息。

【解义】

下雷上泽，下动上悦是随之象。君子观此象，顺随君意做事如同人们顺随天道变化确定自己的作息时间一样：日出而作，日落而息。

三、爻辞与爻象

初九：官有渝，贞吉。出门交有功。

【注释】

渝：变。改变。

贞：正。

出门：外出。指出任。

【译文】

上有变，正则吉，外出交往有功之人。

【解义】

上面有人事变动时，身为人臣随正则吉、随不正将有凶。如果被任用，应与在人事变动中立功的人员交往，这样对自己有利。

象曰：官有渝，从正吉也。出门交有功，不失也。

【译文】

上有变，随正则吉，外出交有功之人，不受损失。

【解义】

上面有人事变动，为臣随正则吉。如果被任用，应交在人事变动中立功的人员，这样做自己不受损失。

六二：系小子，失丈夫。

【注释】

系：依附。随从。

小子：对人的蔑称。指能力差、目光短浅的领导人。

丈夫：对人的尊称。指能力强、目标高远的领导人。

【译文】

上有变，依附能力差、目光短浅的领导，将失去能力强、目标高远的领导。

【解义】

上面有人事变动时，跟随什么人对自己今后的发展影响很大。跟随能力差、目光短浅的领导，必然失去能力强、目标高远的领导对自己的信任和支持。

象曰：系小子，弗兼与也。

【注释】

弗：不。

与：跟随。

【译文】

依附能力差、目光短浅的领导，不能同时跟随双方。

【解义】

倘若跟随了能力差、目光短浅的领导，就不能跟随能力强、目标高远的领导。两者不可兼随，倘若兼随将使自己陷入双方都不信任的被动局面。

六三：系丈夫，失小子。随有求得，利居贞。

【注释】

求：要求。

得：实现。成功。

【译文】

依附能力强、目标高远的领导，虽然失去了能力差、目光短浅的领导，但是有要求时可实现。宜居守正道不变。

【解义】

上面有人事变动时，跟随能力强、目标高远的领导，虽然失去了能力差、目光短浅的领导所给予的支持，但是通过努力奋斗，可以实现自身的理想与抱负。在这种情况下，为臣宜居守正道不变。

象曰：系丈夫，志舍下也。

【注释】

舍：离开。

下：指小子。

【译文】

依附能力强、目标高远的领导，是为了离开能力差、目光短浅的领导。

【解义】

跟随能力强、目标高远的领导，是为了远离能力差、目光短浅的领导。

九四：随有获，贞凶。有孚，在道以明，何咎？

【注释】

获：收获。获得。

贞：乃。

道：指为臣之道。

明：表明。

【译文】

随上有收获乃凶。对上忠诚恭敬，坚守为臣之道并且表明，怎么会有灾祸呢？

【解义】

为臣随上有收获时，倘若将其收获占为己有，则有凶险。此时如果能够做到对上忠诚恭敬、坚守为臣正道不变，将所得全部如实上报交给在上之君处理，以此表明其所得并非是自己的功绩，而是在上之君正确领导的结果。这样做自己怎么会有灾祸呢？

象曰：随有获，其义凶也。有孚在道，明功也。

【译文】

随上有获时，其获本身含有凶之义。对上忠诚恭敬、坚守为臣之道，是表明其所得并非是自己的功绩。

【解义】

为臣随上有收获时，其收获本身就含有凶险。此时若能对上忠诚恭敬、坚守为臣正道，将其所获全部如实上报交给在上之君处理，用此方法表明这次收获并非是自己的功绩，而是在上之君正确领导的结果。这样可以有效避免因为随之有获，给自己带来的凶险。

九五：孚于嘉，吉。

【注释】

嘉：嘉奖。

【译文】

诚敬获得嘉奖，吉。

【解义】

由于为臣对上忠诚恭敬，将随上的收获全部如实上报交给在上之君处理，赢得了其君的信任和赞赏，并将其所获奖给了为臣自行处理。此时为臣所得是在上之君的嘉奖，而不是违背君意的私自藏匿，所以吉。

象曰：孚于嘉，吉。位正中也。

【注释】

中：正。

【译文】

诚敬获得嘉奖，吉。是位正、守正的结果。

【解义】

由于为臣对上忠诚恭敬受到嘉奖之吉，来自其臣在处理随上有获的过程中能始终保持不越其位、坚守为臣正道的结果。

上六：拘系之，乃从维之。王用亨于西山。

【注释】

拘：扣押。

乃：这样。

维：维持。

王：指周文王。

亨：享。

西山：西周的岐山。指岐周。

【译文】

采用扣押的方法让下属顺从，这样的顺从仅是维持。如同周文王在岐周时，被商纣王扣押一样。

【解义】

利用手中的权力采用强行扣押的方法，逼迫下属顺从自己，这种强迫的顺从仅仅是表面上的维持，不会长久，如同商纣王采用强迫的方法扣押周文王使其顺从一样，最终不会有好结果。

象曰：拘系之，上穷也。

【注释】

上：指君。

穷：极尽。

【译文】

扣押使下顺从，是其君无计可施的表现。

【解义】

用扣押的方法迫使下属顺从，说明其君对下属之臣已经无计可施了。

四、终述

1. 爻辞终述

随——论下随上

初九：官有渝——随正则吉

六二：系小子——随小失大

六三：系丈夫——随大失小

九四：随有获——归己有凶

九五：孚于嘉——获嘉奖吉

上六：拘系之——以顺自保

2. 本卦终述

下震上兑，下动上悦是随之象。臣随君动，臣动君悦是象之意。臣随君动如同地随天动，这是为臣的正道，但要注意：①在上有人事变动时，随正则吉。②若要事业有成，需跟随目标高远、能力强的领导人。③随有收获时，不可占为己有。④遇到被强迫随从时，学习文王以顺自保其身。

蛊卦第十八： 论止下乱

```
艮上 ▬▬ ▬▬
      ▬▬ ▬▬   （先顺后止：蛊）
巽下 ▬▬ ▬▬
```

一、卦辞

蛊：元亨，利涉大川。先甲三日，后甲三日。

【注释】

蛊：弊乱。指清除前任留下的弊乱。简称除弊止乱。

甲：甲日，属木。

先甲三日：辛日，属金。指除弊之前，如同金克木，对君执政不利。

后甲三日：丁日，属火。指除弊之后，如同木生火，对君执政有利。

【译文】

除弊止乱：大顺，利干大事。先甲三日是辛日，辛金克甲木。后甲三日是丁日，甲木生丁火。

【解义】

清除前任留下的弊乱，称蛊。除弊止乱可大顺，利干大事。清除弊乱之前，对君执政不利，如同辛金克甲木，使其君的事业遭受伤害。清除弊乱后，对君执政有利，如同甲木生丁火，可帮助其君的事业走向成功。

二、象辞与卦象

象曰：蛊。刚上而柔下，巽而止，蛊。

【注释】

刚上：指在上的艮卦，代表君。

柔下：指在下的巽卦，代表下属。

巽：顺。

【译文】

蛊是除弊止乱。上刚止下柔，先顺后止，称蛊。

【解义】

清除前任留下的弊乱是蛊之意。在上刚君利用手中的权力坚决果断清除下属不正之风带来的弊乱，并且做到先顺后止，称蛊。

蛊元亨，而天下治也。利涉大川，往有事也。

【注释】

事：变故。

【译文】

清除弊乱大顺，是天下得到了治理。宜干大事，是前行发生变故。

【解义】

清除弊乱为君的事业获得大顺，这是天下得到有效治理的结果。宜干大事，是指宜清除弊乱。由于在清除弊乱的过程中可能会发生重大变故，因此将会增大清除弊乱的难度和增加清除弊乱的风险。所以清除弊乱本身就是干大事。

先甲三日，后甲三日。终则有始，天行也。

【译文】

先甲三日是辛日，后甲三日是丁日。事情有始有终，是在行天道。

【解义】

清除弊乱前对君执政不利，如同辛金克甲木，使其君的事业遭受伤害。清除弊乱后对君执政有利，如同甲木生丁火，可帮助其君的事业走向成功。除弊止乱若能做到有始有终，说明其君是在造福于天下、是在行天道。

象曰：山下有风，蛊。君子以振民育德。

【注释】

振：整治。

育：培养。

【译文】

下风上止，蛊。君子以整治民风，培养社会美德。

【解义】

山下有风，下风上止是蛊之象。君子观此象，用整治社会弊乱之风的方法，培养民众具有良好的社会道德。

三、爻辞与爻象

初六：干父之蛊，有子。考无咎，厉终吉。

【注释】

干：冒犯。

父：父亲。指前任。

有：为。

子：儿子。指新上任的领导。

考：亡父。指彻底离去的前任。

【译文】

冒犯父亲纠正弊乱，为了儿子。父亲已经去世了没有灾祸，有危险但是终吉。

【解义】

新上任领导为了自身的事业顺利清除前任留下的弊乱时，在前任领导彻底离去不会对纠错工作产生干扰的情况下，清除弊乱即使对前任有所冒犯，也不会有灾祸；虽然有风险，倘若能够做到坚守正道、不畏险难，最终可获得清除弊乱的成功之吉。

象曰：干父之蛊，意承考也。

【注释】

意：意图。

承：继承。

【译文】

冒犯先父纠正弊乱，其意图是继承先父的事业。

【解义】

新上任领导冒犯前任清除前任留下的弊乱，是为了继承前任领导尚未完成的事业。

九二：干母之蛊，不可贞。

【注释】

母：母亲。属阴。指暗中有权，并未完全离去。

【译文】

冒犯母亲纠正弊乱，不可坚持不变。

【解义】

新上任领导冒犯前任清除前任留下来的弊乱时，其前任并没有彻底离去，还有能力在暗中干扰或阻止纠错工作的顺利进行；此时清除弊乱不可持正强行、坚持不变，否则将会给自己带来执政困难或麻烦。

象曰：干母之蛊，得中道也。

【注释】

得：成。成功。

【译文】

冒犯母亲纠正弊乱，成于中而不过。

【解义】

新上任领导冒犯前任清除前任留下来的弊乱时，在前任没有彻底离去的情况下，不可持正强行、坚持不变，不能轻视前任领导对纠错工作的影响力。此时清除弊乱若要获得成功，除了要坚守正道之外，还应做到行为适当、中而不过。

九三：干父之蛊，小有悔，无大咎。

【注释】

小：儿子。指新领导。

【译文】

当父亲健在时，冒犯父亲纠正弊乱，儿子有后悔，但无大错。

【解义】

在前任领导离去后能够积极支持清除弊乱的情况下，新上任领导可大刀阔斧、雷厉风行地清除前任领导留下的弊乱。新上任的领导虽然有冒犯前任领导的烦恼，但是以后不会有大错。

象曰：干父之蛊，终无咎也。

【译文】

冒犯父亲纠正弊乱，最终不会有错。

【解义】

纠正前任留下的弊乱，虽有冒犯前任的烦恼，但是由于清除了前进道路上的障碍，对为君以后的事业发展最终不会有错。

六四：裕父之蛊，往见吝。

【注释】

裕：放纵。

【译文】

放纵父亲留下的弊乱，前行将有烦恼。

【解义】

新上任的领导不但不坚决果断清除前任留下的弊乱，反而放纵不管任其发展，最终将会因为事业不顺而烦恼不断。

象曰：裕父之蛊，往未得也。

【译文】

放纵父亲留下的弊乱，前行不会成功。

【解义】

新上任的领导放纵前任领导留下的弊乱，其自身的事业注定不会获得成功。

六五：干父之蛊，用誉。

【注释】

誉：赞美。

【译文】

冒犯父亲纠正弊乱，用赞美的方法。

【解义】

新上任的领导用赞美的方法纠正前任留下的弊乱，这是在肯定前任领导的前提下，纠正前任的错误。如果采用这种方法纠错，既不会伤害前任，也不会给纠错工作带来麻烦。

象曰：干父用誉，承以德也。

【注释】

德：感激。

【译文】

冒犯父亲纠正弊乱，用赞美的方法，是以感激继承父辈的事业。

【解义】

新上任领导用赞美的方法纠正前任留下的弊乱，是以感激之情继承前任的事业，并将其发扬光大。

上九：不事王侯，高尚其事。

【注释】

事：侍奉。不事王侯：指不为名利。

【译文】

不为名利，是高尚之事。

【解义】

新上任的领导纠正前任留下的弊乱，是为了复归正道、将前任尚未完成的事业发扬光大，而不是为了提高自身的名利，这是道德高尚的表现。

象曰：不事王侯，志可则也。

【注释】

则：效法。学习。

【译文】

不为名利，其志值得学习。

【解义】

新上任的领导纠正前任留下的弊乱，是为了复归正道、将前任尚未完成的事业发扬光大，而不是为了提高自身的名利；说明新领导其志高尚，是人们学习的榜样。

四、终述

1. 爻辞终述

蛊——论止下乱

初六：干父之蛊——除蛊无阻

九二：干母之蛊——除蛊有阻

九三：干父之蛊——除蛊无咎

六四：裕父之蛊——纵蛊有吝

六五：干父之蛊——除蛊用誉

上九：不事王侯——不为名利

2. 本卦终述

下巽上艮，先顺后止是蛊之象。下有弊乱之风，新上任的领导采用"先顺后止"的方法清除弊乱是象之意。新上任的领导，清除前任遗留的弊乱之后，自己的事业将获大顺。清除弊乱是干大事。干大事要合民心、要走正道、要善始善终。清除弊乱时要注意：①前任领导是否有权干预。②弊乱不除，事业不顺。③除弊要注意方法。④除弊不为名利。

临卦第十九： 论执政

坤上 ☷

（下悦顺利：临）

兑下 ☱

一、卦辞

临：元亨，利贞。至于八月有凶。

【注释】

临：统治。指执政。

至：到。

八月：夏去秋来，阳消阴长。指执政正消邪长。

【译文】

执政：大顺，宜坚守正道不变，到了八月将有凶险。

【解义】

身为人君如何执政，称临。为君若要执政大顺，宜坚守正道不变。倘若执政出现正气逐渐消失、邪气逐渐增长，如同到了八月阳消阴长一样，不要多久就会出现凶险。

二、象辞与卦象

象曰：临。刚浸而长。

【注释】

刚：刚健。指君。

长：生长。

浸：逐渐。

【译文】

临是执政。为君执政为民逐渐增长、事业也增长。

【解义】

为君如何执政是临之意。为君执政为民如果能像雨水浸润大地一样做到渐进不止，可使自身的事业欣欣向荣、蒸蒸日上。

说而顺，刚中而应。

【注释】

说：悦。

应：响应。

中：正。

【译文】

民众喜悦可顺行。君持正可有响应。

【解义】

民众内心喜悦可愉快地顺随其君前行。此时为君执政如果能够坚守正道，则会得到民众的热情支持和积极响应。

大亨以正，天之道也。

【译文】

大顺要走正道，走正道就是行天道。

【解义】

为君的事业若求大顺，就必须要走正道。为君执政为民走正道，就是在行天道。

至于八月有凶，消不久也。

【注释】

消：消减。

【译文】

到了八月有凶，是阳消减不久的结果。

【解义】

为君执政如果正气不断消减、邪气不断上升，就像到了八月阳消阴长一样，不要多久就会出现凶险。

象曰：泽上有地，临。君子以教思无穷，容保民无疆。

【注释】

教：教化。教育感化。

容：容纳。容民：为民谋求福祉，则能容民。

保：保护。保民：使民不受伤害，则是保民。

疆：界。

【译文】

下泽上地，临。君子思考如何不断教化民众，并且容民、保民永无止境。

【解义】

下泽上地，下悦上顺是临之象。君子观此象，思考如何不断教育、感化民众，并且做到为民众谋求福祉和保护民众不受伤害永无止境。

三、爻辞与爻象

初九：咸临，贞吉。

【注释】

咸：通"感"，感化。

【译文】

以感化的方法执政，坚持不变，吉。

【解义】

为君执政采用解决民众生存问题的方法感化天下众人，例如能让天下众人衣食无忧时，可以达到政通人和的效果。倘若能够坚持不变，则会吉祥如意。

象曰：咸临贞吉，志行正也。

【译文】

用感化的方法执政不变之吉，是志与行均正的结果。

【解义】

为君执政采用解决民众生存问题的方法感化天下众人，坚持不变之吉，是其君的执政目的和执政行为都未脱离正道的结果。

九二：咸临，吉。无不利。

【译文】

用感化的方法执政，吉。无不利。

【解义】

为君执政采用解决民众发展问题的方法感化天下众人，例如能让天下众人的美好愿望都能实现时，天下众人会用极大的热情支持其君执政，此时吉，无不利。

象曰：咸临，吉。无不利。未顺命也。

【注释】

顺命：顺从君命。

【译文】

用感化的方法执政，吉。无不利，并非顺从君命。

【解义】

为君采用解决民众发展问题的方法感化天下众人，众人因感恩而自化，可获吉祥如意，并且无不利。此时没有君命事也可成，这是管理者"无为而治"的理想境界。

六三：甘临，无攸利。即忧之，无咎。

【注释】

甘：甜言蜜语。

即：如果。

忧：：忧虑。

【译文】

用甜言蜜语的方法执政，不会长期有利。如果对此有忧虑，可无灾祸。

【解义】

为君用甜言蜜语、言而无信的方法执政，不会长期有利。如果能够因为自己的过错而深感忧虑，说明为君已经知错了。倘若能够知错即改，以后就不会有灾祸发生了。

象曰：甘临，位不当也。即忧之，咎不长也。

【译文】

用甜言蜜语执政，是在其位行不当。如果忧虑，其灾祸不会长久。

【解义】

为君用甜言蜜语、言而无信的方法执政，这是其君在其位、行不当，做了自己不应做的事。如果能够因忧而改，其灾祸是不会长久的。

六四：至临，无咎。

【注释】

至：至诚。诚信至极。

【译文】

用至诚的方法执政，没有过错。

【解义】

为君用诚信至极的方法执政，可以获得天下众人的信任和支持，这样做没有过错。

象曰：至临无咎，位当也。

【译文】

用至诚的方法执政没有过错，是在其位、行其正的结果。

【解义】

为君用诚信至极的方法执政没有过错，说明其君能够做到在其位、走正道，做了自己应该做的事。

六五：知临，大君之宜，吉。

【注释】

知：通"智"。指知人善任。

大君：大国之君。

宜：事务。

【译文】

用知人善任的方法执政，是大国之君的事务，吉。

【解义】

为君能知人善任是智者执政，这是大国之君的职责。身为大国之君用人是第一要务：用人正确，事业将不断走向辉煌；用人失误，事业将会走向衰亡。为君若能做到知人善任，自身的事业将会吉祥如意。

象曰：大君之宜，行中之谓也。

【注释】

中：正。

谓：意指。

【译文】

大国之君的事务，其意是走正道。

【解义】

大国之君的职责，其中的意思是：身为大国之君应当知人善任、走正道，只有如此自身的事业才能不断走向辉煌。

上六：敦临，吉。无咎。

【注释】

敦：敦厚，真诚宽厚。

【译文】

用真诚宽厚的方法执政，吉。不会有错。

【解义】

为君用真诚宽厚的方法执政，将会得到下属的信任和支持，其事业将会吉祥如意。用这样的方法执政，不会有错。

象曰：敦临之吉，志在内也。

【译文】

用真诚宽厚的方法执政之吉，是其志存在于内心的结果。

【解义】

为君用真诚宽厚的方法执政之吉，是其君内心志向高远、能够真诚宽厚待人的结果。

四、终述

1. 爻辞终述

临——论执政

初九：咸临——生存之感

九二：咸临——发展之感

六三：甘临——言而无信

六四：至临——言而有信

六五：知临——知人善任

上六：敦临——真诚宽厚

2. 本卦终述

下兑上坤，下悦顺利是临之象。为君执政若能让下属喜悦，自身的事业将会顺利是象之意。为君如何实现下悦上顺呢？首先要做到执政为民，并能渐进不止。其次要坚守正道，行刚而不过。同时还应注意：①要全心全意解决下属的生存与发展问题。②要言而有信。③要知人善任。④要真诚宽厚。总之为君能够做到执政为民，真诚为下属谋取福祉，其自身的事业就一定会吉祥顺利。

观卦第二十： 论察政

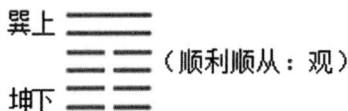

巽上 ▬▬▬ ▬▬▬ （顺利顺从：观）

坤下 ▬ ▬ ▬ ▬

一、卦辞

观：盥而不荐，有孚颙若。

【注释】

观：观察。指观察政事。

盥：祭祀。

荐：重复。

颙：严肃认真。

若：语气词。

【译文】

观察政事：做祭祀不能重复，要诚敬、严肃认真。

【解义】

观察自己与他人执政是否有误，称观。观察政事如同做祭祀，因为不能重复，所以要心怀诚敬、严肃认真。

二、彖辞与卦象

彖曰：大观在上，顺而巽，中正以观天下。

【注释】

大：大人。指君。

顺：顺利。

巽：顺从。

【译文】

观是观察政事。大人在上观察政事，顺利要顺从，以内心端正观察天下。

【解义】

观察自己与他人执政是否有误是观之意。为君在上观察政事，若要获得顺利成功，就要以顺从事实真相的谦逊态度和端正内心的方法观察政事，才能获得正确的答案。

观，盥而不荐，有孚颙若，下观而化也。

【注释】

下：下一步，其次。

【译文】

观察政事如同做祭祀，不能重复，要诚敬、严肃认真，其次观其变化。

【解义】

观察政事如同做祭祀，由于不能重复，所以首先要心怀诚敬、严肃认真；其次要仔细观察事物的变化过程和最终出现的结果。

观天之神道，而四时不忒。圣人以神道设教，而天下服矣。

【注释】

神：神奇。神道：指天道。

忒：错。

圣人：指君。

【译文】

观察天道变化，预知四季不会有错。圣人以天道设教，天下人服了。

【解义】

观察天道的变化，可预知四季变化而不会有错。身为人君若能以天之道和天之德设教，可预知人们的事业成败而不会有错，其最终结果让天下之人无不信服。

象曰：风行地上，观。先王以省方，观民设教。

【注释】

省：考察。

方：四方。

教：政教，法令。

【译文】

上风下地，观。先王以考察四方，观察民风设置法令。

【解义】

上风下地，风行地上是观之象。先王用考察四方民风的方法观察政事，并且根据民风的好坏设置相关的法令。

三、爻辞与爻象

初六：童观，小人无咎，君子吝。

【译文】

儿童之观，小人没有灾祸，君子烦恼。

【解义】

为君如果像儿童一样，用幼稚无知的方法观察、处理政事时，属下的小人没有灾祸，属下的君子则会烦恼不断。

象曰：初六童观，小人道也。

【译文】

儿童之观是小人之道。

【解义】

为君像儿童一样，用幼稚无知的方法观察、处理政事，是成就小人之道。

六二：阙观，利女贞。

【注释】

阚：偷看。阚观：指暗中偷看。

女：女子。指下属。

【译文】

暗中偷看，宜女子走正道。

【解义】

为君用暗中偷看的方法，观察下属是否走正道。这样有利于下属坚守正道不变。

象曰：阚观女贞，亦可丑也。

【注释】

丑：不好。

【译文】

偷看女子走正道，可行但不好。

【解义】

为君用暗中偷看的方法，观察下属是否走正道。虽然可以使用，但不是好方法。

六三：观我生进退。

【注释】

生：发生。

【译文】

观自己发生的进退。

【解义】

为君仔细观察自己在过去执政中发生的进退，能够总结出过去的成功经验与失败的教训，可用于指导自己以后少走弯路和事业上的不断进步。

象曰：观我生进退。未失道也。

【译文】

观自己发生的进退，未离正道。

【解义】

为君能观察自己在过去执政中发生的进退，说明其君并没有迷失前进的方向和偏离正确的轨道。

六四：观国之光，利用宾于王。

【注释】

宾：宾客。

【译文】

观国是否有光明前途，可观察其君的待客之道。

【解义】

观察一个国家或一个单位是否有光明前途，可以观察其君的待客之道；礼宾之国可善待贤能之人。

象曰：观国之光，尚宾也。

【注释】

尚：尊重。

【译文】

观察国家有无光明前途，观其尊重宾客。

【解义】

观察一个国家或一个单位是否有光明前途，可观其是否尊重宾客。若能尊重宾客则能礼贤下士、善待贤能之人，其国定会前途光明。

九五：观我生，君子无咎。

【译文】

观察自己执政，君子没有灾祸。

【解义】

为君观察自己现在执政是否正确，可以观察自己手下道德高尚之人是否有灾祸。若有灾祸说明自己执政有误，若无灾祸说明自己执政正确。

象曰：观我生，观民也。

【译文】

观自己执政，可以观民众。

【解义】

为君观察自己现在执政是否正确，可观察民风是否端正。民风端正说明自己执政正确，民风若是不正说明自己执政有误。将会有灾祸发生。

上九：观其生，君子无咎。

【译文】

观察他人执政，君子没有灾祸。

【解义】

观察他人现在执政正确与否，可以观察他手下道德高尚之人是否有灾祸。

无灾祸时说明其执政正确，有灾祸时说明其执政有误。

象曰：观其生，志未平也。

【注释】

平：平息。

【译文】

观他人执政，其志未平息。

【解义】

为君观察他人现在执政正确与否，说明其君为实现自己奋斗目标的努力尚未平息。

四、终述

1. 爻辞终述

观——论察政

初六：童　观——小人无咎

六二：窥　观——利下守正

六三：观我生——自知进退

六四：观其国——善待贤能

九五：观我生——君子无咎

上九：观其生——君子无咎

2. 本卦终述

下坤上巽，顺利顺从是观之象。观察政事若要顺利，就要顺从事实真相是象之意。观察政事要实事求是、严肃认真、不留死角；同时还要中正、无私不受个人情绪和主观意识的影响，才能获得正确的结论。同时还要注意：①要用正确的方法观察人之成败。②要用正确的方法观察社会团体的兴衰。

噬嗑卦第二十一： 论惩恶

离上 ☰☰☰

☰☰☰　（动刑之明：噬嗑）

震下 ☰☰☰

一、卦辞

噬嗑：亨，利用狱。

【注释】

噬：咬。

嗑：合。

噬嗑：咬合口中之物。比喻惩治已被牢牢控制的罪犯。简称惩治罪犯。

狱：案件。

【译文】

惩治罪犯：顺利，对审理案件有利。

【解义】

为臣奉命执法，惩治已被牢牢控制的罪犯，称噬嗑。在罪犯已被牢牢控制的情况下，可顺利惩治罪犯。同时对审理案件有利。

二、象辞与卦象

象曰：颐中有物，曰噬嗑。噬嗑而亨。

【注释】

颐：口。

【译文】

口中之物称噬嗑。由于被咬之物已被控制，惩治因此会顺利。

【解义】

惩治已被牢牢控制的罪犯，如同口中之物已无法逃脱，称噬嗑。由于罪犯已被牢牢控制，因此可以顺利惩治在押的罪犯。

刚柔分，动而明，雷电合而章。

【注释】

分：分明。

雷：指在下的震卦。

电：指在上的离卦。

章：法律。

【译文】

刚柔要分明，动刑要明察，如同雷电相互配合，但要依法行事。

【解义】

为臣奉命办案时，对待罪犯要刚柔分明。对罪犯施刚用刑前要查明案情真相，动刑时要像雷电相互配合一样，具有强大的震慑力；并且要依法行事，避免乱用刑罚。

柔得中而上行。虽不当位，利用狱也。

【译文】

柔成于正可有进展。虽然在其位做事不当，对审理案件有利。

【解义】

对罪犯施柔将成功于坚守正道，即从关心对方出发，用晓以利害的方法审问罪犯，案情可有进展。怀柔虽显不当，但是对审理案件有利。

象曰：雷电噬嗑，先王以明罚敕法。

【注释】

明：阐明。明确。

敕：告诫。警告劝诫。

【译文】

下震上离，噬嗑。先王用明确刑罚，告诫法律。

【解义】

明似闪电，动似惊雷，雷电交加是噬嗑之象。先王用明确刑罚的方法，告诫人们要遵守法律。

三、爻辞与爻象

初九：屦校灭趾。无咎。

【注释】

屦：给脚带上。

校：刑具。

灭：除掉。指将犯人处以死刑。

趾：脚趾。指个人犯罪。

【译文】

给脚带上刑具或除掉脚趾，没有过错。

【解义】

为臣惩治个人犯罪，如果犯罪较轻可给犯人的脚带上刑具，让其失去自由不能继续犯罪。如果犯罪较重可依据刑法将其处以死刑，这样做没有过错。

象曰：屦校灭趾，不行也。

【译文】

给脚带上刑具或除掉脚趾，不让其行。

【解义】

用给脚带上刑具或处以死刑的方法惩治犯罪，目的是不让其继续犯罪。

六二：噬肤灭鼻，无咎。

【注释】

肤：人体表面的皮。指范围大，比喻多人犯罪。

鼻：鼻祖。指领头之人。灭鼻：除掉领头之人。

【译文】

咬住皮肤和除掉鼻子，没有过错。

【解义】

为臣惩治集体犯罪，可用极刑除掉领头之人，以教育同案的罪犯，这样做不会有错。

象曰：噬肤灭鼻，乘刚也。

【注释】

乘：凭借，依靠。

【译文】

咬住皮肤和除掉鼻子，是凭借用刚。

【解义】

惩治集体犯罪时用极刑除掉领头之人，是依靠法律严惩带头犯罪之人。

六三：噬腊肉遇毒，小吝，无咎。

【注释】

腊肉：冬季的腌肉。冬主藏，指隐藏的罪犯。

小：指臣。

【译文】

咬腊肉中毒，臣有麻烦，没有过错。

【解义】

为臣惩治隐藏已久的罪犯如同咬腊肉遇毒，虽然给自己办案带来了麻烦，但是若能不受干扰继续坚持办案，则不会有错。

象曰：遇毒，位不当也。

【译文】

中毒自己有麻烦，是在其位行不当的结果。

【解义】

为臣惩治隐藏已久的罪犯给自己办案带来麻烦，是为臣在办案的过程中有些问题处置不当造成的后果。

九四：噬干胏，得金矢。利艰贞，吉。

【注释】

干胏：带骨干肉。指具有一定背景的案犯。

得：成。成功。

金：象征刚强。

矢：箭。象征正直。

【译文】

咬带骨的干肉，成于刚强与正直。宜在艰难的情况下坚持不变，吉。

【解义】

为臣惩治具有一定背景的案犯，由于案犯的后台阻止、干扰办案，使办案工作如同咬带骨的干肉，即难进，又受阻。在此情况下为臣若要取得办案成功，需要采用刚强、正直的方法办案。此时虽然办案艰难，但是为臣若能做到坚守正道不变，则会吉祥如意。

象曰：利艰贞吉，未光也。

【注释】

光：光大。

【译文】

宜在艰难时持正不变才吉，说明并未光大。

【解义】

为臣在艰难办案的情况下，只有坚守正道不变才能吉祥，说明艰难的出现，是为臣事先准备不足，未能将自己办案职责发扬光大。

六五：噬干肉，得黄金。贞厉，无咎。

【注释】

干肉：风干的肉。指重臣或皇亲国戚。

黄：中。

【译文】

咬干肉，成于中与刚，坚持不变虽有风险，但没有错。

【解义】

为臣惩治君王的重臣或皇亲国戚时，如同啃咬坚硬的干肉，处处受阻难有进展。此时若要取得办案成功，需要其君的大力支持；同时为臣自己还要坚持刚正执法，并且做到刑罚适当、中而不过。虽然坚持办案具有一定的风险，但是最终将会获得成功，不会有错。

象曰：贞厉无咎，得当也。

【译文】

坚持有危险，没有过错，说明执法得当。

【解义】

为臣惩治君王的重臣或皇亲国戚时，坚持办案虽然有风险，但是没有过错。说明为臣执法得当，没有偏离正确的轨道。

上九：何校灭耳，凶。

【注释】

何：何故。

校：刑。刑具。

灭耳：无耳。不听。

【译文】

不知何故就用刑，有耳不听，凶。

【解义】

为臣办案主观武断，不听涉案人员对事实的陈述或是偏听偏信，在不明真相的情况下就对犯人施以重刑。用此方法办案，为臣自己将有凶险。

象曰：何校灭耳，聪不明也。

【译文】

不知何故就用刑，有耳不听是听而不明的情况。

【解义】

为臣办案不听涉案人员对事实的陈述或是偏听偏信，在不明真相的情况下就对犯人施以重刑，这是为臣在办案的过程中虽然有耳能听，但是不能明辨是非的情况。

四、终述

1. 爻辞终述

噬嗑——论惩恶

初九：履校灭趾——惩治个犯

六二：噬肤灭鼻——惩治众犯

六三：噬 腊 肉——惩恶遇毒

九四：噬 干 胏——惩恶受阻

六五：噬 干 肉——惩恶难行

上九：何校灭耳——不明用刑

2. 本卦终述

下震上离，动刑之明是噬嗑之象。为臣奉命惩治罪犯，动刑前要查明真相是象之意。为臣办案惩治罪犯要是非分明、依法行事，并且要有明君的支持。办案时要注意：①个体犯罪与集体犯罪的处置差别。②惩治隐藏罪犯，小心自伤。③惩治有后台的案犯，要刚且直。④惩治皇亲国戚，要刚且中。⑤不明用刑，自身将凶。

贲卦第二十二：　论扬善

上艮 ▦▦

（明善之止：贲）

下离 ▦▦

一、卦辞

贲：亨。小利，有攸往。

【注释】

贲：文饰。赞美。

小：指臣。

【译文】

赞美：顺利。对臣有利，有助于长期前行。

【解义】

用赞美的方法改变他人，称贲。为臣用赞美的方法宣传自己的上司，自身也将获得顺利。为臣若能获得其君的赞美，对自己有利，并且有助于依此长期前行。

二、象辞与卦象

彖曰：贲。亨。柔来而文刚，故亨。

【注释】

柔：指臣。

文：文饰。赞美。

刚：指君。

【译文】

贲是赞美他人。顺利。臣赞美君，所以顺利。

【解义】

用赞美的方法改变他人是贲之意。赞美他人自己也将获得顺利。为臣用赞美的方法宣传自己的上司，可令上司愉悦，自己也因此获得顺利。

分刚上而文柔，故小利有攸往。刚柔交错，天文也。

【注释】

分：指分清是非。

交错：互相。

天：指君。

【译文】

为君分清是非赞美臣，所以对臣有利，有助于长期前行。君臣互相赞美，是君赞美臣的结果。

【解义】

在上之君要分清是非之后，才能赞美下属。为臣因为受到上司的赞美，所以对臣有利，并且有助于自己长期依此前行。君臣若能相互赞美，则是君臣和睦之象。这是为君走正道、真诚赞美下属的结果。

文明以止，人文也。

【译文】

赞美光明，以止黑暗，是人文之道。

【解义】

宣传光明正大,以止阴暗邪恶,这是人们相互赞美的正道。

观乎天文,以察时变,观乎人文,以化成天下。

【译文】

观察天文,以察季节变化。观察人文,为了教化天下获得成功。

【解义】

观察天道变化的过程,是为了探索季节变化的规律。观察人们宣传光明正大、制止阴暗邪恶的过程,是为了运用赞美的方法教化天下之人获得成功。

象曰:山下有火,贲。君子以明庶政,无敢折狱。

【注释】

庶政:各种政务。

敢:可。无敢:不可。

折:摧折,毁坏。折狱:毁坏牢狱。指放弃依法惩治违法之人。

【译文】

下火上山,贲。君子以明修政务,不可放弃依法惩治违法之人。

【解义】

下火上山,先明后止是贲之象。君子观此象,用赞美他人的方法明修政务,但是不可放弃运用法律惩治违法之人。

三、爻辞与爻象

初九:贲其趾,舍车而徒。

【注释】

趾:脚。脚在身体下方,指下属。

徒:步行。

【译文】

赞美脚,可弃车步行。

【解义】

身为人君赞美自己的下属,可使下属不怕艰辛、竭尽全力把事情做得更好。如同赞美下属脚力强健,其下属可吃苦耐劳、不求安享,心甘情愿弃车步行一样。

象曰:舍车而徒,义弗乘也。

【注释】

义：意思。意义。

弗：不。

【译文】

弃车而行，是有车不乘的意思。

【解义】

下属受到赞美后，能够做到弃车而行。其目的不是有车不乘，而是为了进一步证明自己的能力，以获得上司更多的认同。

六二：贲其须。

【注释】

须：胡子。胡子在身体上方，指上司。

【译文】

赞美胡须。

【解义】

下属宣传、赞美自己上司的能力或功绩，是下属期待上司对自己有更多的支持或帮助。

象曰：贲其须，与上兴也。

【注释】

上：上司。

兴：兴盛。发展。

【译文】

赞美上司，是要与上共同发展。

【解义】

下属宣传、赞美自己上司，是为了能与自己的上司共同发展。

九三：贲如濡如，永贞吉。

【注释】

濡：浸润。润泽。

【译文】

能赞美，又能润泽，坚持永远不变，吉。

【解义】

不断地宣传、赞美他人之长，如同雨露不断地润泽大地，使地上万物欣欣向荣、蒸蒸日上一样。若能坚持赞美他人永远不变，则吉。

象曰：永贞之吉，终莫之陵也。

【注释】

莫：不。

陵：侮辱。

【译文】

坚持永远不变之吉，是最终不会受人侮辱。

【解义】

宣传、赞美他人坚持永远不变之吉，来自持续不断地宣传、赞美他人，使其长期获得愉悦的结果。同时自己也终将不会遭到他人的污辱。

六四：贲如皤如，白马翰如，匪寇婚媾。

【注释】

皤：白色。指不文饰服装。

翰：长毛马。指不文饰用具。

婚媾：求婚者。指求合作者。

【译文】

用白色文饰服装，骑着白色长毛马，不是贼寇，是求婚者。

【解义】

服装俭朴、用品也无特殊装饰之人投奔而来，这种人不求名利是追求事业成功之人。他们不是贼寇，而是帮助自己事业走向成功的合作者。

象曰：六四当位，疑也。匪寇婚媾，终无尤也。

【注释】

当：适合。

尤：错误。

【译文】

六四是否符合其位，是对到来之人的怀疑。不是匪寇是求婚之人，最终不会有错。

【解义】

服装、用品都很俭朴之人是不求名利、追求事业成功之人。对这种人要大胆使用不要怀疑，他们是帮助自己走向成功的合作者而不是敌人。如果能够与之合作，最终不会有错。

六五：贲于丘园，束帛戋戋，吝，终吉。

【注释】

丘园：私宅。

束帛：财物。指钱。

戋戋：极少。

【译文】

用极少的财物装饰自己的私宅，看似吝啬，最终吉。

【解义】

身居高位用很少的钱，将自己的私宅布置得非常俭朴、整洁，外人看来似乎有些吝啬。如果能够与此人合作，最终会吉祥如意。

象曰：六五之吉，有喜也。

【译文】

六五的吉祥，是有喜事来临。

【解义】

身居高位用非常俭朴的方法装饰自己的家，说明其人不谋私利、不追求个人享受，是可以信赖、能委以重任之人。与此人合作之吉，是有喜事来临。

上九：白贲，无咎。

【注释】

白：纯白，指无色。白贲指无贲。

【译文】

位已至极，不文饰自己，没有过错。

【解义】

在位已至极的情况下，说明为君在事业上已经是功成名就了，此时若能不宣传自己而是宣传他人，则对以后执政有利，没有过错。

象曰：白贲无咎，上得志也。

【注释】

上：通"尚"。崇尚。

志：理想。志向。

【译文】

不文饰自己没有过错，是崇尚实现志向。

【解义】

在位已至极的情况下，不宣传自己没有过错。说明其君并不看重自身的名誉，而是更加看重实现自己的志向。

四、终述

1. 爻辞终述

贲——论扬善

初九：贲 其 趾——贲其下属

六二：贲 其 须——贲其上司

九三：贲如濡如——贲人不止

六四：贲如皤如——不贲其表

六五：贲其丘园——不贲其家

上九：白贲无咎——成而不贲

2. 本卦终述

下离上艮，明善之止是贲之象。用赞美他人的方法止恶、扬善是象之意。为臣宣传自己的上司，可使自身的工作顺利。为君能分清是非赞美下属，对自身的事业发展有利。君臣相互赞美则是君臣和睦之象。观察他人如何文饰自己和别人，就可了解其的德与行了。不文饰外表，是追求事业成功之人。不文饰其家，是不谋私利可委以重任之人。有成而不文饰自己，是轻视名誉看重实现自己志向之人。总之，不文饰自己、文饰他人是为了实现自己的目标，而改变他人的人。

剥卦第二十三： 论止内乱

上艮 ▬▬ ▬▬
　　 ▬▬ ▬▬
　　 ▬▬ ▬▬ （顺利之止：剥）
　　 ▬▬ ▬▬
下坤 ▬▬ ▬▬
　　 ▬▬ ▬▬

一、卦辞

剥：不利有攸往。

【注释】

剥：剥落。削弱。指为君的权力被逐渐削弱。

【译文】

被削弱时：不宜长期前行。

【解义】

为君的权力被逐渐削弱，称剥。为君的权力被逐渐削弱时，不宜长期前行，如果长期前行将出现对自己不利的情况。

二、彖辞与卦象

彖曰：剥。剥也。柔变刚也。

【译文】

剥是削弱。是柔要变刚。

【解义】

为君的权力被小人之臣逐渐削弱是剥之意。小人之臣削弱为君权力的目的是要取而代之。

不利有攸往，小人长也。顺而止之，观象也。

【译文】

不利长期前行，是小人势长的结果。观剥之象，要顺利应制止。

【解义】

为君被剥之时不利长期前行，是因为小人之臣的势力不断扩大使为君的事业受阻，并且自己与下属的关系日益紧张不顺。观此象，为君若求自身顺利，就要坚决制止下属小人肆意弄剥。

君子尚消息盈虚，天行也。

【注释】

尚：崇尚。

消息：事物的生死。

【译文】

君子崇尚生死、满空的转化，这是天道。

【解义】

小人之臣弄剥时，为君要效法天道而行：若要让其死，先要让其生；若要让其空虚，先要让其满盈。这是为君采用欲擒故纵的方法应对小人之剥。

象曰：山附于地，剥。上以厚下安宅。

【译文】

下地上山，剥。上以厚待下，以求宅内安宁。

【解义】

山在地上，有日渐剥落之象。君子观此象以宽厚对待下属，谨防小人之臣弄剥得势，以此求得团队内部和谐安宁。

三、爻辞与爻象

初六：剥床以足，蔑贞凶。

【注释】

床：人坐卧的器具。比喻君的团队。

足：脚。比喻基层领导。

蔑：不。

【译文】

床脚被剥蚀，不正有凶。

【解义】

为君的基层领导被小人之臣控制利用，使其君对基层的领导权日趋下降，此时如果为君不正，则会有凶事来临。

象曰：剥床以足，以灭下也。

【注释】

灭：消除。

【译文】

床脚被剥蚀，为了消除床脚。

【解义】

为君的基层领导被小人之臣控制利用，其目的是消除其君在基层领导中的威信和领导力。

六二：剥床以辨，蔑贞凶。

【注释】

辨：床干。比喻中层领导。

【译文】

床干被剥蚀，不正有凶。

【解义】

为君的中层领导被小人之臣控制利用，使其君对中层的领导权日趋下降。此时如果其君不正，则会有凶事来临。

象曰：剥床以辨，未有与也。

【注释】

与：给予。

【译文】

床干被剥蚀，是没有给予的原因。

【解义】

为君的中层领导被小人之臣控制利用，是由于其君执政没有满足中层领导的需求。

六三：剥之，无咎。

【译文】

虽遭剥蚀，但是无灾祸。

【解义】

为君的权力被小人之臣削弱后，对君没有造成伤害。这是其君坚守正道，小人弄剥不得人心的结果。

象曰：剥之无咎，失上下也。

【译文】

虽遭剥蚀，但是无灾祸，是小人失去上下的结果。

【解义】

为君的权力虽然被削弱，但是对君没有构成伤害。这是小人弄剥上下不得人心的结果。

六四：剥床以肤，凶。

【注释】

床：床面。指高层领导。

【译文】

床面被剥蚀，已伤肌肤，有凶。

【解义】

为君的高层领导被小人之臣控制利用，已经伤其自身了，无论其君是否失正，都会有凶险发生。

象曰：剥床以肤，切近灾也。

【注释】

切近：靠近。

【译文】

剥蚀到了床面，已伤其肌肤，是靠近灾祸了。

【解义】

为君的高层领导被小人之臣控制利用，已经伤其自身了，此时如果任其发展，不会太久灾祸就要降临了。

六五：贯鱼，以宫人宠，无不利。

【注释】

贯鱼：一个一个地。

【译文】

君王一个一个地宠幸宫女，没有不利。

【解义】

对待迷失的下属要像君王宠幸宫女一样，一个一个地做工作。这是破解被剥的好方法，并且没有任何不利之事发生。

象曰：以宫人宠，终无尤也。

【译文】

君王一个一个地宠幸宫女，最终无错。

【解义】

对待迷失的下属采用君王宠幸宫女的方法，一个一个地做工作。这是破解小人弄剥的好方法，最终不会有错。

上九：硕果不食，君子得舆，小人剥庐。

【注释】

舆：大车。指重奖。

庐：陋屋。剥庐：剥夺陋屋。指让小人无安身之处。

【译文】

成果不自食，君子得大车，小人无陋屋。

【解义】

为君抗剥成功之后，其成果要分享。对待抗剥有功的君子要重奖、重用；对待弄剥的小人，要让其没有安身立足之处。

象曰：君子得舆，民所载也。小人剥庐，终不可用也。

【注释】

民：从事某种职务之人。指下属。

载：满。充满。指重奖。

【译文】

君子得大车，是下属获重奖。小人无陋屋，是终身不再任用。

【解义】

君子得大车是抗剥有功之臣被君重奖。小人无安身之处是弄剥的小人终身不再任用。

四、终述

1. 爻辞终述

剥——论止内乱

初六：剥床以足——基层之乱

六二：剥床以辨——中层之乱

六三：剥之无咎——不得人心

六四：剥床已肤——高层之乱

六五：贯鱼之宠——各个击破

上九：硕果不食——重奖重罚

2. 本卦终述

下坤上艮，顺利之止是剥之象。小人弄剥，为君若求自身顺利，就应坚决制止是象之意。在为君的权力被下属小人之臣逐渐削弱的情况下，宜先除小人而后行。清除弄剥小人常用欲擒故纵、各个击破之法。抗剥成功之后，对待抗剥有功之臣要重奖；对待弄剥的小人之臣要重罚，要让其无安身立足之地。同时为君自己也要注意：①自不失正，失正则凶。②厚待下属，失厚不安。③高层被剥，将有灾祸。④防剥重在高层，高层勿用小人。

复卦第二十四：　论防内乱

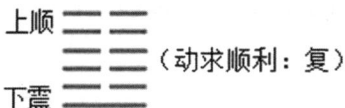

```
上顺  ═ ═
      ═ ═   （动求顺利：复）
      ═ ═
下震  ▬▬▬
```

一、卦辞

复：亨。出入无疾，朋来无咎。反复其道，七日来复，利有攸往。

【注释】

复：改错复归正道。

出入：外内。

朋：朋友。支持者。

七日来复：指复卦是从六个阴爻组成的"坤卦"，向"乾卦"转变的第一卦；即初爻由阴爻变成了阳爻，暗示一个领导者通过不断改错走向成功的规律。

【译文】

复归正道：顺利。出入无病，有朋友相助，无错。反复改错之道，符合成功规律，对长期前行有利。

【解义】

为君执政有错即改复归正道，称复。改错复归正道，可获事业顺利。若能改错对内、对外都无弊病，并且改错会得到周围人的支持和帮助，没有过错。不断改错的精进之道是走向成功的必经之道，因此符合在上之君取得事业成功的规律，并且对自身事业的长期发展有利。

二、象辞与卦象

象曰：复。亨，刚反。

【注释】

刚：指君。

【译文】

复是复归正道。顺利，君持刚改错。

【解义】

改错复归正道是复之意。改错是复归正道，所以会顺利。为君改错要坚决果断，不能动摇不定、犹豫不决。

动而以顺行，是以出入无疾，朋来无咎。

【注释】

动：指改错之动。

【译文】

改错之动为了顺利前行，所以出入没有弊病，朋友前来没有过错。

【解义】

为君改错是为了自身的事业发展顺利，所以对内、对外均无弊病。当内、外政事偏离正道出现差错时，为君若能及时改正、复归正道，将会得到周围人的支持和帮助，没有过错。

反复其道，七日来复，天行也。

【译文】

反复改错之道，符合规律，是行天道。

【解义】

反复改错的精进之道是走向成功的必经之道，因此符合在上之君取得事业成功的规律，是在行永远向前、刚健不息的天之道。

利有攸往，刚长也。

【译文】

利长期前行，是刚不断增长的结果。

【解义】

为君复归正道利长期前行，是其君坚持走正道、不断推动自身事业向前发展的结果。

复其见天地之心乎。

【注释】

天地之心：天地助生万物之德。

【译文】

能改错复归正道，可见天地助生万物之德啊！

【解义】

为了造福民众，身为人君能及时改正错误、复归正道。可见其君的道德高尚，具有助生万物的天地之德啊！

象曰：雷在地中，复。先王以至日闭关，商旅不行，后不省方。

【注释】

至日：指冬至或夏至之日，是阴阳转换之时。即关键时刻。

省方：巡视四方。

【译文】

下雷上地，复。先王在关键时刻闭关城门，禁止人们出入，而后自己也不外出巡视四方。

【解义】

为君执政的错误已经造成了内部混乱，人们的不满在暗中涌动如同雷在地中是复之象。先王观此象，在改错的关键时刻关闭所有城门禁止人们出入，而后自己也停止外出巡视，以防止内部发生变故。

三、爻辞与爻象

初九：不远复，无祗悔，元吉。

【注释】

远：久远。

祗：大。

元：大。

【译文】

错后不久能改，无大悔，大吉。

【解义】

为君执政在错后不久就能及时改正、复归正道，所以在以后执政的过程中就不会因小错铸成大错而有大悔了。其次因为有错能够及时改正，其君也将获得事业成功的大吉。

象曰：不远之复，以修身也。

【译文】

错后不久能改，是以改错修身。

【解义】

为君执政在错后不久，就能及时改正、复归正道，说明其君是在用改错的方法修身。

六二：休复，吉。

【注释】

休：完美。

【译文】

为了完美改错，复归正道，吉。

【解义】

为了让自己的事业更加完美，而不断改正目前存在的缺点或错误，这样做可使其君的事业在精益求精的过程中不断进步走向辉煌，吉。

象曰：休复之吉，以下仁也。

【注释】

下：谦逊。

仁：通"人"。

【译文】

为了完美改错之吉，是以谦逊做人。

【解义】

为了让自己的事业更加完美的改错之吉，来自不满足于已经取得的成绩，仍在不断改进提高；并且说明其君的志向高远，能以谦逊的态度做人、做事。

六三：频复，厉无咎。

【注释】

频：危急。

【译文】

危急时改错，有危险，无过错。

【解义】

为君在危险紧急的情况下能够及时改错复归正道，虽然会有危险，但是不会因有错不改给自己带来灾祸。

象曰：频复之厉，义无咎也。

【注释】

义：义意。正确。

【译文】

危急改错有危险，但是改错本身没有过错。

【解义】

为君在危险紧急的情况下能够及时改错、复归正道，虽然有危险，但是改错是为了走正道，所以没有过错。

六四：中行独复。

【注释】

中：正。

独：单独。独自。

【译文】

走正道，单独改错。

【解义】

在自己与众人共同犯错的情况下，自己能够做到单独改错、复归正道，这是独善其身、不随波逐流的明智之举。

象曰：中行独复，以从道也。

【译文】

走正道单独改错，是为了顺从正道。

【解义】

不随波逐流单独改错、复归正道，说明自己为了顺从正道能够做到不受他人影响、坚定不移地走正道。

六五：敦复，无悔。

【注释】

敦：盛多。

【译文】

盛多能改，没有后悔之事。

【解义】

为君执政犯错虽多，但是如果能够做到逐个改正、回归正道，就不会有后悔的事情发生。

象曰：敦复无悔，中以自考也。

【注释】

中：正。

考：成，成功。

【译文】

盛多能改无悔，是以正改错，自己成功了。

【解义】

为君执政犯错虽多，若能逐个改正、复归正道，就不会有后悔之事发生。这是其君能以坚守正道、不断改错获得成功的结果。

上六：迷复，凶，有灾眚。用行师，终有大败。以其国，君凶。至于十年不克征。

【注释】

迷：迷失。失正。迷复：错上加错。

眚：错误。

行师：出兵作战。

至：通"致"。招致。

【译文】

迷复是错上加错，凶。有灾祸的错误。用于兴兵作战，最终大败。用于治国，君凶。招致十年不成。

【解义】

为君有错坚持不改并且错上加错是迷复。凶。这是导致灾祸发生的错误。如果将迷复用于带兵作战，最终将大败。如果将迷复用于治国理政，为君将会有凶险，可招致其君为之奋斗的事业十年不成。

象曰：迷复之凶，反君道也。

【译文】

错上加错的凶险，是背离君道的结果。

【解义】

有错坚持不改并且错上加错的迷复之凶，是其君背离成功之道的结果。

四、终述

1. 爻辞终述

复——论防内乱

初九：不远之复——有错即改

六二：休复之吉——求精改错

六三：频复无咎——危急改错

六四：中行独复——独自改错

六五：敦复无悔——错多之改

上六：迷复之凶——错上加错

2. 本卦终述

下震上坤，动求顺利是复之象。为了事业顺利，改错复归正道是象之意。为君执政有错即改，其事业将会因改而变得顺利。为君执政若能为民改错，则是与天地合其德。同时改错要注意：①有错即改，不宜拖延。②求精改错，精进之道。③危急改错，虽危无害。④独自改错，守正不移。⑤错多能改，终将无悔。⑥有错不改且错上加错，是凶之道。

无妄卦第二十五： 论臣不妄为

上乾 ▬▬▬
（动随刚健：无妄）
下震 ▬▬▬

一、卦辞

无妄：元亨，利贞。其匪正有眚，不利有攸往。

【注释】

无妄：不妄为。指为臣按照君命行事不妄为。

其：代词。指君命。

【译文】

不妄为：大顺，宜坚持不变。君命不正有灾祸，不利继续前行。

【解义】

上有刚君，在下之臣按命令行事不妄为，称无妄。为臣奉命行事若求大顺，宜坚守不妄为永远不变。君命不正时臣行不妄为有灾祸，对自己继续前行不利。

二、象辞与卦象

象曰：无妄。刚自外来，而为主于内。

【注释】

外：外卦，指在上的乾卦。代表君。

内：内卦，指在下的震卦。代表臣。

【译文】

无妄是不妄为。刚来自于外，并且为内之主。

【解义】

为臣奉命行事不妄为是无妄之意。为臣不妄为是因为在上刚君正在严格管控着在下之臣，所以臣动要符合君意，不可轻举妄动。

动而健，刚中而应，大亨以正，天之命也。

【注释】

刚：指君。刚中：指君命正。

天：指君。

【译文】

动随刚健，要与君命正相配合。大顺是君命正，是奉命行事。

【解义】

为臣奉命而动并且刚健前行不妄为，要与君命正相配合。因为君命正为臣才能大顺；君命不正则臣不顺。不顺是为臣奉命行事结果。

其匪正有眚，不利有攸往。无妄之往，何之矣？

【注释】

何：怎么。怎么样。

之：代词。指前行。

【译文】

不正有灾祸，不利继续前行。无妄之行，怎么前行呢？

【解义】

当君命不正有意伤害在下之臣时，臣将有灾祸，对臣继续前行不利。此时臣行不妄为，怎么行得通呢？

天命不祐，行矣哉！

【注释】

天：指君。

【译文】

上天不保佑，怎么行啊！

【解义】

在上之君的命令不能佑护在下之臣，而是有意伤害在下之臣，此时为臣行不妄为，怎么行啊！

象曰：天下雷行，物与无妄。先王以茂对时育万物。

【注释】

与：跟随。

茂：完美。

对：配合。

育：培养。教育。

【译文】

上天下雷，万物跟随不妄为。先王以完美配合及时培育万物。

【解义】

初春季节天下雷行，地上万物紧密相随不妄为是无妄之象。先王观此象，以地上万物完美的配合天道变化为执政目标，不失时机地培养、教育自己的下属。

三、爻辞与爻象

初九：无妄，往吉。

【译文】

不妄为，前行吉。

【解义】

刚君在上，为臣应当按照命令行事不妄为。如果做到一切行动都不违背君命时，前行将会吉祥如意。

象曰：无妄之往，得志也。

【注释】

得：成。实现。

志：愿望。目标。

【译文】

前行不妄为，实现了愿望。

【解义】

为臣奉命行事不妄为之吉，来自为臣实现了在上刚君的愿望。

六二：不耕获，不菑畬，则利有攸往。

【注释】

耕：翻土。耕田。

菑畬：开垦良田。

【译文】

不耕田就有收获，不开垦就得良田，则宜继续前行。

【解义】

为臣带队奉命前行，在未接到上司命令的情况下，前方出现了"不耕田就有收获，不开荒就得到良田"的难得机遇；此时不用等待命令，应抓住有利时机率领团队主动出击。

象曰：不耕获，未富也。

【注释】

富：多。未富：不多，难得。

【译文】

不耕田就有收获，这是难得的机会。

【解义】

当碰到"不耕田就有收获"的机遇时，为臣不用等待命令，应抓住有利时机率领团队主动出击，因为这是碰到了难得的成功机会。

六三：无妄之灾，或系之牛，行人之得，邑人之灾。

【注释】

或：有。

邑人：村民。

【译文】

不妄为之灾，有人拴牛，被路人牵走，村民遭灾。

【解义】

为臣不妄为出现的灾祸，如同拴着的牛被过路人偷走，过路人得不义之财，而村中的居民遭受冤枉之灾一样。

象曰：行人得牛，邑人灾也。

【译文】

过路之人偷了牛，给村民带来了灾祸。

【解义】

为臣不妄为出现的灾祸，主要是被上司误解或冤枉，如同过路人盗牛，村民被怀疑或被冤枉一样。

九四：可贞，无咎。

【注释】

可：能。

【译文】

能守正道，没有过错。

【解义】

为臣不妄为被上司误解或冤枉时，如果能继续坚持不妄为，不会有错。

象曰：可贞无咎，固有之也。

【注释】

固：本来。原来。

【译文】

坚守不妄为没有过错，本来就没错。

【解义】

为臣被误解或冤枉时，继续坚持不妄为没有过错，这是因为为臣本来就没有错。

九五：无妄之疾，勿药有喜。

【译文】

不妄为之病，不要用药医治，最终有喜事来临。

【解义】

君命有错误为臣奉命行事给自己造成伤害时，叫无妄之疾。此时不申辩、不抱怨主动为上司承担责任，将会得到上司的信任和支持，最终将有喜事来临。

象曰：无妄之药，不可试也。

【注释】

试：用。

【译文】

不妄为之药，不可试用。

【解义】

不妄为之疾给自己造成了伤害，不可用申辩、抱怨来解决。因为申辩、抱怨不但会使上司反感，而且会失去上司的信任和支持，所以不可尝试。

上九：无妄，行有眚，无攸利。

【译文】

不妄为，行之有灾祸，没有任何益处。

【解义】

如果君命不正有意伤害在下之臣时，倘若为臣继续坚持不妄为将会有灾祸发生。此时行不妄为没有任何益处。

象曰：无妄之行，穷之灾也。

【译文】

不妄为的灾祸，是走到尽头出现的。

【解义】

如果君命不正有意伤害在下之臣时，此时臣行不妄为没有任何益处。因为这是为臣的职业生涯走到尽头之后所产生的灾祸。

四、终述

1. 爻辞终述

无妄——论臣不妄为

初九：无妄之吉——不违君命

六二：不耕有获——机不可失

六三：无妄之灾——受冤勿怨

九四：无妄之贞——受冤勿变

九五：无妄之疾——君命有错

上九：无妄之眚——君命不正

2. 本卦终述

下震上乾，动随刚健是无妄之象。刚君在上，为臣顺随上动不妄为是象之意。刚君在上时为臣只有严格按照命令行事才能大顺。但是当君命不正有意伤害在下之臣时，臣行不妄为将会有灾祸发生。另外行不妄为时要注意：①要服从命令，听指挥。②有成功的机会，不放过。③被冤枉时，志不移。④有损失时，不申辩。⑤君命不正时，无所利。

大畜卦第二十六：　论臣养止德

上艮 ⚎

（刚健之止：大畜）

下乾 ☰

一、卦辞

大畜：利贞。不家食，吉。利涉大川。

【注释】

大：指位高权重的大人。

大畜：大人养德。指身为人臣在位高权重时畜养止德。简称大人养德。

不家食：不为自家谋食。指不谋私利。

【译文】

大人养德：宜坚守正道不变。不谋私利吉。宜干大事。

【解义】

位高权重的大人畜养止德，称大畜。大人养德，宜坚守正道不变。身为人臣有权不谋私利，则吉。在位高权重时若能养德不止，有利于率领众人干大事。

二、象辞与卦象

象曰：大畜。刚健笃实辉光，日新其德。

【注释】

笃实：淳朴诚实。

辉光：显现。光彩照人。

日新：每日更新。

【译文】

大畜是大人养德。行为刚健、淳朴诚实的显现，是每日养德的结果。

【解义】

位高权重的大人畜养止德是大畜之意。有大德之人的外在表现是：行为刚健、淳朴诚实并且光彩照人，这是每日养德天天进步的结果。

刚上而尚贤，能止健，大正也。

【注释】

尚贤：尊崇贤人之德。贤人：道德高尚，能力超群之人。

【译文】

在上刚健，并尊崇贤人之德。健而能止，是大人走正道。

【解义】

为臣身居高位行为刚健，能尊崇道德高尚、能力超群的贤人之德；并能做到当行时刚健前行、当止时可自止其行，这是大人有德走正道的结果。

不家食吉，养贤也。

【注释】

养：修养。畜养。

【译文】

不为自家谋利益，吉，是畜养了贤人之德。

【解义】

为臣身居高位不利用职权谋私利之吉。是为臣畜养贤人之德的结果。

利涉大川，应乎天也。

【注释】

天：指君。

【译文】

宜干大事，是符合君之意。

【解义】

为臣养德宜干大事，说明为臣勤奋畜养贤人之德符合在上之君的要求。

象曰：天在山中，大畜。君子以多识前言往行，以畜其德。

【注释】

识：了解。学习。

前言：以前圣贤之言。

往行：以前圣贤之行。

【译文】

下天上山，大畜。君子以多学圣贤言、行修德。

【解义】

下天上山，下健上止是大畜之象。君子观此象，用多学以前圣贤之言和圣贤之行的方法，提高自身的道德修养。

三、爻辞与爻象

初九：有厉利已。

【注释】

已：停止。

【译文】

有危险宜止其行。

【解义】

为臣奉命带队前行，当遇到外部险情时，如果继续冒险前行团队将会遭受重大损失，此时应立即停下来，这样对自己的团队有利。切记不可带队继续冒险前行，否则将会有灾祸发生。

象曰：有厉利已，不犯灾也。

【注释】

犯：遭遇。

【译文】

有危险，宜止其行，可不遇灾祸。

【解义】

为臣奉命带队前行，当前方有危险时应立即停下来，这样可以避免灾祸的发生。

九二：舆说辅。

【注释】

舆：大车。

说：脱。

辅：车轮。

【译文】

大车的车轮脱落了。

【解义】

为臣奉命带队前行，由于自己身边的重要助手甩手不干引发内部险情时，为臣要见机而止。此时内患不彻底消除不宜继续前行，如同大车的车轮自动脱落之后不能继续前行一样。

象曰：舆说辅，中无尤也。

【注释】

尤：错误。

【译文】

大车的车轮脱落，持中没错。

【解义】

为臣在处理助手甩手不干的问题时，若能做到处置得当、中而不过，就不会有其他过错。

九三：良马逐，利艰贞。日闲舆卫，利有攸往。

【注释】

逐：追逐。比赛。

闲：习。操练。

卫：兵。

【译文】

良马追逐，宜在艰难中坚持到最后。每日操练兵马，宜长期坚持。

【解义】

如果为臣所做之事如同良马比赛在激烈的竞争中求胜，这是对意志和耐力的考验；此时宜在艰难的条件下，竭尽全力坚持到最后。在获胜条件不足时，要每日操练兵马提高竞争能力，并且要长期坚持不能懈怠。当获胜条件成熟时，方可上阵参赛以决高下。倘若没有准备匆忙上阵必败无疑。

象曰：利有攸往，上合志也。

【注释】

上：以前的。

合：符合。

【译文】

宜长期坚持，符合以前的志向。

【解义】

宜长期坚持每日操练兵马，说明操练兵马的行为符合以前的求胜志向。

六四：童牛之牿，元吉。

【注释】

童：小。指政治上幼稚之人。

牿：牛角上防顶人的横木。

【译文】

小牛绑上防顶人的横木，大吉。

【解义】

身为下属要严格约束自己，在任何情况下都不要顶撞自己的上司，如同小牛的角绑上横木防止顶人一样。只有这样才能得到在上之君的长期支持，因此获得大吉。

象曰：六四元吉，有喜也。

【注释】

喜：快乐。高兴。

【译文】

不顶人大吉，是有喜事来临。

【解义】

不顶撞自己的上司获得的大吉，是有令人高兴的喜事来临。

六五：豮豕之牙，吉。

【注释】

豮豕：被阉过的猪。

【译文】

被阉过的猪牙，吉。

【解义】

身为下属要严格约束自己。在工作出现失误被追究或被处罚时，要主动承担责任、不胡乱咬人推卸责任，如同被阉过的猪有牙也不伤人一样，吉。

象曰：六五之吉，有庆也。

【注释】

庆：福。

【译文】

不乱咬人的吉祥，是有福报。

【解义】

被追究或被处罚时主动承担责任、不胡乱咬人推卸责任之吉，是有值得庆贺的喜事来临。

上九：何天之衢，亨。

【注释】

何：任何。

天：上司。

衢：畅通无阻。

【译文】

任何上司都畅通无阻，顺利。

【解义】

为臣大德畜成之后，在任何上司手下工作都会顺利，并且能够畅通无阻。

象曰：何天之衢，道大行也。

【注释】

大行：远行。

【译文】

任何上司都能畅通无阻，此道可远行。

【解义】

在任何上司手下工作都能畅通无阻，说明为臣所行之道是通达顺利的正道，可以帮助自己在职业生涯的道路上成功远行。

四、终述

1. 爻辞终述

大畜——论臣养止德

初九：有厉利已——外险之止

九二：舆 说 辐——内险之止

九三：良马之逐——竞争之止

六四：童牛之牿——顶撞之止

六五：豮豕之牙——乱咬之止

上九：何天之衢——止极而通

2. 本卦终述

下乾上艮，刚健之止是大畜之象。位高权重之人畜养贤人之德，做到行止刚健是象之意。位高权重之人有大德其外在表现是淳朴诚实、光彩照人，并且能够做到：①内、外有患时知止。②竞争求胜时知止。③不顶撞自己的上司。④有错不乱咬，勇于承担责任。

颐卦第二十七： 论君用臣

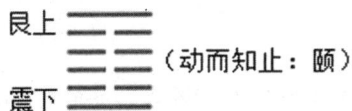

艮上

（动而知止：颐）

震下

一、卦辞

颐：贞吉。观颐，自求口实。

【注释】

颐：颐养。指正确用人。

实：充实。充足。

【译文】

颐养：养正则吉。观他人所养，以寻求自己口中食物充足。

【解义】

为君执政正确用人，称颐。身为人君若能坚守正道，重用德才兼备之人则吉。观颐是观察他人的用人之道，目的是寻找自己用人是否存在不足。

二、象辞与卦象

象曰：颐。贞吉，养正则吉也。

【译文】

颐是颐养。坚守正道不变之吉，是养正之吉。

【解义】

为君执政正确用人是颐之意。身为人君用人坚守正道之吉，是重用德才兼备之人带来的吉祥；为君自身的事业也将因此兴旺发达。

观颐，观其所养也。自求口实，观其自养也。

【译文】

观颐是观察他人之养。自求口实是反观自己用人有无不足。

【解义】

观颐是观察他人的用人之道。如果为君是养正、重用君子，其事业一定会兴旺发达。如果养不正、重用小人，其事业一定会走向衰亡。自求口实是通过观察他人的用人之道，反观自己用人是否存在不足。

天地养万物，圣人养贤人以及万民，颐之时大矣哉！

【注释】

圣人：指帝王。

【译文】

天地养育万物，帝王养贤人和万民，养的时机意义非常大啊！

【解义】

天地依靠季节的变化，养育天下万物。身为人君依靠不同时期的需求，选用道德高尚、能力超群之人，以治理天下惠及万民。所以何时用人、用什么样的人，对为君的事业能否成功而言，其意义非常大啊！

象曰：山下有雷，颐，君子以慎言语，节饮食。

【译文】

下雷上山，颐。君子以慎言语，节饮食修身。

【解义】

下雷上山，下动上止是颐之象。君子观此象，以谨慎与人交谈修德，防止无约束祸从口出，以节制饮食修身，防止贪婪、病从口入。

三、爻辞与爻象

初九：舍尔灵龟，观我朵颐，凶。

【注释】

舍：放弃。

灵：灵验。美好。

龟：可长寿。灵龟：指能保证自身事业长期发展的用人之道。

朵颐：大口咀嚼。

【译文】

放弃你的灵龟，垂涎我大嚼口中之物。凶。

【解义】

为君放弃了能够保证自身事业长期发展的正确用人之道，却盲目羡慕、学习他人对自身事业长期发展不利的用人之道，如同舍去自己灵验的健康长寿生活方式，盲目学习为了一时之快，大吃大喝的不健康生活方式一样。为君如此执政将有损于自身事业的长期发展，是凶之道。

象曰：观我朵颐，亦不足贵也。

【注释】

贵：尊重。

【译文】

观我大吃大喝，是不值得尊重。

【解义】

不加分析盲目照搬照抄他人的用人之道，是不会受到人们的敬佩和尊重。

六二：颠颐，拂经。于丘颐，征凶。

【注释】

颠：倒置。颠颐：指养不正。

拂经：违背常理。

于：往。

丘：坟墓。

征：前往。

【译文】

养不正，违背常理，是走向坟墓之养，前行有凶。

【解义】

颐是养正，颠颐是养不正。如果为君采用养不正的方法执政，专门提拔重用奸佞小人，这是违背用人常理让自身事业逐步走上毁灭的用人之道。发展下去必有凶险。

象曰：六二征凶，行失类也。

【注释】

失：失去。

类：同类。指为君的正道。

【译文】

前行有凶，是其行为失去正道。

【解义】

为君提拔重用奸佞小人产生的凶险，是其君的所作所为已经脱离用人正道的结果。

六三：拂颐，贞凶。十年勿用，无攸利。

【注释】

拂：违背。拂颐：不用。

勿：无。不。

【译文】

违背养道，不变凶。十年不用，长期不利。

【解义】

为君有能臣不用是拂颐。如果长期坚持不变必有凶险。有能臣十年不用，对为君事业的长期发展没有任何益处。

象曰：十年勿用，道大悖也。

【注释】

悖：违背。

【译文】

十年不用，严重违背了颐养之道。

【解义】

为君有能臣十年不用，严重违背了在上之君的用人正道。

六四：颠颐，吉。虎视眈眈，其欲逐逐，无咎。

【注释】

虎视眈眈：意取之视。

其欲逐逐：急于得到之貌。

【译文】

养不正，吉。如同老虎注视猎物，急于获得一样，没有过错。

【解义】

在下属有人野心勃勃、急欲篡位的情况下，其人对待君位如同老虎注视猎物，急于得到一样；此时为君重用小人除掉急欲篡位之人，吉。没有过错。

象曰：颠颐之吉，上施光也。

【注释】

上：指君。

施：给予。

光：光辉。施光：指给予权力。

【译文】

养不正之吉，是为君给与权力的结果。

【解义】

为君用小人除奸所获得的吉祥，不是小人的功绩而是在上之君给予小人一定的权力，让其清除野心勃勃、急欲篡位之人的结果。

六五：拂经，居贞吉。不可涉大川。

【译文】

违背颐养之道，守正吉。不可干大事。

【解义】

为君在有能臣不用的情况下，虽然坚守正道可以获得一时成功之吉，但是由于缺少能臣的支持和帮助，所以干不成大事。

象曰：居贞之吉，顺以从上也。

【译文】

守正之吉，是下属顺从上命的结果。

【解义】

为君在有能臣不用的情况下，坚守正道所获得的成功之吉，是下属能够服从命令的结果。

上九：由颐厉吉。利涉大川。

【注释】

由：实现。

厉：管理。

【译文】

实现颐养管理吉。利干大事。

【解义】

为君在提拔重用下属能臣的同时，还应对其加强管理才能吉祥如意。以此方法用人，可率领团队干大事。

象曰：由颐厉吉，大有庆也。

【注释】

大：多。大有：常有。

【译文】

实现颐养管理之吉，是常有喜庆之事发生的结果。

【解义】

为君提拔重用能臣的同时，还要加强对能臣的管理才能吉祥如意。以此方法用人，可常有喜庆之事发生。

四、终述

1. 爻辞终述

颐——论君用臣

初九：舍尔灵龟——不明之用

六二：颠　　颐——不正之用

六三：拂　　颐——长期不用

六四：颠　　颐——除奸之用

六五：拂　　颐——不用居正

上九：由　　颐——用管结合

2. 本卦终述

下震上艮，动而知止是颐之象。为君执政正确用人，并知如何自止用人的不足是象之意。身为人君若要获得事业成功，必须依靠贤人及民众。贤者不聚其业衰败，民众不聚其业不成。提拔重用贤者，即是养贤；为民众谋利益，即是养民。因此提拔重用贤能之人、为民众谋利益是为君获得事业成功的不二法宝。为君养下时要注意：①以养正，止不正。②养之要用。③用要加强管理。

大过卦第二十八： 论君制臣

```
上兑 ▬▬ ▬▬
     ▬▬▬▬▬    （顺从行悦：大过）
下巽 ▬▬ ▬▬
```

一、卦辞

大过：栋桡，利有攸往，亨。

【注释】

大：大人。指君。

过：过分。

栋：正梁。

桡：弯曲。

【译文】

大人用过：使栋梁弯曲，利长期前行，顺利。

【解义】

在上之君以过用臣，称大过。当在上之君以过用臣时，如同让栋梁弯曲一样。此时为臣若能得到在上之君的信任和支持，则对自身的长期发展有利。同时为臣也将获得顺利。

二、象辞与卦象

象曰：大过。大者过也。栋桡，本末弱也。

【注释】

本末：始末，从头到尾。

【译文】

大过是君以过用臣。栋梁弯曲是梁从头到尾软弱了。

【解义】

在上之君以过用臣是大过之意。在巨大的工作压力下，为臣如同栋梁承受过大的压力之后出现了向下弯曲一样，有随时折断的危险。此时说明为臣自身

203

的承受能力不够强大。

刚过而中，巽而说行。利有攸往，乃亨。

【注释】

刚：指君。

中：正。

巽：顺从。指坚决执行命令。

说：悦。

【译文】

君过而正，顺从而悦行。利长期前行，就是顺利。

【解义】

在上之君持正施刚以过用臣时，为臣要以正确的方法应对君之过。如果为臣能够做到以喜悦的方式接受任务，并且能够坚决地执行命令，则对自身的长期发展有利。对自身长期发展有利就是为臣的顺利。

大过之时大矣哉！

【译文】

大过时其意义非常大啊！

【解义】

大过出现时，为臣如何正确面对来自上方的压力，对臣而言其意义非常大啊！

象曰：泽灭木，大过。君子以独立不惧，遁世无闷。

【注释】

独立：自立。不靠他人行事。

惧：害怕。

遁：隐藏。

闷：烦闷。

【译文】

泽水灭木，大过。君子以自立不怕，并且要隐藏于世，内心不烦闷。

【解义】

上泽下木，泽灭木是大过之象。君子观此象，应以自立不怕应对，并且要将自己隐藏于世、不抛头露面，同时也不因此而烦闷。

三、爻辞与爻象

初六：籍用白茅，无咎。

【注释】

籍：铺垫。

白：贞洁。指坚守为臣正道，胸无杂念。

茅：茅草。指柔顺。

【译文】

铺垫用白色茅草，没有过错。

【解义】

在上之君将臣用于事业成功的铺垫时，倘若为臣能够胸无杂念以柔顺应对，则不会有错。

象曰：籍用白茅，柔在下也。

【译文】

铺垫用白色茅草，是以柔居下。

【解义】

当在上之君将臣用于事业成功的铺垫时，为臣若能做到胸无杂念以柔顺应对，说明为臣能够摆正自己的位置，将铺垫作为自己应尽的义务。

九二：枯杨生稊，老夫得其女妻，无不利。

【注释】

枯杨：枯老的杨树。指长期不用之臣。

生稊：生新枝芽。指有新任用。

【译文】

枯老的杨树，发出了新枝芽，老头子娶了个年少的娇妻，无不利。

【解义】

在上之君为了教育臣以"长期不用"之过用臣时，为臣突然得到提拔重用如同枯老的杨树发出了新枝；并且其君待臣如同老夫娶了个年青美貌的妻子一样珍爱有加。此时对臣而言没有任何不利。

象曰：老夫女妻，过以相与也。

【注释】

相与：相配。

【译文】

老夫少妻，以过相配。

【解义】

长期未用之臣突然得到提拔重用，并且君待臣如同老夫娶了个年青美貌的妻子珍爱有加。这是其君为了教育臣，以"长期不用"之过用臣的情况。

九三：栋桡，凶。

【注释】

桡：向下弯曲。指能力不足。

【译文】

栋梁弯曲，有凶险。

【解义】

在上之君故意对臣施加过大的压力使臣根本无法承受时，其目的不是让臣成功而是让臣大败，此时为臣有凶。

象曰：栋桡之凶，不可以有辅也。

【译文】

栋梁弯曲的凶险，是不允许他人相助。

【解义】

在上之君故意对臣施加过大的压力使臣根本无法承受之凶，是来自在这种情况下，其君仍然不许他人对臣实施援助的结果。

九四：栋隆，吉。有它吝。

【注释】

隆：凸起。指能力有余。

【译文】

栋梁隆起，吉。有其他烦恼。

【解义】

在上之君以大材小用之过用臣时，其君交给臣的任务，臣能够轻而易举完成。在这种情况下，其臣虽有完成任务之吉，但是可能已经失宠，将会有其他麻烦。

象曰：栋隆之吉，不桡乎下也。

【译文】

栋梁隆起之吉，是梁不向下弯曲。

【解义】

为臣轻而易举完成任务之吉是自身能力有余的结果，如同栋梁受力之后不向下弯曲一样。

九五：枯杨生华，老妇得士夫，无咎无誉。

【注释】

华：花。

士夫：少年男子。

【译文】

枯老的杨树开出了新花，年老的妇人得了年轻的丈夫，没有过错，也没有赞美。

【解义】

在上之君以"长期不用"之过用臣时，为臣突然得到任命，如同枯老的杨树开花一样。如果其君对臣的努力既无赞誉、又无批评，说明其君并没有准备长期用臣，如同老妇人得了年轻的丈夫不能长久一样。

象曰：枯杨生华，何可久也？老妇士夫，亦可丑也。

【注释】

亦：也。

可：可能。

丑：侮辱。

【译文】

枯老的杨树开花，如同老妇人得了年轻的丈夫，怎么能长久呢？这也可能是一种侮辱。

【解义】

长期未用之臣突然得到任命，如同枯老的杨树开花一样。倘若其君待臣并不真诚，其臣的仕途就像老妇得了少夫一样，怎么能长久呢？这也许是对臣的一种侮辱。

上六：过涉灭顶，凶。无咎。

【注释】

涉：徒步过河。

【译文】

徒步过河，河水淹没头顶，凶。没有过错。

【解义】

在上之君以置臣于死地之过用臣时，如同其君有意命臣涉水渡河使臣遭受灭顶之灾一样，凶。这是其君决定除臣之后所要的结果，并非臣的错。

象曰：过涉之凶，不可咎也。

【译文】

徒步过河有凶，不可有错啊！

【解义】

为臣奉命过河遭遇凶险，是其臣过去伴君犯有大不敬之错造成的严重后果。因此身为人臣与君共事要小心谨慎，不可犯错啊！

四、终述

1. 爻辞终述

大过——论君制臣

初六：籍用白茅——用于铺垫

九二：枯杨生稊——枯木逢春

九三：栋桡之凶——小材大用

九四：栋隆之吉——大材小用

九五：枯杨生华——昙花一现

上六：过涉之凶——灭顶之灾

2. 本卦终述

下巽上兑，顺从行悦是大过之象。在上之君以过用臣，为臣以顺从、喜悦的方式应对是象之意。为君以过用臣有两种情况：一种是为了教育、培养臣，让臣早日成材。此时即使压力再大，也要以喜悦、感恩的方式接受任务，并且坚定不移地执行命令，争取在强大的压力下锻炼成长。另一种是用过除臣，此时臣有凶险。臣之凶来自过去对君有不敬之处，因此身为人臣与君共事，应小心谨慎、不可不敬。

总之为臣遇过时，要分清是非正确应对。若是打造，要以忠诚、柔顺应对。若是除臣，应尽早离去。

坎卦第二十九： 论臣失道

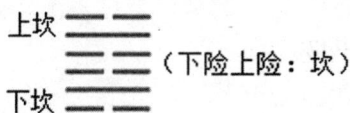

上坎 ☵
　　　　　（下险上险：坎）
下坎 ☵

一、卦辞

习坎：有孚，维心亨，行有尚。

【注释】

习：重。

坎：险。指团队内部之险。

孚：诚信。

维：保持。

亨：通达。通畅，明事理。

尚：推崇。

【译文】

重险：有诚信，保持内心通达，行为受推崇。

【解义】

为臣失道、险来不断，称坎。在险情不断的情况下为臣若能坚守诚信，即对上忠诚恭敬、对下真诚守信，并且保持心无障碍、洞明事理，才能保证遇险之时的行为受到人们的推崇。

二、象辞与卦象

象曰：习坎，重险也。水流而不盈，行险而不失其信。

【注释】

水：指坎，坎为险。水流：指险来。

盈：过。不盈：不过。

行：逢。遇。

信：明。

【译文】

习坎是重险。水流而不过，遇险而不失其明。

【解义】

习坎是上险下险、险来不断之意。险来能言、行不过，说明为臣遇险也能做到深明事理。

维心亨，乃以刚中也。

【注释】

刚：坚。

中：正。

【译文】

保持内心通达，则是用于坚定不移走正道。

【解义】

为臣遇险时保持心无障碍、洞明事理，是为了遇险后仍能做到坚定不移走正道。

行有尚，往有功也。

【注释】

功：成功。

【译文】

行为受推崇，前行才能成功。

【解义】

在脱险的过程中，只有自己行为受到人们的推崇，才能成功脱离险境。

天险不可升也。地险山川丘陵也。王公设险以守其国。险之时用大矣哉！

【注释】

升：越过。

山川：高山河流。

丘陵：起伏的山丘。

用：采用。

【译文】

天险是不可越。地险是山川丘陵。王公设险为了守其国。遇险时采用什么方法应对其意义非常大啊！

【解义】

天险是不可超越。地险是山川丘陵。在上之君设险是为了守护自己的领地不受侵犯。为臣遇险时采用什么方法应对，其意义非常大啊！

象曰：水洊至，习坎。君子以常德行，习教事。

【注释】

洊：重。

常德：指臣之德。

习：学习。

教：指示。教令。

【译文】

水重至，习坎。君子依照臣德而行，学习政教之事。

【解义】

上险下险、险情不断是习坎之象。君子观此象，依照臣德而行，认真学习政教、法令，使自己言行不越礼法。

三、爻辞与爻象

初六：习坎，入于坎窞。凶。

【注释】

窞：深坑。坎窞：深陷险境。

【译文】

险来不断，深陷险境。凶。

【解义】

为臣因为上不顺，其险自上而来。在上之君对臣设险不断，一波未停，一波又起，使臣深深陷入险境之中。此时为臣将要面临遭受重大损失之凶。

象曰：习坎入坎，失道凶也。

【注释】

入坎：入深坑。

【译文】

险来不断，入于深坑。是失道带来的凶险。

【解义】

君对臣设险不断使臣深陷险境，这是其臣严重背离正道所带来的凶险。

九二：坎有险，求小得。

【注释】

坎：低下之地。指下属。

【译文】

下属有险，可求小得。

【解义】

为臣因为下不顺，其险自下而来。下属弄险时不宜干大事，干大事必有大失。此时宜做小事，做小事只能求小得。

象曰：求小得，未出中也。

【注释】

中：正。

【译文】

能求小得，未出正道。

【解义】

为臣在下不顺、有下险的情况下，选择了做小事、求小得，说明其臣做出的选择没有脱离正道。

六三：来之坎坎，险且枕，入于坎窞。勿用。

【注释】

来：回。

之：往。

枕：睡觉。

用：行。动。

【译文】

回险往也险，睡觉时也有险，深陷险境。不要动。

【解义】

为臣因为上、下都不顺，最终导致退有险、进也有险，甚至睡觉时也有险情出现，这说明自己已经深陷险境。此时应停下来，不要有任何行动。

象曰：来之坎坎，终无功也。

【译文】

退进均有险，是最终不会成功。

【解义】

为臣在退险、进也险的情况下，不宜动，若动也将无济于事，最终的结果一定是无功而返。

六四：樽酒簋，贰用缶，纳约自牖，终无咎。

【注释】

樽：酒杯。

簋：餐具。

贰：辅助。

缶：古代陶制乐器。

纳约：邀请。

自牖：自己家。

【译文】

摆上酒具、餐具，辅助击缶行乐，邀请在自家，最终无错。

【解义】

为臣摆上酒具、餐具，用丰盛的酒食宴请设险者在家中喝酒行乐消除隔阂，最终可避免自己受到更大的伤害，没有过错。

象曰：樽酒簋贰，刚柔际也。

【注释】

刚：指君。

柔：指臣。

际：人们之间的关系。指君、臣关系。

【译文】

摆上酒具、餐具宴请设险者，是为了君臣关系。

【解义】

为臣宴请设险者在家中喝酒行乐，是为了消除隔阂、重新建立君臣之间的正常关系。

九五：坎不盈，祗既平。无咎。

【注释】

祗：恭敬。

平：平息。平定。

【译文】

险不重，恭敬即可平息，没有过错。

【解义】

君对臣设险不重，皆因臣对君某些方面有不敬之处。只要为臣对君恭敬，即可平息其君心中的不满使自己脱离险境，不会有错。

象曰：坎不盈，中未大也。

【译文】

险不重，是正而没大错的情况。

【解义】

君对臣设险不重是其臣还能坚守正道，并且尚无大错的情况。

上六：系用徽纆，寘于丛棘，三岁不得，凶。

【注释】

徽纆：绳索。

寘：放置。

不得：不能。

【译文】

用绳子扎牢，放在荆棘之中，三年不能解脱，凶。

【解义】

为臣被牢牢束缚、被囚禁在动则会受到伤害的环境之中，并且三年不能解脱，臣凶。

象曰：上六失道，凶三岁也。

【译文】

为臣失道，凶了三年。

【解义】

为臣严重失道被君整治了三年，仍然不能解脱。

四、终述

1. 爻辞终述

坎——论臣失道

初六：习坎入窞——险至上来

九二：坎 有 险——险至下来

六三：来之坎坎——上下皆险

六四：樽 酒 簋——请客解险

九五：坎 不 盈——恭敬解险

上六：系用徽纆——三年不解

2. 本卦终述

上坎下坎，上险下险是坎之象。为臣在上险下险、险来不断情况下，如何避险、解险是象之意。为臣遇险时应坚守臣道而不迷、心守刚正而不乱、行守高尚而不邪，只有如此才能尽快脱离险境。为臣之险生于失道，止于正德。险非天地之险而是人为之险；上下通则险无踪，上下不通则险象环生。

离卦第三十： 论臣有道

离上 ☲
（内明外明：离）
离下 ☲

一、卦辞

离：利贞。亨。畜牝牛，吉。

【注释】

离：明智。

牝牛：母牛。母牛之德：①柔顺。②勤奋。③爱下。

【译文】

明智：宜坚守正道不变。顺利。修母牛之德，吉。

【解义】

为臣坚守正道、明智做人，称离。明智之臣若能坚守正道不变，则会顺利。如果能够做到柔顺、勤政、爱民，事业将会吉祥如意。

二、象辞与卦象

象曰：离，丽也。日月丽乎天，百谷草木丽乎土，重明以丽乎正，乃化成天下。

【注释】

丽：依附。依靠。

明：离为明。重明：指内卦、外卦均为离。内离为内明，指自知之明。外离为外明，指助人之明。

化成：改变。

【译文】

离是丽，丽是依附。日月依附于天，百谷草木依附于大地，内明、外明依附于正，可改变天下。

【解义】

离是丽的意思，丽是依附之意。日月依附于天，才能光辉明亮。百谷草木依附于大地，才能生机勃勃。内明和外明依附于走正道，才能改变天下。

柔丽乎中正，故亨。是以畜牝牛吉也。

【注释】

柔：柔顺。指臣。

【译文】

柔顺依附于中正，所以顺利，这是畜母牛之德带来的吉祥。

【解义】

身为人臣如果做到柔顺依附于中正，自身的事业将会因此变得顺利；这是为臣做到了柔顺、勤政、爱民带来的吉祥。

象曰：明两作，离。大人以继明照于四方。

【注释】

作：兴起。

继：连续。继明：连续两明。

【译文】

两明兴起，离。大人以连续两明普照四方。

【解义】

上明是外明、下明是内明，两明兴起是离之象。领导者观此象以两明造福于天下。

三、爻辞与爻象

初九：履错然，敬之，无咎。

【注释】

履：走。

错：错误。

然：然后。

敬：做事认真。指认真改错。

【译文】

走上错路然后认真改错，没有过错。

【解义】

为臣走上错路之后，如果能够及时、认真地改正错误，复归正道，就不会给自己造成更大伤害，没有过错。这是内明之一。

象曰：履错之敬，以辟咎也。

【注释】

辟：同"避"。

【译文】

走错路能认真改错，是为了避免受到伤害。

【解义】

为臣走上错路之后，能够及时、认真地改正错误，复归正道，是为了避免受到错误的伤害。

六二：黄离，元吉。

【注释】

黄：中正。

元：大。

【译文】

中正之明，大吉。

【解义】

为臣坚守中、正之明，可获大吉。持正之明是其臣坚守正道不变；守中之明是其臣做到言、行中而不过。依此行事可谓明智。这是内明之二。

象曰：黄离元吉，得中道也。

【注释】

得：成。成功。

中：正。

【译文】

中正之明获大吉，是成于走正道。

【解义】

坚守中正之明所获得的大吉，是为臣坚守正道的结果。

九三：日昃之离，不鼓缶而歌，则大耋之嗟，凶。

【注释】

昃：太阳偏西。指人过中年。

鼓：敲击。

耋：七十岁以上的老人。

嗟：叹息。

【译文】

太阳偏西之明，不击缶而歌，到老年只有叹息，凶。

【解义】

人过中年之明是知道人老不久将至，要珍惜现在的时光抓紧时间努力奋斗；到老年之后如果没有让后人歌功颂德的成功业绩，也只能为自己一生碌碌无为而叹息了。因此虚度年华是人生中的最大失误，同时也给自己造成了不可挽回的损失，凶。这是内明之三。

象曰：日昃之离，何可久也？

【译文】

太阳已经偏西了，怎么能长久呢？

【解义】

人过中年之明是知道人老不久将至，如同太阳已经偏西了，其光芒不会太久一样；因此要珍惜现在的时光，为了创造让后人歌功颂德的成功业绩要抓紧时间努力奋斗。

九四：突如其来如，焚如，死如，弃如。

【注释】

突如其来：突然发生的事情。

如：句尾助词。

焚：火灾。

死：死亡。

弃：抛弃。

【译文】

当突然事件发生时，如火灾、死亡或被抛弃。

【解义】

当领导人遇到突发事件，例如火灾、死亡或弱者被抛弃时，应及时出手相助，救人于危难。这是外明之一。

象曰：突如其来如，无所容也。

【注释】

容：容忍。

【译文】

突发事件出现后不出手相助，没人能容忍。

【解义】

面对突然发生的灾祸，领导人不积极组织营救是丧失人心的无德之举；世上所有善良之人都不会原谅这种人。

六五：出涕沱若，戚嗟若。吉。

【注释】

涕沱：泪流如雨。

戚嗟：忧伤悲叹。

【译文】

泪流如雨，忧伤悲叹。吉。

【解义】

当民众处于灾难深重的环境之中，人们泪如雨下、忧伤悲叹。此时位高权重的领导人若能救民于水火，帮助人们解脱苦难，其自身的事业将会吉祥顺利，这是外明之二。

象曰：六五之吉，离王公也。

【注释】

王：君。

公：仅次于王的大臣。

【译文】

六五之吉，是王公之明。

【解义】

救民于水火、帮助人们解脱苦难之吉，来自位高权重领导人的明智之举。

上九：王用出征，有嘉。折首，获匪其丑，无咎。

【注释】

嘉：赞誉。赞美。

折：斩杀。

首：头领。

丑：众多。

【译文】

王用出征的方法，受赞誉。斩杀匪首，俘敌众多，没有错。

【解义】

领导人采用主动出击的方法，铲除邪恶势力为民除害。当其斩杀匪首，俘敌众多时，将会受到人们的交口称赞，没有过错。这是外明之三。

象曰：王用出征，以正邦也。

【注释】

正：治理。正邦：治理邦国。

【译文】

王用出征的方法，以治理邦国。

【解义】

领导人采用主动出击的方法，铲除邪恶势力为民除害，以此树立单位、国家的正气。

四、终述

1. 爻辞终述

离——论臣有道

初九：履 错 然——改错之明

六二：黄　　离——中正之明

九三：日昃之离——中年之明

九四：突如其来——救民于灾

六五：出涕沱若——救民水火

上九：王用出征——为民除害

2. 本卦终述

下离上离，内明、外明是离之象。领导者以内明、外明造福天下是象之意。什么是内明、外明呢？①身为领导人的内明是：有错及时改正、坚守中正之道、追求事业有成不虚度年华。②身为领导人的外明是：救人于危难、救民于水火、为民除害。

作为领导人若能做到"两明兴起"，其事业一定能够兴旺发达，并且能够深受人们爱戴和尊重。

下篇：处理政事的方法与原则

咸卦第三十一： 论以感成事

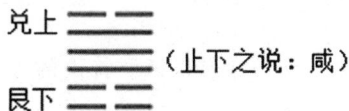

```
兑上 ▅▅ ▅▅
     ▅▅▅▅▅          （艮下之说：咸）
     ▅▅▅▅▅
艮下 ▅▅ ▅▅
```

一、卦辞

咸：亨。利贞，取女吉。

【注释】

咸：感化。指在上之君以善意劝说的方法用臣。

取女：娶妻。

【译文】

感化：顺利，利坚持不变，娶妻吉。

【解义】

以善意劝说的方法用臣，称感。为君用善意劝说的方法领导下属，可获得顺利。若能像关爱新婚妻子一样关爱自己的下属，并且保持永远不变时，吉。

二、象辞与卦象

象曰：咸，感也。柔上刚下，二气感应以相与。

【注释】

柔上：指兑卦在上。兑为少女，为弱柔（见表一）。象征弱柔之君。

刚下：指艮卦在下。艮为少男，为弱刚（见表一）。象征弱刚之臣。

二气：指君、臣。

相：辅助，辅佐。

与：亲附，跟随。

【译文】

咸是感化。柔在上、刚在下，君、臣以感相应，为了辅佐、跟随。

【解义】

咸是善意劝说的意思。以善意劝说的方法用臣是感之意。在上之君以柔待下，即用善意劝说的方法用臣，使在下的弱刚之臣能因感而动；从而达到让其辅佐和跟随自己的目的。

止而说，男下女，是以亨。利贞，取女吉也。

【注释】

下：谦和待人。男下女：指君以谦和待人的方法用臣。

【译文】

下止上说，男以谦和待女，所以顺利。宜坚守正道不变，是娶妻吉。

【解义】

以说止下是在上之君以谦和待人的方法，劝说在下的弱刚之臣止其行，为君因此获得顺利。宜坚守正道不变，是指对待下属弱刚之臣要像对待新婚妻子一样，只有对其表现出真诚的关爱，才能达到最佳的互动效果，从而获得吉祥如意。

天地感而万物化生，圣人感人心而天下和平。观其所感，而天地万物之情可见矣。

【译文】

天感地应而万物生长变化。君感人心而天下太平。观其相感可知天地万物之情。

【解义】

天地之间的感与应，带来万物的生长变化。为君执政若能感化人心，团队内部将会和谐、安宁。观察天地万物因感而动的变化结果，可知天下万物变化的原因了。

象曰：山上有泽，咸。君子以虚受人。

【注释】

虚：大丘。大土山。

受：容纳。

【译文】

下山上泽，咸。君子以大山容人。

【解义】

山上有泽万物生发，万物感泽是感之象。君子观此象，以大山包容、养育万物的胸怀，容纳自己的下属。

三、爻辞与爻象

初六：咸其拇。

【注释】

拇：脚拇指。脚拇指主动，但不主行。指臣动。

【译文】

感化其脚拇指。

【解义】

当在下弱刚之臣动有凶险时，为君从关爱下属出发，用善意劝说的方法让臣不要动。让其不动是为了避免其臣受到伤害。

象曰：感其拇，志在外也。

【译文】

感化其脚拇指，其志在外部。

【解义】

为君用善意劝说的方法，制止在下弱刚之臣的危险行动，其目的是帮助其臣回避外部风险。

六二：咸其腓，凶。居吉。

【注释】

腓：小腿肌肉，腿肚子。腓主行，指前行。

居：停留。止息。

【译文】

感化其小腿，凶。停下来吉。

【解义】

当在下弱刚之臣前行有凶险时，为君从关爱下属出发，用善意劝说的方法让臣不要行。让其停下来是为了避免其臣受到伤害。吉。

象曰：虽凶居吉，顺不害也。

【译文】

虽然凶，停下来吉，顺从不受伤害。

【解义】

当在下弱刚之臣前行有凶险停下来吉时，如果其臣能够顺从君意及时停下来，就不会受到凶险的伤害。

九三：咸其股，执其随，往吝。

【注释】

股：大腿。随行之意。

执：控制。迫使。

【译文】

感化其大腿，迫使随行，前行烦恼。

【解义】

当在下弱刚之臣停下来有凶险时，为君从关爱下属出发，以强硬的方法迫使其臣跟随前行，以避免其臣受到伤害。由于强迫之法使臣感觉受到了伤害，因此为君会有前行不顺的烦恼。

象曰：咸其股，亦不处也。志在随人，所执下也。

【注释】

亦：只是。不过。

处：止。休息。

【译文】

感化其大腿，不过是不停止。其目的是让其跟随前行，所实行的是下策。

【解义】

在下弱刚之臣停下来有凶险，为君迫使其臣跟随前行以避其害；此时不过是让臣不要停下来，但是用强迫之法让其跟随前行，这是下策。

九四：贞吉，悔亡。憧憧往来，朋从而思。

【注释】

憧憧往来：往来不断。

朋：朋友。指刚臣。

从：服从。

而：代词。你的。

而思：你的想法。

【译文】

坚持不变吉，没有后悔之事发生。往来不断，是为了服从你的想法。

【解义】

当在下弱刚之臣停下来有凶险时，为君从关爱下属出发，采用往来不断、反复劝说之法让其跟随前行，直到其臣决定前行为止。其君若能如此行事则吉，也不会有后悔之事发生。

象曰：贞吉悔亡，未感害也。憧憧往来，未光大也。

【译文】

坚持不变吉，没有后悔之事发生，是没有感觉受到伤害。来往不断，是没有发扬光大。

【解义】

为君反复劝说在下弱刚之臣跟随前行之吉和没有后悔之事发生，是其臣在决定前行的过程中没有感觉受到伤害的结果。为君采用往来不断、反复劝说之法让其跟随前行，是由于其臣没有正确理解君之意，没能将其君的想法发扬光大。

九五：咸其脢，无悔。

【注释】

脢：脊背的肉，与心相背。借指与内心相背的事出现。

【译文】

感化其脊背上的肉，没有后悔之事发生。

【解义】

在下弱刚之臣奉命行事遭遇挫败之后，其进取之心受到严重伤害时，为君应从关爱下属出发，采用劝说、鼓励的方法及时安抚其受伤的心灵，使之能够振奋精神、重新建立必胜的信心，继续完成尚未完成的事业。若能如此就不会有后悔之事发生。

象曰：咸其脢，志未也。

【注释】

未：没有。

【译文】

感化其脊背上的肉，是其志没有了。

【解义】

为君采用劝说、鼓励的方法及时安抚在下弱刚之臣受伤的心灵，是因为其臣受到挫败后，求胜的信心全没了。

上六：咸其辅，颊舌。

【注释】

辅：面颊。脸。

颊舌：口头。

【译文】

感化其脸，用口头。

【解义】

在下弱刚之臣奉命行事取得成绩之后，为君若要安抚在下之臣的脸面，对其臣的长处或取得的成绩，用口头宣传或当众表扬即可。

象曰：咸其辅颊舌，滕口说也。

【注释】

滕：宣传。

【译文】

感化其脸，用口宣传。

【解义】

为君安抚在下弱刚之臣的脸面，用口头宣传其臣的长处或取得的成绩即可。

四、终述

1. 爻辞终述

咸——论以感成事

初六：咸 其 姆——止其动

六二：咸 其 腓——止其行

九三：咸 其 股——迫其行

九四：贞吉悔亡——劝其行

九五：咸 其 胸——抚其心

上六：咸 其 辅——抚其脸

2. 本卦终述

下艮上兑，止下之说是咸之象。为君采用善意劝说的方法，制止下属的不当之行是象之意。为君对待在下的弱刚之臣要从关爱出发，要像对待新婚妻子一样关爱在下之臣，并且要保护在下之臣使之避免受到伤害，这样才能最大限度地用好在下之臣。在动则有险时要止其动；在前行有险时要止其行；在遇到失败时要抚其心；在取得成绩时要抚其脸。用感化下属的方法用臣，可使团队和谐安宁、一切顺利。

恒卦第三十二： 论以恒成事

震上　☰☰
　　　☰☰　（顺从之动：恒）
巽下　☰☰

一、卦辞

恒：亨，无咎。利贞，利有攸往。

【注释】

恒：长久不变。

【译文】

长久不变：顺利，没有过错。宜持正不变，利于久行。

【解义】

用长久不变的方法成事，称恒。为君持正长久不变可获得事业顺利，不会有错。如果能够坚守正道长久不变，对自身的事业长期发展有利。

二、象辞与卦象

象曰：恒，久也。刚上而柔下，雷风相与。巽而动，刚柔皆应，恒。

【注释】

刚上：指震卦在上。震为长男，为刚（见表一）。

柔下：指巽卦在下。巽为长女，为柔（见表一）。

相与：相随。

巽：顺。

皆：都。

应：适应。

【译文】

恒是长久不变。震刚在上，巽柔在下，雷风相随。下顺上动，刚柔都能适应，称恒。

【解义】

用长久不变的方法成事是恒之意。震刚在上似君、巽柔在下似臣，君动臣随上下都能相互适应。对于一个成功的团队而言，下随上动、上动下应是恒久不变的常态；如同雷在上、风在下，雷动风应恒久不变一样，称恒。

恒亨无咎。利贞，久于其道也。天地之道，恒久而不已也。

【译文】

长久不变顺利，没有过错。利贞是长久坚守正道。天地之道是恒久不变、永不停止。

【解义】

保持上动下顺长久不变可使为君的事业顺利，并且不会有错。利贞是坚守正道长久不变，如同天动地顺恒久不变、永不停止一样。

利有攸往，终则有始也。

【译文】

利于久行，是有始有终。

【解义】

保持上动下顺长久不变对君长期前行有利，这样可以保证其君为之奋斗的事业有始有终。

日月得天而能久照，四时变化而能久成，圣人久于其道而天下化成。观其所恒，而天地万物之情可见矣！

【注释】

圣人：皇帝。君王。

情：情况。规律。

【译文】

日月有天而能永放光芒。四季不断变化万物因久而能成熟。圣人坚守正道恒久不变才能成功改变天下。观万物之恒，可知万物变化的规律啊！

【解义】

日月因为有天的恒久配合才能光耀长久；四季因为周而复始的不断变化，地上万物才能因久最终成熟；君王若能长久坚守正道不变，最终才能成功地改变天下。仔细观察天地万物之恒，可知天下万物的变化规律啊！

象曰：雷风，恒。君子以立不易方。

【注释】

立：树立。立身。

易：改变。

方：方向。

【译文】

上雷下风，恒。君子以恒立身，不改变方向。

【解义】

雷在上、风在下恒久不变是恒之象。君子观此象，以恒立身不轻易改变自己前进的方向。

三、爻辞与爻象

初六：浚恒，贞凶，无攸利。

【注释】

浚：深。浚恒：指急于求成，脱离实际之恒。

【译文】

脱离实际之恒，坚持不变，凶。不利久行。

【解义】

为君的事业成于长期坚持不懈的努力，是日积月累的结果并非一日之功。如果急于求成，在违背客观规律的情况下强行推进事物向前发展，称为浚恒。这是不可能成功的不正之恒。如果坚持不变则凶，对为君的事业长期发展不利。

象曰：浚恒之凶，始求深也。

【注释】

始：开始。

【译文】

脱离实际之恒的凶险，是开始求深的结果。

【解义】

急于求成、脱离实际的浚恒凶险，是来自为君从一开始就违背了事物发展的客观规律。

九二：悔亡。

【译文】

没有后悔之事发生。

【解义】

倘若为君知错后能立即改正浚恒之错；并且改错后能保持长久不变，以后就不会有后悔之事发生。

象曰：九二悔亡，能久中也。

【注释】

中：正。

【译文】

没有后悔之事发生，是能长久走正道的结果。

【解义】

改错之后长久不变、没有后悔之事发生，是为君在改错之后能够长久坚守正道的结果。

九三：不恒其德，或承之羞，贞吝。

【注释】

承：承受。

羞：羞辱。

贞：不变。

【译文】

德不能保持长久，将要承受羞辱，坚持不变有烦恼。

【解义】

为君执政如果不能长久保持自身的美德，将要承受人们的羞辱，并且会有不恒其德带来的烦恼。

象曰：不恒其德，无所容也。

【注释】

容：容忍。

【译文】

德不能保持长久，没有人能容忍。

【解义】

为君如果不能长久保持自身的美德将会被天下人耻笑，并且所有人都不会容忍。

九四：田无禽。

【注释】

田：打猎。

禽：指猎物。无禽：指没有收获。

【译文】

外出打猎，没有收获。

【解义】

为君执政如果朝令夕改不能恒其行，其自身的事业将不会有进展，同时也不会有任何收获。

象曰：久非其位，安得禽也？

【译文】

长久其位不正，怎么会有收获呢？

【解义】

为君在其位、不恒其行，长期做自己不该做的事，如此执政怎么会有收获呢？

六五：恒其德贞。妇人吉，夫子凶。

【注释】

妇人：女子。

夫子：男子。

【译文】

恒久不变保持美德。女子吉，男子凶。

【解义】

为君若能长期坚守为民执政的美德不变，如同古代女子嫁人能"从一而终"，则吉。若像古代男子移情别恋不断迎娶新人，不能"从一而终"，则凶。

象曰：妇人贞吉，从一而终也。夫子制义，从妇凶也。

【注释】

制：制定。

义：大义，正道。

【译文】

女子坚守正道之吉，是"从一而终"的结果。男子的职责是制定大义，因此盲目听从妇人的摆布，则凶。

【解义】

为君若能长期坚守为民执政的美德，如同古代女子嫁人"从一而终"时吉。为君的职责是制定正确的目标及方向；倘若不分是非、盲目从下，随意改变自己的决定则凶。

上六：振恒，凶。

【注释】

振：振动。指反复变化。

【译文】

以反复变化为恒久不变之道，凶。

【解义】

为君执政以反复改变为恒，称振恒。由于其君的政令反复变化，造成下属茫然、不知所措，这是执政者的凶之道。

象曰：振恒在上，大无功也。

【注释】

上：上方。

大：君。

【译文】

在上之君的政令反复变化，其君将无成功可言。

【解义】

在上之君的政令朝令夕改不断变化，其最终的结果必然是徒劳无功。

四、终述

1. 爻辞终述

恒——论以恒成事

初六：浚　　恒——不正之恒

九二：悔　　亡——改错之恒

九三：或承之羞——不恒其德

九四：田 无 禽——不恒其行

九五：恒 其 德——从一而终

上六：振　　恒——反复无常

2. 本卦终述

下巽上震，顺从之动是恒之象。为君采用顺从"恒久不变"的方法成事是象之意。为君执政万事均以恒立。君无恒，则事不成。因此身为人君要恒其正，恒不正有凶；要恒其德，德无恒受辱；要恒其行，行无恒无功。但要注意：①有错即改，不能越陷越深。②改错后要固守正道不变，不能改了又复。③政令不能反复改变，否则将凶。

遁卦第三十三： 论臣以柔退

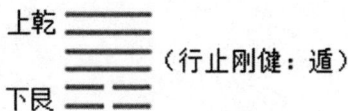

上乾 ▭▭▭
　　　▭▭▭ （行止刚健：遁）
下艮 ▭▭

一、卦辞

遁：亨，小利贞。

【注释】

遁：退避。退出避难。

小：指臣。

【译文】

退避：顺利，臣宜坚守正道不变。

【解义】

小人之君以刚制下，君子之臣坚决、果断退出职场以避其难，称遁。小人之君以刚制下时，君子之臣果断退出避难可获顺利。在退出的过程中，为臣宜坚守正道不变；失势不失其德，好聚好散。

二、象辞与卦象

象曰：遁亨，遁而亨也。刚当位而应，与时行也。

【注释】

刚：刚君。

应：应对。

时：时机。时势。

【译文】

退避顺利，是因退避而获顺利。刚君在上，臣以退避应对，并且要择机而行。

【解义】

小人之君以刚制下，君子之臣坚决、果断退出职场以避其难是遁之意。果

233

断退避获得顺利，是因为退避符合君意，所以会顺利。小人之君利用职权逼臣离去时，君子之臣可用果断退出的方法应对；但是果断退出要择机而行。

小利贞，浸而长也。

【注释】

小：指臣。

浸：逐渐，渐渐。

【译文】

为臣宜坚守正道不变，是施压在逐渐增长。

【解义】

在小人之君利用职权逼臣离去的情况下，君子之臣宜选择正确的时机果断退出，这是小人之君施压逐渐增长并且步步紧逼的结果。此时为臣如果不能择机离去，最终结果将会很惨。

遁之时义大矣哉！

【译文】

退出的时机意义非常大啊！

【解义】

因此选择何时主动退出，才能使自己损失最小、收益最大，对臣而言其意义非常大啊！

象曰：天下有山，遁。君子以远小人，不恶而严。

【注释】

以：因此。

恶：憎恨。

严：尊敬，尊重。

【译文】

天下有山，遁。君子以远离小人，不憎恨而尊重。

【解义】

天下有山，上刚止下是遁之象。君子观此象，采用远离小人之君的方法，避免自己受到更大的伤害。同时要做到对其群：①不憎恨；②给予尊重。

三、爻辞与爻象

初六：遁尾厉。勿用，有攸往。

【译文】

最后退出有危险。不最后退出，可行。

【解义】

小人之君清君侧，君子之臣最后一个退出有危险。只要不是最后一个退出都能顺利的离去。

象曰：遁尾之厉，不往何灾也？

【注释】

不往：指不在最后退出。

【译文】

最后退出危险。不在最后退出怎么会有灾祸呢？

【解义】

为臣最后退出的危险，来自没有及时离去；如果不是在最后退出，怎么会有灾祸呢？

六二：执之用黄牛之革，莫之胜说。

【注释】

执：控制。扎牢。

革：去毛的皮。

莫：不。

胜：战胜。

说：脱。

【译文】

用黄牛皮将其扎牢，使之不能逃脱。

【解义】

在君子之臣被小人之君牢牢控制不能顺利退出的情况下，如同用黄牛之皮将臣扎牢使臣根本无法脱身一样，说明君子之臣的退出时机未到，应当停止退出。

象曰：执用黄牛，固志也。

【注释】

固：不变。

【译文】

虽被黄牛皮扎牢，但不变其志。

【解义】

君子之臣虽然被牢牢束缚暂时无法退出，但是退出之志不能改变，可耐心等待退出的机会到来。

九三：系遁有疾，厉。畜臣妾，吉。

【注释】

系：牵连。

疾：损害。伤害。

臣妾：配角。

【译文】

牵连退出有伤害，危险。修配角之德，吉。

【解义】

在君、臣相互牵连的情况下，当臣退出对君有伤害时，为臣倘若强行退出自身也会受到伤害，并且要承担较大的退出风险。此时若能修好为臣的柔顺之德，认真当好配角，则吉。

象曰：系遁之厉，有疾惫也。畜臣妾吉，不可大事也。

【译文】

牵连退出导致的危险，是受到伤害、疲惫不堪。修配角之德可吉祥，但不可做大事。

【解义】

在君、臣相互牵连的情况下，臣退出对君有伤害时，如果为臣不明事理强行退出，不仅为臣自身受到伤害，还将被其君搞的身心疲惫。在不能退出的情况下，虽然修好柔顺之德可获吉祥，但是由于缺少在上之君的信任和支持，所以不可干大事。

九四：好遁。君子吉，小人否。

【注释】

好：好爵。高官厚禄。

吉：美。

【译文】

在好爵中退出，君子之美，小人做不到。

【解义】

能在高官厚禄中全身而退离去，这是君子具有美德的结果，而小人在此时因患得患失做不到。

象曰：君子好遁，小人否也。

【译文】

君子能在好爵中主动退出，小人却做不到。

【解义】

君子能在高官厚禄中全身而退离去，小人在此时因虑得失而做不到。

九五：嘉遁，贞吉。

【注释】

嘉：嘉奖。

【译文】

受到嘉奖后主动退出，坚持不变，吉。

【解义】

君子之臣立功受到嘉奖后，如果能主动退出并且坚持不变，则吉。

象曰：嘉遁贞吉，以正志也。

【注释】

正：通"证"。证明。

【译文】

受到嘉奖后主动退出，坚持不变之吉，用于证明其志。

【解义】

君子之臣受到嘉奖后主动退出坚持不变之吉，来自以此证明自己离去的决心将不会改变。

上九：肥遁，无不利。

【注释】

肥：使之富足。指为君做出重大贡献。

【译文】

做出重大贡献后主动退出，没有不利的事发生。

【解义】

君子之臣为小人之君做出重大贡献之后主动退出，不会有任何不利之事发生，并且退出将会一切顺利。

象曰：肥遁无不利，无所疑也。

【译文】

做出重大贡献后主动退出无不利，是其君不怀疑的结果。

【解义】

君子之臣为小人之君做出重大贡献后主动退出无不利，是为臣彻底消除了其君对自己的担心和疑虑。

四、终述

1. 爻辞终述

遁——论臣以柔退

初六：遁尾之厉——最后之遁

六二：执用黄牛——束牢之遁

九三：系遁之厉——牵连之遁

九四：君子好遁——好爵之遁

九五：嘉遁贞吉——嘉奖之遁

上九：肥遁之利——功高之遁

2. 本卦终述

下艮上乾，行止刚健是遁之象。小人之君以刚制下，君子之臣坚决、果断退出职场以避其难是象之意。小人之君在上持刚制下，并且步步紧逼大有不达目的决不罢休之势；此时君子之臣只能是以主动退出应对。退出要把握好时机，其志要坚定不移。退出是非常重要的决断，处理得当可使自己的损失最小、收益最大。另外在退出的过程中不怨恨、不妄行、不失态、严守臣德好聚好散。

大壮卦第三十四： 论臣以刚进

上震 ▬▬ ▬▬
　　 ▬▬▬▬▬（刚健之动：大壮）
下乾 ▬▬▬▬▬

一、卦辞

大壮：利贞。

【注释】

大：大人。指有权有势之人。

壮：行为刚健。

【译文】

大人刚健：宜坚守正道不变。

【解义】

为臣在有权有势的情况下行为刚健，称大壮。为臣在大壮之时，宜坚守正道不变。

二、象辞与卦象

象曰：大壮，大者壮也。刚以动，故壮。

【译文】

大壮是大人刚健。用刚控制动，所以是壮。

【解义】

为臣在有权有势的情况下行为刚健是大壮之意。大壮是大人行为刚健。用刚健控制行动，所以称之为壮。

大壮利贞。大者正也。

【译文】

大壮之时宜坚守正道，是大时能正。

【解义】

为臣在有权有势的情况下行为刚健宜坚守正道不变，是指身为人臣在有权有势的情况下也要走正道。

正大而天地之情可见矣。

【译文】

大时能正，可见天地之德。

【解义】

为臣在有权有势的情况下，如果能够坚守正道不变，说明其臣能够持天地之德、行天地之道。

象曰：雷在天上，大壮。君子以非礼弗履。

【注释】

礼：礼法。

履：行。

【译文】

下天上雷，大壮。君子大壮时不越礼法。

【解义】

为君在上震怒似雷，为臣在下刚健行事似天；为臣行刚小心头上有雷是大壮之象。君子观此象，用不越礼法严格约束自身的言行。

三、爻辞与爻象

初九：壮于趾，征凶，有孚。

【注释】

趾：脚趾。脚趾在身体最末端。指职务低下。

【译文】

脚趾以刚行，前行有凶，有诚信。

【解义】

为臣在职务低下尚未大时，却以持刚强行的方法做事，由于此法不合其位必然导致上、下不顺；即使为臣能以诚信自守，但是不顾一切强行也会给自己带来凶险。

象曰：壮于趾，其孚穷也。

【注释】

穷：阻塞不通。

【译文】

脚趾行刚，诚信之路也行不通。

【解义】

为臣在职务低下时持刚行壮，即使自己能够做到坚守诚信，由于上、下不顺最终将以无成告终。此时的诚信也不管用了。

九二：贞吉。

【译文】

坚守正道不变，吉。

【解义】

为臣在位高权重时持刚行壮，如果能够坚守正道不变，则能顺利实现自己的愿望，并且能够获得事业成功之吉。

象曰：九二贞吉，以中也。

【注释】

以：因为。

中：正。

【译文】

为臣持刚行壮之吉，是因为走正道。

【解义】

为臣持刚行壮之吉，是其在位高权重的情况下也能坚持走正道的结果。

九三：小人用壮，君子用罔，贞厉。羝羊触藩，羸其角。

【注释】

小人：下人。

君子：古代统治者。指君。

罔：网。

贞：不断。频频。

羝：公羊。

藩：篱笆。

羸：缠住。

【译文】

小人用壮、为君用网；频频用壮危险。公羊顶篱笆，缠住其角。

【解义】

下属小人得势以持刚强行、不听指挥用壮；为君要张网相待就像让公羊顶篱笆缠住其角一样，使其不能继续胡作非为。但是小人如果频频用壮，为君将会有危险。

象曰：小人用壮，君子罔也。

【译文】

小人用壮，为君用网。

【解义】

下属小人得势以持刚强行、不听指挥用壮，为君要张网相待、以柔克刚制止其壮。

九四：贞吉悔亡。藩决不羸，壮于大舆之輹。

【注释】

决：断裂。

舆：车。

輹：捆绑车伏兔与车轴的绳子。车伏兔：车厢底板下扣住车轴的装置。

【译文】

坚持不变吉，没有悔恨。篱笆被羊撞坏，用绳子捆住大车的伏兔与车轴。

【解义】

当为君之网不能控制小人用壮时，如同用篱笆不能阻止公羊前行一样。此时应将其牢牢地与君捆绑在一起使其与君共进退，防止用壮的小人失控离去给自己造成损失，就像用绳子扎紧车伏兔防止车轴脱落一样。如果能够坚持不变，则吉。也不会有后悔之事发生。

象曰：藩决不羸，尚往也。

【译文】

篱笆被公羊撞坏，还可前行。

【解义】

当为君之网不能阻止小人用壮时，如同用篱笆不能阻止公羊前行一样，应将其牢牢地与君捆绑在一起使其与君共进退。在此情况下其君方可带领刚臣继续前行。

六五：丧羊于易，无悔。

【注释】

丧：失去。

羊：指用壮之人。

易：轻视。

【译文】

轻视用壮的小人让其破网而去，没有后悔。

【解义】

下属小人用壮不仅冲破了为君之网并且离君而去，这是其君轻视用壮小人的结果。虽然用壮小人离去给自己造成了一定的损失，但是以后将无悔恨之事发生。

象曰：丧羊于易，位不当也。

【译文】

轻视用壮的小人让其破网而去，是位居不当的结果。

【解义】

由于在上之君轻视了小人用壮的能力让其破网而去，这是其君用人不当的结果。

上六：羝羊触藩，不能退，不能遂。无攸利，艰则吉。

【注释】

遂：进。

【译文】

公羊被篱笆缠住，不能退，不能进。将会出现一直不利，事虽艰但吉。

【解义】

小人用壮，为君用网将其束缚之后自己却无法进退，出现了进、退两难的情况，此时对君将会一直不利。但是若能不畏艰难坚持到底，最终将会吉祥。

象曰：不能退，不能遂，不详也。艰则吉，咎不长也。

【注释】

详：通"祥"。

【译文】

不能进，不能退是不祥之兆。艰则吉是麻烦不会太久。

【解义】

为君进、退不能是不祥之兆。此时虽然艰难如果能够坚持到底，最终会吉祥如意。因为用壮的小人不久将会被制服。

四、终述

1. 爻辞终述

大壮——论臣以刚进

初九：壮　于　趾——位卑之壮

九二：贞　　　吉——位高之壮

九三：小人用壮——以网止壮

九四：藩决不羸——以束止壮

六五：丧羊于易——壮去无悔

上六：羝羊触藩——先艰后吉

2. 本卦终述

下乾上震，刚健之动是大壮之象。为臣位高权重、持刚行健是象之意。为臣在位高权重之时，若能持天地之德、行天地之道，并且以正行壮而不逾礼法，则可成大事。同时要注意：位卑权轻时用壮是凶之道。位高权重时用壮，要走正道。对待下属的不正之壮要以柔制刚、不能放纵其行，否则将会给自身的事业造成损失。总之自己用壮要自律，下人用壮要节制。

晋卦第三十五：论臣晋升

上离

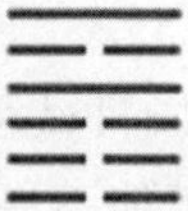

（顺利之明：晋）

下坤

一、卦辞

晋：康候用锡马蕃庶，昼日三接。

【注释】

晋：晋升。指为臣获得升职。

康：表彰。

候：指臣。

锡：赐。奖励。

蕃庶：众人。

三接：多次召见。

【译文】

晋升：表彰臣奖众多人马，一天召见三次。

【解义】

为臣获得升职，称晋。君王表彰在下之臣，让臣管理众多的人马并且一日被召见多次，这是为臣的晋升之象。

二、象辞与卦象

象曰：晋，进也。明出地上。顺而丽乎大明，柔进而上行。

【注释】

进：进步，上升。

明：太阳。

顺：顺从。

大明：指明君。

柔：指臣。

【译文】

晋是升职。太阳从地面升起。顺利要依靠明君，并且柔顺前行、不断进步。

【解义】

为臣获得升职是晋之意。初次晋升就像早晨的太阳刚从地面升起一样；为臣若要得到不断的顺利晋升，除了要依靠在上的明君之外，自己还要以柔顺伴君、在事业上不断进步，并取得突出的政绩。

是以康候用锡马蕃庶，昼日三接也。

【译文】

所以表彰臣，奖众多兵马，一天召见三次。

【解义】

所以当在上之君表彰臣，让臣管理众多的人马并且被频繁召见时，说明为臣已经获得了在上之君的高度信任，是自己被提拔重用的晋升之象。

象曰：明出地上，晋。君子以自昭明德。

【注释】

昭：展示。彰显。

【译文】

太阳从地上升起，晋。君子展示自己的能力和贤明之德。

【解义】

下地上离，太阳从地上升起是晋升之象。君子观此象，用充分展示自己能力与才华的方法，彰显为臣的贤明之德。

三、爻辞与爻象

初六：晋如摧如，贞吉。罔孚，裕无咎。

【注释】

摧：受挫。降职。

如：助词。

罔：不。罔孚：不信任。

裕：宽容。不计较。

【译文】

升职又降职，持正不变吉。不信任，不计较没有过错。

【解义】

为臣升职后又被降职了，此时若能坚守正道不变，则吉。当在上之君对自己还不完全信任的情况下，如果能够做到不计较个人职务的升降，没有过错。

象曰：晋如摧如，独行正也。裕无咎，未受命也。

【注释】

独：单独。自己。

【译文】

升职又降职之吉，是自己走正道。不计较没有过错，是未接到任命。

【解义】

为臣在升职又被降职之后所获得的吉祥如意，是自己能够继续坚守正道的结果。不计较降职没有过错，是指在没有接到重新任命之前能够正确面对个人职务的变化。

六二：晋如愁如，贞吉。受兹介福，于其王母。

【注释】

兹：此。

介：赏赐。

王母：指妇人。

【译文】

升职又忧愁，持正不变吉。受此赏赐之福，是"妇人"当权。

【解义】

为臣历经千辛万苦取得了事业成功；在论功行赏的职务晋升中，出现了其君不讲诚信或不公平的情况；为臣虽然得到晋升，却有苦难言、愁容满面。受此种赏赐之福是其君目光短浅，行"妇人"之道的结果。在这种情况下，为臣若能继续坚守正道不变，则吉。

象曰：受兹介福，以中正也。

【注释】

中：内心。

【译文】

接受此种赏赐的福报，是内心已经正了。

【解义】

为臣晋升受到不公平的待遇时，如果能够接受此种赏赐的福报，说明为臣的内心已经正了。

六三：众允。悔亡。

【注释】

众：众人。

允：诚信。

【译文】

众人有诚信之升，没有后悔之事。

【解义】

在上之君对待下属众人的晋升如果能够做到真诚守信，说明其君能够公平兑现晋升的承诺；在这样的领导手下工作，如果获得晋升就不会有后悔之事发生。

象曰：众允之，志上行也。

【注释】

志：君之志。

上行：更大的目标。

【译文】

众人诚信之升，是其君有更大的目标。

【解义】

为君对待众人的晋升能够做到真诚守信，说明其君的志向高远、心中有更大的目标。

九四：晋如鼫鼠，贞厉。

【注释】

鼫鼠：有偷窃之能的田鼠。

【译文】

晋升如田鼠，坚持不变有危险。

【解义】

为臣无才、无德完全依靠窃取他人成果获得晋升，如同田鼠依靠偷窃生存一样。身为人臣如果长期坚持走这种晋升之道，最后将以惨败告终。

象曰：鼫鼠贞厉，位不当也。

【译文】

田鼠坚持不改危险，是不称职。

【解义】

靠窃取他人成果获得晋升坚持不改的危险，来自为臣不能胜任新职务、名不符实的结果。

六五：悔亡。失得勿恤，往吉。无不利。

【注释】

恤：担忧。担心。

【译文】

没有后悔之事。失得不用担心，前行吉。无不利。

【解义】

明君在上为臣不用担心自己的得失，只要奋力前行不断取得突出的成绩就会顺利得到晋升，吉。对自己没有任何不利，也不会有后悔之事发生。

象曰：失得勿恤，往有庆也。

【译文】

失得不用担心，前行将有吉庆。

【解义】

明君在上为臣不用担心自己的得失，只要奋力前行取得突出的成绩就会获得晋升的吉庆。

上九：晋其角，维用伐邑厉。吉无咎，贞吝。

【注释】

角：极。

维：维持。

伐邑：征伐下属小国。指整治他人。

【译文】

升至位极，维持用整治他人的方法危险。吉无错，坚持不变有烦恼。

【解义】

为臣升至极位后，如果靠恃强凌弱整治他人之法维持自己目前的地位，这是危道。虽然能获得暂时的吉祥、好像也没有过错；但是如果长期用此法维持自身的地位，会给自己带来不断的烦恼和麻烦。

象曰：维用伐邑，道未光也。

【译文】

维持自己的极位，用整治他人之法，不是光明之道。

【解义】

为臣升至极位后，如果用整治他人的方法来维持自己的地位，说明其臣所行之道已经不是光明正道了。

四、终述

1. 爻辞终述

晋卦——论臣晋升

初六：晋如摧如——升降复现

六二：晋如愁如——无诚之升

六三：众允之晋——有诚之升

九四：鼫鼠之晋——无德之升

六五：失得勿恤——有德之升

上九：维用伐邑——位极不正

2. 本卦终述

下坤上离，顺利之明是晋之象。为臣若求仕途顺利，要明智应对各种晋升是象之意。在明君手下获得晋升要满足三个条件：①有明君相助。②柔顺上行不断进步。③不断取得突出的成绩。除此之外还应注意：要不计得失，正确对待职务的升降。升是肯定，宜争取更大的光荣。降是否定，宜调正方向，再求荣光。同时还要以正求升，为升不走邪道。

明夷卦第三十六： 论臣受阻

上坤 ☷

（明智顺利：明夷）

下离 ☲

一、卦辞

明夷：利艰贞。

【注释】

明：贤明。指贤明之臣。简称明臣。

夷：受伤。

【译文】

明臣受伤：宜艰难时持正不变。

【解义】

明臣前行受阻、自身受到伤害，称明夷。昏君在上、明臣在下，昏君利用职权公开整治明臣，使明臣受到伤害。此时明臣宜在艰难的情况下坚守正道不变。

二、象辞与卦象

象曰：明入地中，明夷。

【译文】

太阳落入地下，是明夷。

【解义】

明臣前行受阻，并且自身受到伤害是明夷之意。明夷如同太阳落入地下，其光明无法展示一样。

内文明而外柔顺，以蒙大难，文王以之。

【注释】

文：错杂。

蒙：遭受。

【译文】

内心错杂而是非分明，以外表柔顺应对遭受的大难，文王就是这样。

【解义】

为臣在蒙受大难之时，若要获得顺利就要学习周文王：内心虽然错综复杂但能做到是非分明，并且外表能以柔顺相从以避其难。

利艰贞，晦其明也。内难而能正其志，箕子以之。

【注释】

晦：隐藏。

正：确定。

箕子：商纣王手下的大臣。

【译文】

艰难之时宜坚守正道，是将自身之明隐藏起来。内难能确定自己的志向，箕子就是这样。

【解义】

明臣在艰难的情况下宜坚守正道不变，是将自己对昏君胡作非为之明隐藏起来。明臣在内部遇到艰难的情况下能确定自己的志向，是明臣决心不与昏君同流合污；在商纣王时期的大臣箕子就是这样，宁愿自己装疯卖傻，也决不与作恶多端的商纣王同流合污。

象曰：明入地中，明夷。君子以莅众，用晦而明。

【注释】

莅：到。

众：众人。

【译文】

太阳落入地下，明夷。君子到众人之中，将自己之明隐藏起来。

【解义】

明臣被昏君埋没是明夷之象。君子之臣观此象，采用辞去职务回到普通民众之中的方法，将自己对昏君胡作非为之明隐藏起来。

三、爻辞与爻象

初九：明夷于飞，垂其翼。君子于行，三日不食。有攸往，主人有言。

【注释】

飞：急。快。指急行。

垂：覆盖。

于：往出。

有言：问责。责怪。

【译文】

受命于飞，翅膀被覆盖。受命于急行，三日不让进食。继续前往，主人问责。

【解义】

为臣奉命急行，但是其君却不提供必要的急行条件以此束缚其行。例如命臣急行却三天不让进食；让其高飞却又将其翅膀覆盖起来，这是在上之君的有意刁难，如果为臣继续前行必受其君的问责。

象曰：君子于行，义不食也。

【注释】

义：意思。

【译文】

君子急行，其义是不许进食。

【解义】

为君命臣急行的真实目的并非让臣去完成任务，而是在急行的过程中不许进食。

六二：明夷，夷于左股。用拯马壮，吉。

【注释】

左股：辅佐之臣。

拯：救。

马壮：指快行。

【译文】

明臣受伤，伤于自己的辅佐之臣。用壮马拯救，吉。

【解义】

昏君整治君子之臣，并非直接使臣受到伤害；而是伤害君子之臣的重要助手。此时采用快速逃离的方法拯救自己，则吉。

象曰：六二之吉，顺以则也。

【注释】

则：规则。

【译文】

为臣之吉，顺从规则。

【解义】

君子之臣快速逃离可吉，说明为臣能顺势而动、没有违背正确处理此事的规则。

九三：明夷于南狩，得其大首，不可疾贞。

【注释】

南狩：指在外征战。

大：多。大首：许多首领。

疾贞：有病之贞。指有毛病的乘胜追击。

【译文】

在外征战受到伤害，俘获许多首领，不可带毛病追击。

【解义】

君子之臣奉命在外征战受到其君的整治时，即使俘获敌人的许多首领取得了大胜，也不可在被整治的情况下贸然乘胜追击。

象曰：南狩之志，乃大得也。

【注释】

乃：仅仅。

得：成功。大得；指大胜。

【译文】

为君命臣在外征战的目的，仅仅是为了获得大胜。

【解义】

君子之臣在外执行任务获得大胜而受到整治时，说明其君的目的仅仅是为了取得此次征战的阶段性胜利，并没有全歼顽敌获得最终胜利的想法。

六四：入于左腹，获明夷之心，于出门庭。

【注释】

左腹：心腹。

于：用。以。

【译文】

进入心腹，获取整治之心，用于逃离。

【解义】

君子之臣应深入昏君的心腹，了解昏君整治自己的真正目的，用于决定是否离君而去。如果其君要清理门户，为臣不可贪恋功名利禄要早日离去。

象曰：入于左腹，获心意也。

【译文】

进入心腹，以求真正目的。

【解义】

君子之臣深入昏君的心腹，是为了获知昏君整治自己的真正目的。

六五：箕子之明夷。利贞。

【译文】

箕子之明被整治，宜坚守正道不变。

【解义】

昏君的胡作非为、明臣进言劝谏，昏君不但不听反而整治劝谏之臣；如同商朝大臣箕子被商纣王整治一样。此时为臣宜学习箕子坚守正道不变，并且远离昏君不与其同流合污。

象曰：箕子之贞，明不可息也。

【注释】

息：熄灭。

【译文】

箕子坚守正道不变，其明不可熄灭。

【解义】

明臣进言劝谏未成反遭整治，此时要学习箕子坚守正道之志和对昏君之明不可熄灭。

上六：不明晦。初登于天，后入于地。

【注释】

晦：倒霉。

【译文】

不明白的倒霉，最初被推上天堂，而后又被打入地狱。

【解义】

昏君整治臣而臣却不知道自己将要倒霉了，还在竭尽全力争取事业上的成功。成功后的结果将是：最初将臣推上天堂，而后又被打入地狱。

象曰：初登于天，照四国也。后入于地。失则也。

【注释】

照：照耀。

四国：四方之国。

【译文】

最初升上天，光耀四方之国。而后坠入地，是丧失了应对法则。

【解义】

最初为臣因为功绩被推上天堂，光耀四方；而后又被其君打入地狱，倍受煎熬；说明为臣完全丧失了被整治时正确的应对方法与原则。

四、终述

1. 爻辞终述

明夷——论臣受阻

初九：明夷于飞——缚其双翼

六二：夷于左股——伤其重臣

九三：明夷南狩——征战受制

六四：明夷之心——查夷早离

六五：箕子明夷——志正不息

上六：不明之夷——先荣后辱

2. 本卦终述

下离上坤，明智顺利是明夷之象。在下贤明之臣被在上昏君整治受伤，为臣只有明智应对才能顺利是象之意。明臣在蒙受大难之时要学习周文王：内心保持是非分明、外表要以柔顺相随以避其难。在君子之臣对昏君的胡作非为不能进言直谏时，要将对昏君之明隐藏起来，就像箕子一样远离昏君不与其同流合污。在昏君整治君子之臣时，臣要注意：为臣奉命之后首先要弄清其君的真正目的；如果出现为臣奉命前行，却又处处设置障碍，说明其君所要结果不是臣的成功而是失败。这是其君在利用职权整治自己。此时为臣宜尽快采取措施拯救自己，否则将有大悔。

家人卦第三十七： 论上下同行

上巽
（明正顺从：家人）
下离

一、卦辞

家人：利女贞。

【注释】

家：古代卿大夫的管理区域。家人：区域的管理者。本卦指家庭（单位）内部管理。

女：家中妇女。指下属。

【译文】

家庭内部管理：利于家中妇女坚守正道不变。

【解义】

加强内部管理、上下同心前行，称家人。加强内部管理，有利于单位内部成员坚守正道不变。

二、象辞与卦象

象曰：家人。女正位乎内，男正位乎外。男女正，天地之大义也。

【注释】

女：指副职。

男：指正职。

乎：于。

大义：正道。

【译文】

家人是家庭内部管理。一家之中女的正位是主内，男的正位是主外，男女位正是天地之间的正道。

【解义】

加强内部管理、上下同心前行是家人之意。单位内部正常的分工是副职主内、正职主外。正副分工明确、上下同心前行是单位走向成功的正道。

家人有严君焉，父母之谓也。

【注释】

焉：语气词。无词义。

【译文】

家中有严厉的管理者，指的是家中的父母。

【解义】

单位内部有严厉的管理者，指的是单位内部的正、副职。

父父子子，兄兄弟弟，夫夫妇妇，而家道正。正家而天下定矣。

【注释】

定：安定。

【译文】

父守父位，子守子位，兄守兄位，弟守弟位，夫守夫位，妇守妇位，说明家风正了。家风正了家庭也就安定了。

【解义】

单位内部成员能够各守其位、各尽其职，说明单位内部的风气正了。单位内部风气正了，单位也就安定了。

象曰：风自火出，家人。君子以言有物而行有恒。

【译文】

下火上风，家人。君子以言之有物和行之有恒树立家风。

【解义】

下火上风，先明后顺是家人之象。君子观此象，以讲话不说空话、假话和做事善始善终、不半途而废，树立单位内部的正气。

三、爻辞与爻象

初九：闲有家，悔亡。

【注释】

闲：限制。约束。

有：通"佑"。保护。

亡：消失。消亡。

【译文】

用约束保护家风，悔恨消亡。

【解义】

用定制度和立规矩的方法严格管理、约束单位成员，可保证单位内部的正气上升、邪气下降，并且不会有后悔的事情发生。

象曰：闲有家，志未变也。

【注释】

未：不。

【译文】

用约束保护家风，其志未改变。

【解义】

能够用定制度和立规矩的方法严格管理、约束单位成员，以保证单位内部的正气上升、邪气下降，说明为君实现单位管理目标的想法始终没有改变。

六二：无攸遂，在中馈，贞吉。

【注释】

遂：成功。

中：在家中。指团队中。

馈：送食物。指后勤保障。

【译文】

无所成功，在家中做后勤，持正不变，吉。

【解义】

单位内部的管理人员要认真管好内务和做好后勤保障工作。虽然没有成功的业绩，但是创造了单位成功的条件。因此内部管理人员若能做到不求名利、努力工作和坚守正道不变时，吉。

象曰：六二之吉，顺以巽也。

【注释】

顺：顺利。

巽：恭敬顺从。

【译文】

六二之吉，是恭敬顺从带来的吉祥。

【解义】

单位内部管理人员之吉，是其能够对上司恭敬、顺从给自己带来的吉祥。

九三：家人嗃嗃，悔厉吉；妇子嘻嘻，终吝。

【注释】

嗃嗃：严酷之状。

嘻嘻：纵容和悦之状。

【译文】

对待家人严格管教，后悔严厉吉。妻子与儿女放纵嘻笑，最终有烦恼。

【解义】

对单位内部成员要严格管理，虽然有时为自己的过分严厉感到后悔，但是最终会吉祥。如果对待内部成员嘻笑无矩、放纵不管，最终会因为事业不顺给自己带来烦恼。

象曰：家人嗃嗃，未失也，妇子嘻嘻，失家节也。

【注释】

节：礼节。

【译文】

对待家人严格管教，不会有损失。妻子与儿女放纵嘻笑，则丧失家庭的礼节。

【解义】

对单位内部成员严格管理，自身的事业不会有损失。如果对内部成员嘻笑无矩、放纵不管，则会丧失单位内部正常的工作秩序。

六四：富家大吉。

【译文】

带领家人致富，大吉。

【解义】

带领单位成员共同发家致富，自身的事业将获大吉。

象曰：富家大吉，顺在位也。

【译文】

带领家人致富大吉，是顺从在位领导的结果。

【解义】

带领单位成员共同发家致富的大吉，是单位内部成员都能服从领导、尽职尽责的结果。

九五：王假有家，勿恤吉。

【注释】

王：指家中最高领导人。

假：给予。

有：通"佑"。帮助。

恤：顾虑。担忧。

【译文】

家中最高领导人帮助自己家人，不要顾虑，吉。

【解义】

单位最高领导人帮助内部遇到困难的成员时，不用顾虑自己的付出是否有必要，最终结果都将给领导者本人带来吉祥如意。

象曰：王假有家，交相爱也。

【注释】

交相：相互。

【译文】

家中最高领导人帮助自己家人，是相互关爱。

【解义】

单位最高领导人帮助内部成员，是单位内部上下相互关爱的结果。

上九：有孚威如，终吉。

【注释】

威：威严。严格律人。

如：而。

【译文】

有诚信而有威严，最终吉。

【解义】

为君对待单位内部成员若能做到讲诚信、有威严，其自身的事业最终将会获得成功的吉祥。

象曰：威如之吉，反身之谓也。

【注释】

反身：严格律己。

谓：意指。

【译文】

对家人威严管理之吉，意指能够严格自律。

【解义】

威严管理单位内部成员之吉，来自其君做到了严格自律、以身作则的结果。

四、终述

1. 爻辞终述

家人——论上下同行

初九：闲有家——立规矩

六二：内无遂——不为名

九三：夫嘀嘀——严管理

六四：富家吉——富其内

九五：王有家——助勿惜

上九：孚与威——恩威施

2. 本卦终述

下离上巽，明正顺从是家人之象。明确是非标准、加强内部管理，实现上下同心前行是象之意。单位内部成员能够各守其位、各尽其职是立规矩和严格管理的结果。另外带领单位成员同心前行还要注意：①要带领下属共同致富。②在下属有困难时，要及时出手相助。③身为人君要严格自律、以身作则。④对待下属要刚柔相济、恩威并施。

睽卦第三十八： 论上下背行

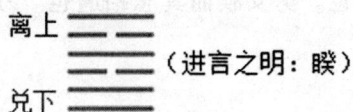

离上 ☲
（进言之明：睽）
兑下 ☱

一、卦辞

睽：小事吉。

【注释】

睽：相背，相反。

小：小心。小事：小心行事。

【译文】

相背：小心行事吉。

【解义】

君向上、臣向下，君、臣相背而行，称睽。君、臣相背时，为臣若能小心行事，则吉。

二、彖辞与卦象

彖曰：睽，火动而上，泽动而下。二女同居，其志不同行。

【译文】

睽是相背。火动向上，泽动向下。二女同居一室，其志不同。

【解义】

君向上、臣向下，君、臣相背而行是睽之意。君在上似火、其动向上，臣在下似泽、其动向下，君、臣的想法各自不同如同二女同居一室；虽然两人居住在一起，但是两人成家的志向却各不相同一样。

说而丽乎明，柔进而上行，得中而应乎刚，是以小事吉。

【译文】

说要依靠明智，向上进言要柔，成于正面应和于刚，所以小心行事吉。

【解义】

当为臣与在上之君意见不同时，与君沟通要明智并且态度要温柔。进言成功除了要依靠正确的方法之外，还要最大限度地应和在上之君的想法。所以只有小心行事才能吉祥。

天地睽而其事同也。男女睽而其志相通也。万物睽而其事类也。睽之时用大矣哉！

【注释】

类：同类。

【译文】

天地不同而助生万物之事相同。男女不同而成家之志相通。万物不同而生死变化类同。在相背之时，如何处理相背之事其意义非常大啊！

【解义】

天地不同其助生万物之事却相同。男女不同其成家之志确相通。万物不同其生死变化确类同。君、臣意见不同，但是为之奋斗的事业却相同。所以在君、臣意见不同时如何正确处理不同之事，对臣而言其意义非常大啊！

象曰：上火下泽，睽。君子以同而异。

【译文】

上火向上、下泽向下，睽。君子为同存异。

【解义】

君在上似火、其动向上，臣在下似泽、其动向下，君、臣相背是睽之象。君子观此象，为了求得与在上之君相同而保留为臣自己的不同。

三、爻辞与爻象

初九：悔亡。丧马勿逐，自复。见恶人，无咎。

【注释】

丧马：被撤职，罢官。古时官行用马，兵行用步。失马则是失官。

逐：追逐。

见：拜见。

【译文】

没有后悔之事。马跑失了不用追逐，自己会回来。拜见恶人，没有过错。

【解义】

为臣持正当众直言阻止君之错使其君处境尴尬，在恶人挑拨下被撤职罢官。

此时不宜申辩、追讨，要以无怨无悔应对。当在上之君发现自己错了的时候，为臣的官职将失而复得。复得后若能不计前嫌拜见让自己丢官的恶人，可防止自己再次受到伤害，没有过错。也不会有后悔之事发生。

象曰：见恶人，以辟咎也。

【注释】

辟：通"避"。避免。

咎：灾祸。

【译文】

拜见恶人，为了避免灾祸。

【解义】

为臣官复原职之后不计前嫌拜见让自己丢官的恶人，是为了避免自己再次受到伤害。

九二：遇主于巷，无咎。

【注释】

巷：街道小路。指单独见面。

【译文】

与君单独相见，不会有灾祸。

【解义】

古代为君者在礼仪齐备的情况下召见臣子叫"会"。单独召见臣子叫"遇"。为臣与君单独相见时，直接进言阻止君之错；由于此时直言不会出现让君尴尬的局面，因此不会受到伤害。

象曰：遇主于巷，未失道也。

【译文】

与君单独相见，未失臣之道。

【解义】

为臣与君单独相见时，持正直言阻止君之错没有受到伤害，说明为臣并未脱离谏言的正道。

六三：见舆曳，其牛掣。其人天且劓，无初有终。

【注释】

舆：大车。

曳：拖。拉。

掣：拉拽。

天：刺刻涂墨。又叫墨刑。

劓：割鼻之刑。

【译文】

见到大车前行则向后拉拽驾车之牛，使其不能前行。拉牛之人被处墨刑和割鼻之刑。起初不利最后善终。

【解义】

看到在上之君前行有危险时，为臣用生拉硬拽的方法阻止其君继续前行；由于行为不当遭到其君由轻到重的严厉处罚。为臣因在上之君的安危遭受处罚，虽然开始对自己不利，但是最终会有好结果。

象曰：见舆曳，位不当也。无初有终，遇刚也。

【译文】

见大车前行将其拉住，是位不当。开始不利最后可善终，是遇刚君的情况。

【解义】

看到在上之君前行有险，为臣用生拉硬拽的方法阻止其君继续前行；由于方法不当导致为臣被严厉处罚，虽然开始对臣不利，但是最终会有好结果。这是在下之臣遇到刚君的情况。

九四：睽孤，遇元夫，交孚，厉无咎。

【注释】

孤：孤单无援。

夫：夫人。元夫：君的妻妾中权力最大之人。如君王的皇后或臣子妻妾中的正室。

交：相遇。

【译文】

与君相背孤单无援，单独见权力最大的女人，若能以诚相见，有危险，无灾祸。

【解义】

为臣纠正君之错在孤单无援的情况下，可单独向其君身边权力最大的女人求助。在与其相见的过程中，如果能够做到恭敬真诚、忠心可鉴，为臣虽然有一定的风险，但是不会受到伤害。

象曰：交孚无咎，志行也。

【注释】

行：成功，实现。

【译文】

以诚交流无灾祸，是其心愿实现了。

【解义】

为臣纠正君之错在孤单无援的情况下，可求助于其君的夫人。在与其相见的过程中如果能够做到恭敬真诚、忠心可鉴就不会受到伤害。没有受到伤害，说明为臣进言劝阻的目的已经实现了。

六五：悔亡，厥宗噬肤，往何咎？

【注释】

厥：其。

宗：宗亲。

噬肤：吃肉。

【译文】

没有后悔之事，宗亲在一起吃肉，前行怎么会有灾祸呢？

【解义】

在君、臣亲密无间的情况下，君、臣一起共事如同宗亲在一起聚餐吃肉一样，大家彼此相互信任、其乐融融。此时如果君有错，为臣进言劝阻怎么会受到伤害呢？也不会有后悔的事情发生。

象曰：厥宗噬肤，往有庆也。

【译文】

宗亲一起吃肉，前行有喜庆之事发生。

【解义】

在君、臣亲密无间的情况下，为臣进言劝君终止错误之行可得到其君的理解和赞赏，并且前行将有喜庆之事发生。

上九：睽孤，见豕负涂，载鬼一车。先张之弧，后说之弧，匪寇婚媾，往遇雨则吉。

【注释】

豕：猪。

负：用背载物。

涂：泥巴。

弧：弓。

说：通“脱”。解下。放下。

遇雨：指真相大白。

【译文】

与君相背单独进言劝君，看见一头背上涂满污泥的脏猪，并且拉着一车鬼怪。先是张弓欲射，后又放下弓箭。不是强盗而是求婚之人，前行遇雨则吉。

【解义】

令君讨厌之臣在单独进言劝君终止错误之行的情况下，其观点又曾得到一些令君厌恶之人的积极支持；如同看见一只沾满污泥令人讨厌的脏猪，拉着一车令人生疑的恶鬼一样，其君先要张弓欲射除之，后来又发现这些人并非是恶人而是自己事业上的合作者，于是又将弓箭放下了。在这种条件下为臣进言阻君前行，只有在真相大白时为臣才能吉祥如意。

象曰：遇雨之吉，群疑亡也。

【译文】

遇雨可吉，对这些令人厌恶之人的怀疑消除了。

【解义】

真相大白之后能够吉祥如意，说明对这些令君厌恶之人的怀疑已经消除了。

四、终述

1. 爻辞终述

睽——论上下背行

初九：丧马勿逐——公开阻止

九二：巷遇无咎——私下阻止

六三：拽舆牛掣——强行阻止

九四：睽弧元夫——侧面迂回

六五：厥宗噬肤——君臣和睦

上九：遇雨之吉——君臣不和

2. 本卦终述

下兑上离，进言之明是睽之象。在上之君有错，在下之臣明智进言劝阻让其复归正道是象之意。为臣若想劝阻获得成功，自己又不会受到伤害时要注意：①劝上要恭敬，有敬畏之心。②坚守正道，言行中而不过。③注意进言的方法与场合，做到出言不伤害在上之君。④君、臣和睦，劝上之行可获顺利。⑤君、臣失和，劝上只有在真相大白的情况下，为臣才能吉祥如意。

蹇卦第三十九： 论前行遇险

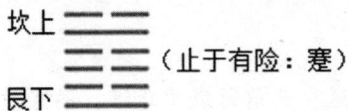

坎上 ☵
　　　　　（止于有险：蹇）
艮下 ☶

一、卦辞

蹇：利西南，不利东北。利见大人，贞吉。

【注释】

蹇：前行遇险，行将艰难。

西南：坤之位。指行至柔的臣之道。

东北：艮之位。指为臣行弱刚之道。

大人：指支持自己的上司。

【译文】

前行遇险：利行坤道，不利行艮道。宜见支持自己的上司，坚守正道不变，吉。

【解义】

为臣前行遇险、行将艰难，称蹇。在前行遇险时，为臣对上宜行至柔的坤道、不宜行刚，即使是弱刚也会给自身带来不利。因为此时只有得到在上之君的信任和支持，自己才能顺利走出险境；遇险时若能坚守正道不变，则吉。

二、象辞与卦象

象曰：蹇，难也。险在前也。见险而能止，知矣哉！

【注释】

知：智慧。明智。

【译文】

蹇是艰难、是险在前。见险能止，明智啊！

【解义】

险在前方，行将艰难是蹇之意。见前方有险能够自止其行，这是明智之举啊！

蹇利西南，往得中也。不利东北，其道穷也。

【注释】

中：正。

穷：阻塞不通。

【译文】

前行艰难宜行坤道，是前行成于正道。不宜行艮道，是此路不通。

【解义】

在前行遇险时宜行至柔的坤道，是指为臣若想成功脱险就必须要走正道。遇险时不宜行弱刚的艮道，是指遇险时只要行刚前行都将面临穷途末路。

利见大人，往有功也。当位贞吉，以正邦也。蹇之时用大矣哉！

【注释】

当位：做事合其位。

以：率领。

正邦：指治理团队不脱离正道。

【译文】

宜见支持自己的上司是前行可获成功。做事合其位、坚守正道之吉是治理团队不脱离正道的结果。前方有险时如何解险其意义非常大啊！

【解义】

为臣在前行遇险时，如果能够得到在上之君的信任和支持，为臣就能成功走出险境。遇险时为臣运用手中的权力坚守正道之吉，是来自其率领团队解险不脱离正道的结果。因此遇险时用什么方法解险其意义非常大啊！

象曰：山上有水，蹇。君子以反身修德。

【译文】

下艮上坎，山上有水，蹇。君子用反省自身的方法修德。

【解义】

山上有水，见险而止是蹇之象。君子观此象，在前行遇险时反省自己是否曾经有错，以此提高自身的道德修养。

三、爻辞与爻象

初六：往蹇来誉。

【注释】

往：前行。

来：退回。

誉：上司称赞。

【译文】

前行有险，退回受到称赞。

【解义】

当在上之君设险阻止为臣带队前行时，为臣遇险后若能立刻停止前行并且及时退回，将会得到其君的称赞。这是"前行受罚，退回受誉"的情况。

象曰：往蹇来誉，宜待也。

【注释】

待：等待。

【译文】

前行有险，退回受到称赞，宜等待。

【解义】

为臣带队前行遇险，因能及时退回而受到其君称赞，说明此时不宜继续前行，需要退回耐心等待。

六二：王臣蹇蹇，匪躬之故。

【注释】

匪：非。不是。

躬：自身。

故：原因。

【译文】

王险、臣也险，不是自身的原因。

【解义】

为臣带队前行如果遇到臣险、君也险的情况，说明其险并非来自团队内部，而是来自团队的外部。此时宜止其行，不宜冒险继续前行；因为前行将使君、臣共同陷入危险之中。

象曰：王臣蹇蹇，终无尤也。

【注释】

尤：过错。错误。

【译文】

君险、臣也险，最终没有过错。

【解义】

为臣带队前行遇到臣险、君也险时，为臣要见险而止不宜冒险继续前行，防止君、臣共同陷入险境，如此行事最终不会有错。

九三：往蹇来反。

【注释】

反：相反。

【译文】

前行艰难，退回相反。

【解义】

为臣带队前行遇到进则危险艰难、退则平安顺利时，如果继续冒险前行将会导致下属人心背向，可使前行变得更加艰难；如果就此退回则是人心所向，可使团队平安顺利。此时宜退不宜进。

象曰：往蹇来反，内喜之也。

【注释】

之：指退回之事。

【译文】

前行艰难，退回相反，内部因退回而喜悦。

【解义】

为臣带队在前行遇到进则危险艰难、退则平安顺利时下令退回，团队内部成员会因此而喜悦欢乐。

六四：往蹇来连。

【注释】

来：回来。

连：艰难。

【译文】

前行有险，回来艰难。

【解义】

为臣带队前行遇到往险、回来艰难时；说明自己已经丧失了臣德、背离了臣道、严重伤害了自己的上司，给自己造成往险、归来艰难的异常被动局面。

象曰：往蹇来连，当位实也。

【注释】

当位：在其位。

实：充满。指自满。

【译文】

往险回来艰难，是在其位自满的结果。

【解义】

为臣带队前行出现了往险回来艰难的情况，是为臣在其位丧失臣德、不守臣道、骄傲自满的结果。

九五：大蹇朋来。

【注释】

朋：朋友。指下属。

【译文】

前方有大险，朋友纷纷前来相助。

【解义】

为臣带队前行若能做到真诚守信、全心全意为下属谋求福祉将会大得人心；当为臣前行遇到大难来临时，必然会得到下属的鼎力相助，可帮助自己尽快脱离险境。

象曰：大蹇朋来，以中节也。

【注释】

中：正。

节：节制。约束。

【译文】

大难之时有朋友相助，是能够用正道约束自己。

【解义】

为臣带队前行遇到大难来临时，自己下属能鼎力相助，这是为臣以正道严格约束自己的结果。

上六：往蹇来硕，吉。利见大人。

【注释】

硕：大。

【译文】

前行艰难归来可建大功。吉。宜见大人。

【解义】

为臣带队前行遇到去时艰难，归来可建大功、有大成之吉时；为臣要想获得事业成功，必须要得到在上之君的信任和支持。

象曰：往蹇来硕，志在内也。利见大人，以从贵也。

【注释】

内：内心。

以：因为。

从：顺从。

贵：地位尊贵。指上司。

【译文】

前行艰难归来建大功，是内心有志者。利见大人，是因为顺从地位尊贵之人。

【解义】

为臣带队前行去时艰难、归来可建大功是其具有顽强意志的结果。利见大人是因为平时能够全力以赴支持自己上司的工作，所以在自己建大功遇到险难时，也将获得其君帮助自己走出险境的回报。

四、终述

1. 爻辞终述

蹇——论前行遇险

初六：往蹇来誉——内部之险

六二：王臣蹇蹇——外部之险

九三：往蹇来反——下属之险

六四：往蹇来连——上司之险

九五：大蹇朋来——下属相助

上六：往蹇来硕——上司相助

2. 本卦终述

下艮上坎，止于有险是蹇之象。前行有险，见险而止是象之意。身为人臣带队前行，倘若遇险能够自止不当之行是明智之举。险通常来自团队内部或团队外部。为臣若能坚守正道以忠诚柔顺对上、以诚信谦虚待下，可有效避免内部出现险情。当外部险情出现时，若能获得上司及下属的大力支持和帮助，可使自己迅速脱离险境或是在险中取胜。

解卦第四十: 论以动解险

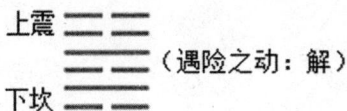

上震 ☰☰
（遇险之动：解）
下坎 ☰☰

一、卦辞

解：利西南。无所往，其来复，吉。有攸往，夙吉。

【注释】

解：消除，解除。指解除下险。

西南：坤道。

所：适宜，宜。

复：免除。其来复：返回除险。

夙：早。

【译文】

解除下险：宜行坤道。不宜前行，返回除险，吉。长期前行，早行吉。

【解义】

下属弄险为臣以动解险，称解。为臣解除下险时宜行坤道，是指在除险前要报请上司批准后，方能动手除险；防止由于上司的干预造成除险夭折。当下属之险直接影响为臣继续前行时，若能返回消除险情后再行，则吉。为了保证事业的长期发展，除下险宜早、不宜晚。早除吉。

二、象辞与卦象

象曰：解，险以动。动而免乎险，解。

【注释】

而：连词。才。

乎：介词。于。

【译文】

解是解除下险。下险而上动，动才免于险，称解。

【解义】

下属弄险为臣以动解险是解之意。为臣因下属弄险而动手解险。下险出现时只有动手解险才能避免自己陷入险境，称解。

解利西南，往得众也。其来复吉，乃得中也。有攸往，夙吉，往有功也。

【注释】

众：通"终"，终结。

乃：就是。

功：功绩。成功。

【译文】

解除下险宜行坤道，前行可有终。返回除险吉，就是成于正。长期前行，早行吉，是前行可获成功。

【解义】

为臣除下险时宜行坤道，是指为臣清除下险应事先报请上司批准后，方可动手清除下险，这样才能将清除下险进行到底。为臣返回除险吉，是指若要获得除险成功，就要走正道。除险对为臣事业长期发展有利，因此要早行。早行吉是早行容易获得除险成功。

天地解而雷雨作，雷雨作而百果草木皆甲坼。解之时大矣哉！

【注释】

甲：种子壳。

坼：破裂。

大：多。

【译文】

天解地冻而雷雨兴起。雷雨兴起使百果草木的种子破壳发芽。解的时机意义非常大啊！

【解义】

春雷动、春雨落、在天解地冻时，百果草木的种子才能顺利破壳生发。所以解除下险的时机对除险能否成功而言，其意义非常大啊！

象曰：雷雨作，解。君子以赦过宥罪。

【注释】

赦：减轻。减少。

过：过错。

宥：宽恕。

罪：过失。错误。

【译文】

下水上雷，解。君子用减少自己过错、宽恕他人过失避险。

【解义】

下属在下弄险似水，为臣在上解险似雷，下险上动是解之象。君子观此象，用减少自己过错、宽恕他人过失的方法回避险情。

三、爻辞与爻象

初六：无咎。

【译文】

除下险没有过错。

【解义】

为臣的下属个人弄险，如果能够果断除险，对自己前行有利，没有过错。

象曰：刚柔之际，义无咎也。

【注释】

际：人们之间的关系。刚柔之际，指上下之间的关系。

义：道理。道义。

【译文】

按刚柔之间的关系，道义上臣没有过错。

【解义】

就 臣与下属弄险者的上下关系而言，为臣清除下险符合道义，因此没有过错。

九二：田获三狐，得黄矢，贞吉。

【注释】

三：指多人。

黄：中正。

矢：箭。指刚且直。

【译文】

狩猎时捕获三只狐狸。成功于黄色的箭。坚守正道吉。

【解义】

下属多人弄险时若要获得除险成功，除了采用中正、刚直的方法除险之外，还应坚守正道不变才能吉祥如意。

象曰：九二贞吉，得中道也。

【译文】

九二持正不变之吉，成功于正道。

【解义】

下属多人弄险时为臣坚守正道不变之吉，是为臣在除下险的过程中始终能够坚守正道的结果。

六三：负且乘，致寇至。贞吝。

【注释】

负：辜负。指忘恩负义。

乘：升。指晋升。

致：招来。招致。

【译文】

负义之人得到晋升，招致贼寇到来，坚持不变有烦恼。

【解义】

为臣提拔重用忘恩负义之人，必然招致贼寇的到来如同引狼入室；如果坚持不改，他们将会利用职权制造麻烦，使你烦恼不断。

象曰：负且乘，亦可丑也。自我致戎，又谁咎也。

【注释】

亦：又。

可：许可。

丑：丑恶。

戎：战争。争斗。

【译文】

负义之人得到晋升，又许可丑恶行为，是自己招来的争斗，又怪谁呢？

【解义】

为臣提拔重用忘恩负义之人，又允许其行为丑恶，这是自己招来的内部争斗。出现这样的结果，又能怪谁呢？

九四：解而姆，朋至斯孚。

【注释】

姆：手脚拇指。解而姆：指解脱手脚被束缚。

斯：则。

【译文】

解脱手脚被束缚，朋友到了则要讲诚信。

【解义】

为臣被下属弄险之人束缚了手脚，使自己陷入了无法解脱的困境；这时需要请人前来帮助自己排忧解难，但要做到请人时态度诚恳；在脱离险境之后，对待曾经帮助你的人则要讲诚信。

象曰：解而姆，未当位也。

【译文】

手脚被束缚，是在其位，用人不当。

【解义】

为臣手脚被束缚是自己在其位、用人不当的结果。

六五：君子维有解，吉。有孚于小人。

【注释】

维：法度。法律。

【译文】

君子依靠法律除险，吉。这是对小人讲诚信。

【解义】

下属小人弄险，为臣依法严厉惩罚弄险的小人可吉祥如意。这是对小人讲诚信。

象曰：君子有解，小人退也。

【译文】

君子依法解险，小人会退缩。

【解义】

下属小人弄险，为臣若能依法严厉惩罚弄险小人，此时弄险小人就会因畏惧而退缩。

上六：公用射隼于高墉之上，获之，无不利。

【注释】

射：射杀。指除掉。

隼：恶鸟。指恶人。

墉：城垟。高墉之上：指公开。

【译文】

领导人在高高的城垟之上射杀恶鸟，将其捕获，无不利。

【解义】

对待下属恶人弄险，身为领导者不但要将其俘获，还要采用公开严惩的方法将其除掉；若能如此，对为臣以后的事业发展没有任何不利。

象曰：公用射隼，以解悖也。

【注释】

悖：背叛。

【译文】

领导人用射杀恶鸟的方法，消除背叛之患。

【解义】

对待下属恶人弄险，身为领导者采用公开严惩的方法将其除掉；是为了彻底消除由于恶人背叛所造成的险难。

四、终述

1. 爻辞终述

解——论以动解险

初六：无　　咎——个人弄险

九二：田猎三狐——多人弄险

六三：负 且 乘——负义之险

九四：解 而 姆——被束之险

六五：君子维解——小人弄险

上六：公用射隼——恶人弄险

2. 本卦终述

下坎上震，遇险之动是解之象。下属以不正弄险，为臣以动解险是象之意。为臣在严惩下属弄险者之前，先要向上报请批准；其目的是获得上司的支持，以避免除险夭折，因此解险宜行坤道。下险来时宜消除险情后再行。消除下险宜早、不宜晚。同时还应注意：针对不同的险情，需采用不同的方法解险；只有这样才能获得解险成功，从而保证自身的事业发展顺利。

损卦第四十一： 论损下

艮上 ☶
（求悦之止：损）
兑下 ☱

一、卦辞

损：有孚，元吉，无咎。可贞，利有攸往。曷之用？二簋可用享。

【注释】

损：减损。指在上之君为了减损下属过错而纠正下属的错误。简称损下。

可：能。

曷：怎样。

簋：盛装食物的器具。

二簋：指奖与罚。

享：祭品。享用。

【译文】

损下：有诚信，大吉，没有错。能正而固，宜于久行。怎样享用呢？两簋食品可选用。

【解义】

在上之君为了减损下属过错而纠正下属的错误，称损。纠正下属错误，若能坚守诚信则会大吉，不会有错。纠正下错能坚守正道不变，则对为君事业的长期发展有利。怎样才能做到有效纠正下属之错呢？有两种方法可选用，即奖与罚。

二、象辞与卦象

象曰：损，损下益上，其道上行。

【译文】

损是损下。损下对上有益，是上行之道。

【解义】

在上之君为了减损下属过错而纠正下属的错误是损之意。纠正下属的错误对在上之君有利，可以促进为君的事业向前发展。

损而有孚，元吉无咎。可贞，利有攸往。曷之用？二簋可用享。

【译文】

损下有诚信，大吉且无错。能正而固，则宜久行。怎样享用呢？两簋食品可选用。

【解义】

在上之君为了减损下属的过错而纠正下属的错误，若能坚守诚信则会大吉，并且不会有错。纠正下错能坚守正道不变，则对为君的事业长期发展有利。怎样才能做到有效纠正下属之错呢？有两种方法可以选用，即奖与罚。

二簋应有时，损刚益柔有时，损益盈虚，与时偕行。

【注释】

时：时机。

损刚：罚用刚。

益柔：奖用柔。

盈：增长，增加。

虚：减少。

偕：同。

【译文】

选用两簋食品应合其时。损用刚、益用柔也要合其时。奖罚增加或减少也要与时同行。

【解义】

奖与罚应及时，要不失时机；无论是处罚行刚、还是奖励行柔都要不失时机，并且奖、罚的增加或减少也要与合适的时机同步进行。

象曰：山下有泽，损。君子以惩忿窒欲。

【注释】

惩：戒。

忿：怒。

窒：抑制。遏止。

欲：欲望。私欲。

【译文】

泽在山下，损。君子用戒怒，止欲约束自己。

【解义】

下泽上山，山被泽损是损之象。君子观此象，用处罚的方法纠正下属错误时：首先要戒怒，防止处罚之过。其次要止私欲，防止处罚失正。

三、爻辞与爻象

初九：已事遄往，无咎。酌损之。

【注释】

已：不久。

遄：疾速。迅速。

【译文】

事过不久迅速前往，没有过错。酌情处罚。

【解义】

下属出错不久为君迅速前往纠正其错；并且要根据错误的大小酌情处罚当事之人，这样做没有过错。

象曰：已事遄往，尚合志也。

【注释】

尚：上。

【译文】

事过不久迅速前往，符合上司要求。

【解义】

下属出错不久能够迅速前往纠正其错，可使下属以后的行为符合在上之君的要求。

九二：利贞。征凶，弗损益之。

【译文】

宜持正不变。处罚有凶时，不损应益之。

【解义】

用处罚的方法纠正下属错误时要坚守正道不变。如果对下执行处罚有凶险时，不但不应处罚下属，反而对下属应当实施奖励。因为只有如此，为君的事业才不会遭受损失。

象曰：九二利贞，中以为志也。

【注释】

中：正。

【译文】

九二宜坚守正道不变，是以正确的方法实现志向。

【解义】

为君用处罚的方法纠正下属错误，除了要坚守正道不变之外，还要采用正确的方法实现自己的志向。

六三：三人行，则损一人。一人行，则得其友。

【注释】

三人：多人。

【译文】

多人犯错，处罚一人。处罚一人可行，并得朋友。

【解义】

在多人犯错的情况下，为君应处罚领头一人以警示他人，防止打击面过宽给自己造成工作被动。处罚一人可获得其他犯错之人的信任，并能成为你的朋友。

象曰：一人行，三则疑也。

【注释】

疑：恐惧。

【译文】

损一人可行，损多人则生恐惧。

【解义】

在多人犯错的情况下，为君处罚领头一人可行。处罚多人时，将会出现下属因为恐惧对自己产生不信任的情况。

六四：损其疾，使遄有喜。无咎。

【注释】

疾：毛病。

使：让。

【译文】

改正毛病，让其速改可有喜事。没有过错。

【解义】

当为君用处罚的方法帮助下属改正自身毛病时，若能让其迅速改正，将会有令人高兴的事情出现，没有过错。

象曰：损其疾，亦可喜也。

【注释】

亦：也。

【译文】

改正毛病，也可令人高兴。

【解义】

帮助下属改正自身的毛病，其本身也是一件令人高兴的事。

六五：或益之十朋之龟。弗克违，元吉。

【注释】

十：众多。

朋：古代货币单位。五贝为一朋。十朋为五十贝。

龟：古代用作货币的龟甲。十朋之龟：指大奖。

克：能够。

【译文】

纠正下错奖励众多的龟甲，不违约，大吉。

【解义】

为君用大奖的方法纠正下属的错误，倘若能够做到坚守诚信、不违约，为君可获大吉。

象曰：六五元吉，自上佑也。

【注释】

上：指上天。

【译文】

用大奖纠错大吉，是来自上天的佑助。

【解义】

为君用大奖的方法纠正下属错误所获得的大吉，就像得到了上天的佑助一样。

上九：弗损益之，无咎贞吉。利有攸往，得臣无家。

【注释】

无家：指自己遭受损失。

【译文】

不损下而益下，没有过错坚持不变吉。利长期前行，得人心自己受损失。

【解义】

对下属在前行艰难的情况下出现的失误，为君不仅不能处罚反而要奖励，不会有错。若能坚持不变，则吉。此时虽然为君自己遭受了损失，但是坚定了下属继续完成任务的信心和勇气，对下属继续完成任务有利。

象曰：不损益之，大得志也。

【译文】

不损下反而益下，可大得其志。

【解义】

对下属在前行艰难的情况下出现的失误，不处罚反而奖励；可以坚定下属继续完成任务的信心和勇气，有助于实现为君的既定目标，将会有大收获。

四、终述

1. 爻辞终述

损——论损下

初九：已事遄往——损要及时

九二：弗损益之——损凶则益

六三：三 人 行——损其一人

六四：损 其 疾——早行有喜

六五：十朋之龟——重奖不违

上九：得臣无家——可获大成

2. 本卦终述

下兑上艮，求悦之止是损之象。在上之君为了获得下属改错的愉悦，用处罚或奖励的方法纠正下属的错误是象之意。纠正下错的方法有两种：一是奖，二是罚。无论是奖、还是罚都要不失时机与时同行。奖要守信、罚要适度，并且要中而不过。对待下属之错能罚则罚，不能罚则奖。罚宜少，奖宜多。小奖小获、大奖大得。纠正下错应以奖为主、罚为辅。

益卦第四十二： 论益下

巽上 ＝＝＝
　　　＝＝＝ （动求顺从：益）
震下 ＝＝＝

一、卦辞

益：利有攸往，利涉大川。

【注释】

益：益下。指为君采用增加下属收益的方法，鼓励下属前行。简称益下。

【译文】

益下：利长期前行，利干大事。

【解义】

为君用益下的方法成就自身的事业，称益。益下是增加下属收益。益下有利于自身事业的长期发展，同时也有利于为君建功、立业干大事。

二、象辞与卦象

象曰：益，损上益下，民说无疆。自上下下，其道大光。

【注释】

说：悦。

自上下下：从上到下益下。

大：最。

光：广。广阔。

【译文】

益是益下。损上益下，下属喜悦不止。自上而下益下，其道路最为广阔。

【解义】

为君用益下的方法成就自身的事业是益之意。益下是指为君采用减少自己收益的方法增加下属收益；如果为君能持续不断增加下属收益，将给下属带来喜悦不止。为君若能做到自上而下地给下属增加收益，为君的走向成功之道将会变得最为广阔。

利有攸往，中正有庆。利涉大川，木道乃行。

【注释】

庆：福。幸福。

木道：指树木不断生长之道。象征益下不能间断。

乃：才。乃行：才能成功。

【译文】

利长期前行，是中正之福。利干大事，是益下不间断才能成功。

【解义】

有利于自身事业的长期发展，是为君坚守中正之道所获得的福气。有利于建功、立业干大事，是指为君只有坚持自上而下、持续不断地为下属谋福祉，自身为之奋斗的事业最终才能获得成功。

益动而巽，日进无疆。天施地生，其益无方，凡益之道，与时偕行。

【注释】

日：每日。

方：常规。常法。

偕：一起。共同。

【译文】

益下，下可顺动，每日进步没有止境。上天施恩降益，大地万物生长不息。益下无常法，凡益下之道，都要与时同行。

【解义】

为君若能真诚益下，下将顺从君意而动，并且每日进步永无止境；如同上天施恩降益，大地万物因此欣欣向荣、蒸蒸日上一样。益下没有固定不变的方法，但是所有的益下之法，都要不失时机与时同行。

象曰：风雷，益。君子以见善则迁，有过则改。

【注释】

迁：移动。行。

【译文】

下雷上风，益。君子见善则行，有错则改。

【解义】

下雷上风，下动上顺是益之象。君子观此象，看见对下有益之事，则立即去做。如果自己有错，则立即改正。

三、爻辞与爻象

初九：利用为大作，元吉。无咎。

【注释】

为：做，作。

大作：大事。

【译文】

利用益下做大事，大吉。没有过错。

【解义】

为君利用益下的方法干大事，可获事业成功的大吉。因此益下不会有错。

象曰：元吉无咎，下不厚事也。

【注释】

厚：深。不厚：不深。指未尽全力。

【译文】

大吉无错，是因下属做事未尽全力。

【解义】

为君利用益下的方法干大事获得大吉没有过错，是因为下属做事未尽其力，没有达到其君所期望的效果。

六二：或益之十朋之龟，弗克违，永贞吉。王用享于帝。吉。

【注释】

或：代词。指干大事。

克：能够。

违：违约。

享：享用。

【译文】

用大奖的方法益下干大事，不违约，永远不变，吉。先王用此法称帝，吉。

【解义】

为君用大奖的方法益下干大事，只要能够做到不违约，并且保持永远不变，则会吉祥如意。先王用此法夺取天下称帝曾经获得大胜之吉。

象曰：或益之，自外来也。

【译文】

用大奖的方法益下，困难是来自外部。

【解义】

为君用大奖的方法益下干大事，是在外来因素的影响下使其君实现自己的目标变得异常艰难时，所采取的特殊措施。

六三：益之用凶事，无咎。有孚中行，告公用圭。

【注释】

中：中正。

公：公开。

圭：礼器。用圭：指慎重。

【译文】

益下用于凶事，没有过错。有诚信、行为中正，告下公开要像持圭见王公一样。

【解义】

为君用益下之法除凶解险，不会有错。此时对待下属要讲诚信，同时自己的言、行要保持中正；并且要将凶险的真实情况公开、慎重地告之下属，如同持圭见王公一样；只有这样才能获得下属的信任和支持，从而全力协助自己脱离险境。

象曰：益用凶事，固有之也。

【注释】

固：原来。

【译文】

用益下除凶解险的方法，原来就有了。

【解义】

用益下之法除凶解险，在很久以前就有人用过了。

六四：中行，告公从。利用为依迁国。

【注释】

从：服从。

依：爱。为依：为了爱下，即为了益下。

【译文】

言行中正，告下公开，下属可服从。用于为了益下而迁国。

【解义】

对于下属先损后益的难行之事，其难来自下属因为事初受到损失而不理解、不支持，就像为了益下而迁国一样；此时为君不能强行，要公开向下属讲明道理、分清利弊，并且要以美好的前景说服下属服从，只有如此才能获得大家的信任和支持。

象曰：告公从，以益志也。

【译文】

告下公开后，下属能服从，是坚定下属信念的结果。

【解义】

对下先损后益的难行之事，为君要对自己的下属讲明道理，用美好的前景统一下属的思想以坚定大家的信念，目的是获得大家的信任和支持。

九五：有孚惠心，勿问元吉。有孚惠我德。

【注释】

惠：恩惠。回赠。

【译文】

有诚信施恩至人心，不用占问大吉。受惠之人将以诚信回赠我的恩德。

【解义】

为君益下若能真诚守信、施恩众人，使下属人人都怀有感恩之心；此时不用占问就可获得大吉，因为所有人都会以忠诚、感恩的方式全力以赴回赠其君的恩德。

象曰：有孚惠心，勿问之矣。惠我德，大得志也。

【注释】

矣：了。

【译文】

真诚守信惠及人心，不用占问了，回赠我的恩德，可大行其志。

【解义】

为君益下能真诚守信、施恩众人，不用占问就可获得大吉。如果下属人人都怀有感恩之心，都以忠诚、感恩的方式全力以赴回赠为君的恩德，其君的事业因此将会获得巨大的成功。

上九：莫益之，或击之。立心勿恒，凶。

【注释】

莫：不。

击：攻击。打击。

或：又。

【译文】

不益下，又打击，忠心不恒，凶。

【解义】

为君不但不益下、反而对下实施打击，此时下属对上的忠心将会发生改变，随之而来就会出现下属纷纷叛逃的凶险。

象曰：莫益之，偏辞也。或击之，自外来也。

【注释】

偏：不正。

辞：借口。

【译文】

不益下，以不正当为借口。打击之凶来自外部。

【解义】

为君不但以不正当的理由为借口不益下，同时又采用打击的方法对待下属；此时出现的凶险来自其君的错误被外部势力利用了。

四、终述

1. 爻辞终述

益——论益下

初九：用为大作——大事益下

六二：十朋之龟——大奖益下

六三：益用凶事——诚信益下

六四：益用难事——以正益志

九五：有孚惠心——以诚益心

上九：不益击之——忠心有变

2. 本卦终述

下震上巽，动求顺从是益之象。为君采用益下的方法执政，下因受益顺从而动是象之意。身为人君若能真诚益下可使自身的事业欣欣向荣、蒸蒸日上，不断地从一个辉煌走向另一个辉煌。为君益下无常法，凡是益下都要不失其机与时同行。为君益下应做到：①真诚守信。②不违约。③要及时。④坚持益下永远不变。如果能够做到以上四点，为君的事业发展将无止境。

夬卦第四十三： 论除奸臣

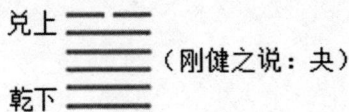

兑上 ▬▬
　　 ▬▬　（刚健之说：夬）
乾下 ▬▬

一、卦辞

夬：扬于王庭。孚号有厉，告自邑，不利即戎，利有攸往。

【注释】

夬：通"决"。清除，决定。指清除奸臣。

扬：宣布。

王庭：朝廷。指重要会议。

号：号召。召唤。

邑：乡镇。自邑：自己的领地。指自己的支持者。

戎：相助。

【译文】

清除奸臣：宣布于王庭，真诚的号召有危险时，告诉自己的支持者，不利时立即相助，宜在他人的帮助下继续前行。

【解义】

在重要会议上公布奸臣的卑劣行径，用此方法解除其领导职务，称夬。如果此举有危险要提前告诉自己的支持者，倘若出现不利时要立即出手相助，此时宜在他人的支持下，将清除奸臣的行动进行到底。

二、象辞与卦象

象曰：夬，决也。刚决柔也。健而说，决而和。

【注释】

和：和顺。

【译文】

夬是决，决为清除。阳刚清除阴柔。以刚健之说，清除奸人后和顺。

【解义】

在重要会议上清除奸臣是夬之意。夬是君子之臣以刚健之说清除阴柔的奸臣。清除奸臣之后，可使团队内部变得和谐顺利。

扬于王庭，柔乘五刚也。孚号有厉，其危乃光也。

【注释】

光：光大。

【译文】

公布于王庭上，是一名奸臣凌驾于众君子之上。真诚的号召有危险，虽危但值得光大。

【解义】

在重要会议上当正义的力量占多数、非正义的力量占少数时，可将奸臣的卑劣行径公布于众。虽然公布可能有危险，但是也值得将其发扬光大。

告自邑，不利即戎，所尚乃穷也。

【注释】

尚：推崇。

穷：尽。

【译文】

告知支持者不利时立即出手，是所推崇的诉求已经陷入困境了。

【解义】

所以要事先告诉支持者，倘若出现不利时要立即出手相助，这是在正确的诉求陷入困境之后所采取的必要措施。

利有攸往，刚长乃终也。

【注释】

长：增长。

【译文】

宜继续前行，是在众人的支持下才能获得最终的成功。

【解义】

由于得到众人的支持，所以有利于除奸行动继续进行，直到最终获得成功。

象曰：泽上于天，夬。君子以施禄及下，居德则忌。

【注释】

禄：福。

忌：顾忌。

【译文】

泽在天上，夬。君子以造福于下，居守为君之德则有顾忌。

【解义】

下健上说、健说除奸是夬之象。君子观此象，用造福于下属的方法居守为君之德，这样才能做到有所顾忌，因为水可载舟也可覆舟。

三、爻辞与爻象

初九：壮于前趾。往不胜，为咎。

【注释】

前趾：前脚趾，在身体的最下端。指职务低下。

为：变为。变作。

【译文】

壮于前脚趾，前行不胜，变为灾祸。

【解义】

为臣在职务低下时，却要以弱击强、冒险强行除奸。此时不仅无法取胜，反而会变成灾祸。

象曰：不胜而往，咎也。

【译文】

知不可胜却强行，是灾祸之举。

【解义】

明知不可胜却要冒险强行，这种鲁莽行为将会给自己带来灾祸。

九二：惕号，莫夜有戎，勿恤。

【注释】

惕：小心。

号：召唤。

莫：通"谟"。谋划。

恤：担心。担忧。

【译文】

小心召唤，谋划夜间的战斗，不用担心。

【解义】

召唤同盟者暗中谋划除奸行动时，要小心谨慎防止奸人发现，如同谋划夜间消灭敌人不让其发现一样。若能如此可不必担心。

象曰：有戎勿恤，得中道也。

【译文】

有战事不担心，成于正道。

【解义】

除奸之事不用担心，说明除奸行动已经走上了成功之道。

九三：壮于頄，有凶。君子夬夬独行，遇雨若濡，有愠，无咎。

【注释】

頄：颧骨。指面部。

夬夬：决定清除奸臣。

雨：水。属阴。遇雨：指遇奸人。

濡：柔顺。

愠：怒。

【译文】

壮于面部，有凶险。君子决定单独为清除奸臣收集证据，遇到奸臣看似柔顺，有怒。无错。

【解义】

君子决定单独为清除奸臣收集证据时，倘若将意图呈现在自己的脸上则有凶险。在收集除奸证据的过程中，宜顺从奸臣行事，看起来好像在与奸臣同流合污，而实际上是在暗中取证。虽然周围之人见了有怒色，但是为了顺利获得奸臣的证据，没有过错。

象曰：君子夬夬，终无咎也。

【译文】

君子决定单独为清除奸臣收集证据，最终没有过错。

【解义】

君子决定单独为清除奸臣收集证据时，宜采用顺从奸臣行事的方法。虽然开始被人误解，但是最终不会有错。

九四：臀无肤，其行趑趄。牵羊悔亡，闻言不信。

【注释】

肤：肉。表皮。

臀无肤：双臀无肉。指欲进不能。

趑趄：欲行又止。行趑趄：指行为受阻。

牵：挽引向前。

羊：借指"阳"。代表主张正义的人。

【译文】

臀部两侧无肉，欲进不能。联合主张正义的人，无悔。听言不信。

【解义】

在重要会议上公布奸臣的卑劣行径无人相信时，除奸行动将会严重受阻，如同双臀无肉欲进而不能，最终将以失败告终。倘若能够联合主张正义之人一同行动，就不会有后悔之事发生。

象曰：其行趑趄，位不当也。闻言不信，聪不明也。

【译文】

行动受阻，做了不该做的事。听言不信，是有耳能听但不能明辨是非。

【解义】

除奸行动受阻，如同双臀无肉欲进而不能，这是在"敌强我弱"的情况下，做了不该做的事。公布奸臣罪行无人相信是人们虽然有耳能听，但是不能明辨是非的情况。

九五：苋陆夬夬，中行无咎。

【注释】

苋：苋菜。苋陆：草名。

中：正。

【译文】

决定清除苋草，行正无灾祸。

【解义】

当除奸条件成熟之后，君子决定联合众人在重要会议上一同除奸，此时除奸如同铲除田间杂草一样容易。但是要注意除奸要持正，持正除奸才不会有灾祸。

象曰：中行无咎，中未光也。

【译文】

持正无灾祸，是以正消除不明智。

【解义】

持正除奸没有灾祸，是用正确的方法消除了在除奸过程中不明智的错误。

上六：无号，终有凶。

【译文】

没有号召力的除奸，最终有凶。

【解义】

重要会议上无人响应、无人支持的单独除奸行动，由于坚持正义的人占少数，支持邪恶的人占多数，因此除奸行动不可能获得成功。所以除奸失败后的凶险最终不可避免。

象曰：无号之凶，终不可长也。

【译文】

没有号召力的除奸之凶，最终不可能长久不到。

【解义】

重要会议上无人响应、无人支持的除奸行动，最后将以失败告终。除奸失败后的凶险也会伴随失败不久将至。

四、终述

1. 爻辞终述

夬——论除奸臣

初九：壮于前趾——以弱击强

九二：惕号有戎——隐而勿明

九三：壮 于 頄——勿形于色

九四：其行趑趄——独行难成

九五：苋陆夬夬——众行无咎

上六：无号之凶——无助凶险

2. 本卦终述

下乾上兑，刚健之说是夬之象。在重要会议上健说除奸是象之意。在重要会议上以说除奸若要获得成功：首先要坚持正义，将奸人的卑劣行径公布于众。其次要得到会上大多数人的支持。另外还应注意：①除奸条件是否成熟。②除奸时机是否合适。③除奸的方法是否正确。倘若三者正确无误，除奸的目的就一定能够顺利实现。

姤卦第四十四： 论用刚臣

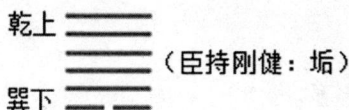

乾上 ▬▬▬▬▬
　　　▬▬▬▬▬　（臣持刚健：姤）
巽下 ▬▬　▬▬

一、卦辞

姤：女壮。勿用取女。

【注释】

姤：遇。指柔君遇刚臣。

女：女子。指臣。

壮：强盛。

取：娶。成亲。指合作。

【译文】

柔遇刚：女子过于强盛，不要娶这样的女子为妻。

【解义】

柔君遇到刚臣，称姤。下属之臣过于强盛不好合作，因此不要选择这样的下属任命使用。

二、象辞与卦象

象曰：姤，遇也。柔遇刚也。

【译文】

姤是相遇，是指柔遇刚。

【解义】

柔君遇到刚臣是姤之意。姤是相遇的意思。相遇是指柔君遇刚臣。

勿用取女，不可与长也。

【译文】

不要娶为妻室，因为不能长久相处。

【解义】

臣过刚不要提拔任用。因为臣过刚将无法与其长期和谐共事。

天地相遇，品物咸章也。

【注释】

品物：指万物。

咸：都。

章：通"彰"。彰显。

【译文】

天地相互配合，万物都彰显出欣欣向荣。

【解义】

君、臣若能相互配合可政通人和，万事皆可顺利有成，如同天地相互配合，地上万物都彰显出欣欣向荣一样。

刚遇中正，天下大行也。

【译文】

刚臣遇中正，可大行天下。

【解义】

刚臣若能走正道、做事中而不过，可为在上之君排忧解难，帮助其君干大事、成大业。

姤之时义大矣哉！

【译文】

相遇之时意义非常大啊！

【解义】

所以为君遇到刚臣时，如何用好刚臣对君而言其意义非常大啊！

象曰：天下有风，姤。后以施命诰四方。

【注释】

后：君主。

施：发布。

诰：告诫。

【译文】

上天下风，姤。为君以发布命令告诫四方。

【解义】

君在上健行似天，臣在下不正似风是姤之象。为君观此象，用发布命令告诫下属的方法，纠正在下的不正之风。

三、爻辞与爻象

初六：系于金柅，贞吉。有攸往。见凶，羸豕孚蹢躅。

【注释】

系于：用绳子拉动。

金柅：金属制动器。

羸豕：瘦弱母猪。

孚：孚命：下命令。

蹢躅：缓慢。

【译文】

用绳子拉动金属制动器，坚持不变吉。可长期前行。有凶时，要下令让其像瘦弱的母猪一样缓慢前行。

【解义】

为君用刚臣要采用以柔制刚的方法约束其前行，就像用绳子牵拉金属制动器控制车速一样，快慢由君掌控。如果能坚持不变，则吉。此法有助于带领刚臣长期前行。倘若快行有凶险时，要下命令让刚臣像瘦弱的母猪一样缓慢前行，才能有效防止凶险出现。

象曰：系于金柅，柔道牵也。

【译文】

用绳子拉动金属制动器，以柔的方法，牵制其行。

【解义】

为君用刚臣要采用以柔制刚的方法约束其前行，如同用绳子牵拉金属制动器控制车速一样，刚臣前行的快慢由君掌控。例如采用控制刚臣的前行条件或者削弱前行力量的方法，控制刚臣前行的速度。

九二：包有鱼，无咎。不利宾。

【注释】

包：裹扎。

鱼：比喻刚臣。

宾：宾客。

【译文】

将鱼裹扎牢固，无错。不宜会见宾客。

【解义】

为君将刚臣牢牢控制后，使其不能随意乱动时没有过错。但是不宜与其共同会见宾客，否则要出麻烦。

象曰：包有鱼，义不及宾也。

【注释】

及：涉及。

【译文】

将鱼裹扎牢固，其目的不涉及宾客。

【解义】

将刚臣牢牢控制，其目的就是不让刚臣接触外来宾客。

九三：臀无肤，其行趑趄。厉。无大咎。

【注释】

肤：表皮。肉。臀无肤：双臀无肉。指削去左、右助手。

【译文】

双臀无肉，让其前行艰难。危险。但无大错。

【解义】

削去刚臣的左、右助手，让其前行艰难、无力妄为。这样虽然有危险，但是不会出大错。

象曰：其行趑趄，行未牵也。

【译文】

当刚臣前行艰难时，可不限其行。

【解义】

当刚臣左、右助手被削去之后，在刚臣前行艰难的情况下可不控制其行。

九四：包无鱼，起凶。

【译文】

鱼不裹扎，出现凶险。

【解义】

刚臣如果失去控制，将会给为君的事业带来凶险。

象曰：无鱼之凶，远民也。

【译文】

鱼不裹扎之凶，是远离下民。

【解义】

刚臣失去控制的凶险来自其君的下属被刚臣所控制，使其君远离自己的下属，最终造成了有令不行、有禁不止、政令不通的后果。

九五：以杞包瓜，含章。有陨自天。

【注释】

杞：杞树枝叶。

瓜：指刚臣。

章：章美。指美德。

陨：丧失。

自天：指自己的领导权。

【译文】

用杞树枝叶保护甜瓜，心含美德。但会丧失自己的领导权。

【解义】

为君对刚臣含有仁爱之心，如果庇护刚臣丧失原则，虽然为君心含美德，但是自身的领导权将会丧失。

象曰：九五含章，中正也。有陨自天，志不舍命也。

【注释】

舍：舍弃。

命：命令。

【译文】

心含美德，是可持中行正。有陨自天，是志在不放弃命令。

【解义】

心含美德是为君能够坚守正道、持中而不过。有陨自天是提醒在上之君不可放弃自身的领导权。

上九：姤其角，吝。无咎。

【注释】

角：角落。指无人问津的地方。

【译文】

将刚臣放在角落，有烦恼，无灾祸。

【解义】

为君将刚臣放在无人问津的角落里，虽然有烦恼，但是不会有灾祸。

象曰：姤其角，上穷吝也。

【译文】

将刚臣放在角落里，在上之君有无计可施的烦恼。

【解义】

为君将刚臣放在无人问津的角落里，说明在上之君对待刚臣已经有无计可施的烦恼了。

四、终述

1. 爻辞终述

姤——论用刚臣

初六：系金铌——约束其行

九二：包有鱼——约束其动

九三：臀无肤——削其左右

九四：包无鱼——无束起凶

九五：杞包瓜——包庇自伤

上九：姤其角——放置不用

2. 本卦终述

下巽上乾，臣持刚健是姤之象。为君采用"以柔制刚"的方法，纠正在下刚臣的不当之行是象之意。在下刚臣若能持中行正，可为君排忧解难，帮助其君干大事、成大业。刚臣若是不中不正，为君如果用之不当，将会造成自己工作被动，并且烦恼不断，甚至会给自身的事业造成重大损失。所以臣过刚时不可用。在不得不用刚臣的情况下，用刚臣的方法如下：①约束其行。②约束其动。③削其左右。④放置不用。

萃卦第四十五： 论聚众成事

兑上 ☰
（顺利之说：萃）
坤下 ☷

一、卦辞

萃：亨。王假有庙。利见大人，亨。利贞，用大牲吉，利有攸往。

【注释】

萃：聚在一起。指聚众成就自身的事业，简称聚众成事。

王：候国的统治者。指领导者。

假：借助。

有：通"佑"。帮助。

庙：宗庙。祭祖的房屋。

大人：德、才超群之人。

大牲：丰厚的祭品。指用大奖。

【译文】

聚众成事：顺利。君王要借助佑护自己的宗庙。宜见德、才超群之人，顺利。宜坚守正道，用大奖吉，有助于久行。

【解义】

聚众成就自身的事业，称萃。聚众若要事业有成，首先领导者要借助祖先的遗训统一团队的思想。其次要有德、才超群之人辅佐自己，才能获得自身的事业顺利。另外领导者要坚守正道不变、同时用大奖，才能获得事业的成功之吉。身为领导人若能如此行事，将有助于自身事业的长期发展。

二、象辞与卦象

象曰：萃，聚也。顺以说，刚中而应，故聚也。

【注释】

顺：顺利。

说：指命令。

中：正。

【译文】

萃是相聚。顺利用命令，刚正而下响应，所以能聚。

【解义】

聚众成事是萃之意。聚众若能做到有令则行、有禁则止，才能获得事业顺利；聚众若能持刚走正道，才能得到下属的全力支持和积极响应。这就是众人能够聚集在一起干大事的真正原因。

王假有庙，致孝享也。利见大人亨，聚以正也。用大牲吉，利有攸往，顺天命也。

【注释】

致：极。最。

享：享受。

天命：指在上之君的命令。

【译文】

君王借助佑护自己的宗庙，极孝才能享受。宜见德、才超群之人，为了顺利。以正聚众、用大奖，吉。有助于久行，是顺从在上之君命令的结果。

【解义】

若要借助祖先遗训统一人们的思想，只有做到对祖先极孝才能享受祖先的馈赠。宜见德、才超群之人是为了获得事业顺利；聚众走正道并且用大奖是为了获得聚众成功之吉；有助于自身事业的长期发展，是为臣长期坚决执行在上之君命令的结果。

观其所聚，而天地万物之情可见矣。

【译文】

观察相聚，可知天地万物相聚的道理了。

【解义】

仔细观察天下万物相聚结果，便知天下万物相聚成功与失败的道理了。

象曰：泽上于地，萃。君子以除戎器，戒不虞。

【注释】

除：整修。

戎器：兵器。

戒：戒备。防备。

虞：准备。

【译文】

下地上泽，萃。君子用整修兵器，以防不准备。

【解义】

下地上泽，水聚地上是萃之象。君子观此象，用整修兵器、聚众操练兵马以防不测。

三、爻辞与爻象

初六：有孚不终，乃乱乃聚。若号，一握为笑。勿恤，往无咎。

【注释】

号：命令。

一握：一满把。指满足一次。

往：以后。

【译文】

诚信无终，又乱又聚。若能命令满足一次，即可欢笑。不用担心，前行不会有错。

【解义】

用大奖聚众如果不能按照原来的承诺兑现，则会失去下属对自己的信任和支持。虽然大家能够聚在一起，但是团队内部思想混乱。此时若能及时发布命令，满足一次下属的兑现要求，即可重新获得下属的信任和支持。不用为兑现是否有成效担心，前行会顺利、不会有错。

象曰：乃乱乃萃，其志乱也。

【译文】

又乱又聚，心志乱了。

【解义】

团队内部出现又聚又乱的现象，是团队成员思想混乱的结果。在聚众成事的过程中，倘若团队内部出现思想混乱，必然导致行为出现混乱。

六二：引吉，无咎。孚乃利用禴。

【注释】

引：正。指正义。

禴：商代春祭，是薄物之祭。指用较少的奖励。

【译文】

以正义聚众，吉。没有过错。有诚信，可用较少奖励。

【解义】

以正义引领众人相聚成事可获得众人的信任和支持，吉。没有过错。以正义聚众时，对待下属只要能够做到真诚守信，即使用较少的奖励也能成大事。

象曰：引吉无咎，中未变也。

【注释】

中：正。

【译文】

以正聚众吉，没有灾祸，是其守正没有改变。

【解义】

以正义引领众人相聚成事之吉和没有灾祸发生，是领导者在聚众成事的过程中，始终能够坚守正道不变的结果。

六三：萃如嗟如，无攸利。往无咎，小吝。

【注释】

嗟：叹息。忧叹。

小：指下属。

【译文】

众人相聚叹息不断，对长期发展不利。前行无灾祸，但是有下不顺的烦恼。

【解义】

没有经过上司批准的聚众是名不正之聚。此时由于缺少上司的支持，导致前行不顺、麻烦接踵而来，团队内部为此深感忧虑，并且叹息不断，出现这种情况对领导人的事业长期发展不利。在此情况下为臣率队前行虽然不会有灾祸发生，但是会有下属对前途失去信心的烦恼。

象曰：往无咎，上巽也。

【译文】

前行没有灾祸，是上面顺从了。

【解义】

没有获得上司批准的聚众，为臣带队前行没有灾祸，说明上司默许了聚众的行动。

九四：大吉，无咎。

【译文】

获得大吉，没有灾祸。

【解义】

没有经过上司批准的聚众，为臣只有在荣立大功获得大吉时，才能避免灾祸的发生。

象曰：大吉无咎，位不当也。

【译文】

大吉时无灾祸，是做了不该做的事。

【解义】

没有经过上司批准的聚众，为臣只有在荣立大功获得大吉的情况下才能避免灾祸的发生，说明为臣在其位做了不该做的事。

九五：萃有位，无咎。匪孚，元永贞，悔亡。

【注释】

匪：通"分"。分发，发放。匪孚：指发放薪酬有诚信。

元：开始。

【译文】

聚众经过批准，没有灾祸。发放有诚信，自始至终不变，没有后悔之事。

【解义】

经过上司批准的聚众，将会得到上司的信任和支持，不会有灾祸发生。此时若能做到按时发放薪酬，并且保证始终不变，就不会有后悔之事发生。

象曰：萃有位，志未光也。

【译文】

聚众经过批准，成事之志尚未光大。

【解义】

为臣聚众得到上司的正式批准，说明在上之君聚众成事的心愿并未实现，期待着为臣通过聚众将其发扬光大。

上六：赍咨涕洟，无咎。

【注释】

赍：发来。

咨：文告。

涕：眼泪。

洟：鼻涕。

【译文】

发来文告，痛哭流涕，没有灾祸。

【解义】

为臣带领团队经过艰苦奋斗，历经千辛万苦成功完成了聚众成事的任务，并取得了辉煌的功绩。此时上面凭借一纸文告，将所有的功绩全部归属他人，对自己却无任何封赏。面对这种结局，为臣不但感到伤心绝望并且感到百般无奈，为此痛哭流涕。此时为臣虽然没有得到上司的封赏，但是也不会有灾祸。

象曰：赍咨涕洟，未安上也。

【译文】

一纸文告，痛哭流涕。上司感到不安。

【解义】

为臣历经千辛万苦取得了辉煌的功绩，上面一纸文告将其功绩全部归属他人对自己却无任何封赏，为臣因此痛哭流涕。这是为臣取得的功绩，让自己上司深感不安的结果。

四、终述

1. 爻辞终述

萃——论聚众成事

初六：乃乱乃萃——以利聚之

六二：引吉用禴——以正聚之

六三：萃如嗟如——无位不顺

九四：大吉无咎——无位大成

九五：萃 有 位——有位有终

上六：赍咨涕洟——有位无终

2. 本卦终述

下坤上兑，顺利之说是萃之象。聚众若求顺利，要以命令的方式成事是象之意。聚众若想获得成功需要同时具备三个条件：①要以正确的目标及方向统一思想。②要获得上司的支持。③要用大人、用大奖。聚众的方法无非两种：一是以利聚众。二是以正义聚众。同时要注意：聚时要名正，名不正则行不顺；要有诚信，无诚信则聚不能久；要坚守正道不变，有变则事将不成。

升卦第四十六： 论事成之升

上坤 ☷
（顺从顺利：升）
下巽 ☴

一、卦辞

升：元亨。用见大人，勿恤。南征吉。

【注释】

升：提升，升职。

用：需要。

大人：上司。领导。

南：南方。为离。象征明智。南征：指为臣行"柔顺、勤政、爱民"的母牛之道。见离卦。

【译文】

提升：大顺，需要遇见大人。不用担心，行母牛之道吉。

【解义】

取得成功之后被提升，称升。为臣若要获得提升和事业大顺，需要遇见能够提拔重用自己的上司；并且要竭尽全力出色完成上司下达的各项任务。此时不用考虑付出是否有回报，如果能够做到"柔顺、勤政、爱民"就一定能够将自身的职责发扬光大，并且获得因被顺利提升给自己带来的吉祥如意。

二、彖辞与卦象

彖曰：柔以时升。

【注释】

柔：指臣。

以：依靠。

【译文】

升是提升。为臣的提升要依靠时机。

【解义】

为臣取得成功之后被提升是升之意。为臣取得成功之后能否被提升，还要依靠是否有被提升的机会。

巽而顺，刚中而应，是以大亨。

【注释】

巽：顺从。

顺：顺利。

【译文】

顺从而顺利，持刚走正道获得响应，所以大顺。

【解义】

为臣顺从于在上之君，才能获得自身的顺利；为臣待下持刚走正道，才能获得下属对自己的信任和支持。身为人臣若能如此行事，其自身的仕途生涯也将因此获得大顺。

用见大人，勿恤，有庆也。南征吉，志行也。

【注释】

行：成功。

【译文】

可用此法往见大人，是不用担心有喜庆。行母牛之道吉，是其志成功了。

【解义】

可用此方法配合能够提拔重用自己的上司，是不用担心会有喜庆之事到来。做到"柔顺、勤政、爱民"之吉，是为臣帮助在上之君实现了既定目标的结果。

象曰：地中生木，升。君子以顺德，积小以高大。

【译文】

下木上地，升。君子以顺为德，积小为了高大。

【解义】

树从地下长起是升之象。君子观此象，将大地的柔顺之德作为自己的行为准则，脚踏实地、认认真真从小事做起，使自己逐渐步入职业的辉煌。

三、爻辞与爻象

初六：允升。大吉。

【注释】

允：符合。

【译文】

符合升职，有大吉。

【解义】

为臣依靠忠诚柔顺、努力奋斗取得了突出的业绩，因此具备了被提升的条件。此时得到提升一定会大吉。

象曰：允升大吉，上合志也。

【译文】

符合升职大吉，与上志相合。

【解义】

取得突出业绩后被提升的大吉，说明其臣为在上之君的事业发展做出了突出贡献。

九二：孚乃利用禴。无咎。

【注释】

禴：商代春祭，是薄物之祭。指为臣的贡献较少。

【译文】

诚信升职，贡献较少，没有过错。

【解义】

为臣若能做到对上忠诚柔顺、对下真诚守信、做事严谨认真，并获得上、下一致好评，即使对君做出的贡献较少，如果没有过错也会被提升。

象曰：九二之孚，有喜也。

【译文】

诚信之升，是有高兴的事。

【解义】

为臣对上忠诚柔顺、对下真诚守信之升，是为臣不断做出了让自己上司和下属都感到高兴和满意的事所带来的结果。

九三：升虚邑。

【注释】

虚邑：废墟之城。

【译文】

晋升于废墟之城。

【解义】

为臣因为事业有成被提升为重建废墟之城的最高领导人，这是上司对自己的信任和期望。信任是相信自己一定能够完成这个艰巨的任务。期望是希望通过自己的努力，能尽快将这座废墟之城建设成为一座繁荣的新城。这是一次展示、提升自身能力的极好机会，要努力奋斗不要辜负上司对自己的信任和期望。

象曰：升虚邑，无所疑也。

【译文】

晋升于废墟之城，毫不怀疑。

【解义】

为臣被提升为重建废墟之城的最高领导人，这是其君对臣重建废墟的能力十分信任、毫不怀疑的结果。为臣要竭尽全力开展工作，以战胜一切困难的勇气和决心迎接这次重建废墟的挑战。

六四：王用亨于岐山。吉。无咎。

【注释】

王：先王。指周文王。

亨：同"享"。享用，享受。

【译文】

先王在岐山享受提升，吉。无灾祸。

【解义】

为臣因为平叛有功被提升为平定叛乱的最高领导人，就像周文王在岐山时商朝西部经常发生游牧民族和下属侯国的叛乱，对商朝构成了严重威胁；由于周文王平叛有功被商纣王提升为西部诸侯之长，名为"西伯侯"，专门负责组织平定西部叛乱一样，吉。不会有灾祸。

象曰：王用亨于岐山，顺事也。

【注释】

事：事实。

【译文】

周文王为商朝平定西部叛乱得到提升，是顺事而行。

【解义】

为了平定叛乱为臣得到提升，这是在上之君根据需要，顺应实际情况做出的决定。

六五：贞吉。升阶。

【注释】

阶：台阶。升阶：指步步高升。

【译文】

坚守正道不变，吉。步步高升。

【解义】

为臣长期坚守正道不变并且不断取得突出业绩时，吉；同时也将给自己带来在仕途生涯中的步步高升。

象曰：贞吉阶升，大得志也。

【译文】

坚守正道之吉的步步高升，是其君大得其志的结果。

【解义】

为臣坚守正道获得步步高升之吉，是不断取得突出业绩，使其君的愿望不断得到实现的结果。

上六：冥升，利于不息之贞。

【注释】

冥：昏暗。不明。

不息：不止。不断。

【译文】

不明之升，坚持继续走正道不停止，才会有利。

【解义】

由于在上之君不明真相、为臣的功绩被严重低估，因此出现不公平的不明之升。面对这种不明之升，为臣只有做到不计较晋升是否公平，继续坚守为臣的正道和继续不断创造新成绩，对自己以后的晋升才会有利。

象曰：冥升在上，消不富也。

【注释】

上：上司。

富：多。消不富：消减不多。

【译文】

不明之升在上，消减了功绩使其不多。

【解义】

对臣不公平的晋升，是在上之君在不明真相的情况下做出的决定；其结果是大幅消减了其臣所建立的功绩，使他的晋升与同等条件相比出现了较大的差距。

四、终述

1. 爻辞终述

升——论事成之升

初六：允升大吉——成功之升

九二：孚乃用禴——诚信之升

九三：升 虚 邑——创业之升

六四：王用岐山——平叛之升

六五：贞吉阶升——步步高升

上六：冥升在上——升之不公

2. 本卦终述

下巽上坤，顺从顺利是升之象。为臣顺从于在上之君取得成功之后，被顺利提升是象之意。为臣被提升的条件是：①要有能够提拔自己的上司；②要有突出的业绩；③要有合适的时机。同时还应注意：晋升之后要更加努力，争取继续不断做出新成绩；同时还要谦虚谨慎，不可骄傲自满、狂妄自大，否则将不能善终。

困卦第四十七： 论臣之困

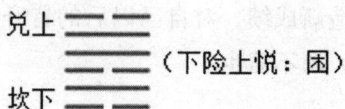

兑上 ▬▬ ▬▬
　　　　　　（下险上悦：困）
坎下 ▬▬▬▬

一、卦辞

困：亨。贞，大人吉。无咎。有言不信。

【注释】

困：指为臣陷入困境。

大人：指德才兼备的上司。

【译文】

臣受困：顺利。持正不变，大人吉。无灾祸。讲话无人相信。

【解义】

在上之君以柔制臣、为臣陷入困境，称困。为臣受困之时，若能坚守正道不变，脱困将会顺利。当在上之君是德才兼备的大人时，脱困可获得成功之吉，也不会有灾祸发生。在受困时不要向上申述，因为你的陈诉无人相信，所以申述不能解决任何问题。

二、象辞与卦象

象曰：困，刚掩也。

【注释】

刚：指君。

掩：掩藏。埋没。

【译文】

困是臣陷入困境，是被在上刚君埋没了。

【解义】

在上之君以柔制臣，为臣陷入困境是困之意。为臣受困是指被在上之君埋没了。

险以说，困而不失其所亨，其惟君子乎？

【注释】

说：悦。

惟：语气词。

【译文】

险来悦对，受困而不失其顺利，不是君子能做到吗？

【解义】

为臣受困时要以喜悦的方式应对，只有这样才不会失去顺利脱困的机会，如果不是君子能做到吗？

贞大人吉，以刚中也。有言不信，尚口乃穷也。

【注释】

尚：还。仍然。

穷：不通。

【译文】

走正道的大人吉，是其虽刚但能中而不过。讲话无人相信，还用申述解险是行不通的。

【解义】

为臣在受困的情况下，如果在上之君是走正道的大人时，可获得成功脱困之吉。因为其君对臣虽然施刚，但能做到中而不过。受困之时为臣不要向上申述，因为你的陈诉无人相信。因此想用申述的方法脱困仅是一种幻想，根本行不通啊！

象曰：泽无水，困。君子以致命遂志。

【注释】

致命：下命令。

遂：成。实现。

【译文】

下水上泽，困。君子用下命令实现志向。

【解义】

下水上泽，下险上悦是困之象。君子观此象，可知在上之君用下达命令的方法制裁在下之臣，以实现为君困臣的目的。

三、爻辞与爻象

初六：臀困于株木，入于幽谷，三岁不觌。

【注释】

臀困：指不可坐下来休息。

株木：秃树桩。

觌：相见。探视。

【译文】

臀受困于秃树桩，进入无人山谷，三年不相见。

【解义】

为臣受困于忙碌不停，甚至连坐下来休息的机会都没有；并且其君三年也不召见一次，如同进入了寂静的山谷无人问津一样。此时其君的目的是让臣知难而退。在这种情况之下，为臣只能选择辞去职务、退隐山林以避其难。

象曰：入于幽谷，幽不明也。

【译文】

退隐山林，退隐不明示。

【解义】

在为臣受困于忙碌不停并遭冷遇的情况下，决心辞去职务退隐山林时，不要对君讲明隐退的原因，因为讲明对臣没有益处。

九二：困于酒食，朱绂方来。利用享祀，征凶。无咎。

【注释】

朱绂：古代君王设宴，大臣们赴宴穿的红色礼服。

方：四方。方来：从四方而来。

征：表露。

【译文】

受困于酒宴，身穿红色礼服从四方而来，宜像参加祭祀，无错。强行表露自己，凶。

【解义】

当为臣参加上级领导宴请四方宾客或下属时，为臣在酒宴之上对待所有参加宴会的人员，无论陷入何种困境都要做到谦恭有礼，就像在祭祀中给神灵敬献贡品所表现出来的恭敬、虔诚一样，没有过错。如果狂妄自大、对人不敬或无尊卑之分强行表现自己，则凶。

象曰：困于酒食，中有庆也。

【注释】

中：正。

庆：福。幸福。

【译文】

在酒宴之上受困，持正会有福。

【解义】

在酒宴之上受困，为臣若能做到谦恭有礼、坚守正道将会给自己带来福报。

六三：困于石，据于蒺藜。入于其宫，不见其妻。凶。

【注释】

据：居。处。

妻：指部下。

【译文】

受困在巨石之下，处在蒺藜之中，回到家中，妻子不见，凶。

【解义】

为臣受困于前行受阻，如同被挡在巨石之下无法逾越；并且不能随意改变行动方向，否则将会受到伤害如同处于蒺藜之中。其最终结果导致下属众叛亲离，这是凶之兆。

象曰：据于蒺藜，乘刚也。入于其宫，不见其妻，不详也。

【译文】

处在蒺藜之中，凌驾刚之上。回到家中，不见妻子，是不祥之兆。

【解义】

不许为臣通过改变行动方向摆脱困境，如同处在蒺藜之中动会受到伤害一样；这是为臣不守臣道，凌驾于其君之上的结果。下属众叛亲离这是为臣的不祥之兆，凶险不久将到。

九四：来徐徐，困于金车。吝。有终。

【注释】

徐徐：慢慢地。

金车：金属制成的大车，是古代王公、大臣代步的工具。指待遇未变。

【译文】

受困慢慢而来，并在金车之上，有烦恼，结果还好。

【解义】

为臣的权力被慢慢削弱，最终变成有职无权。如果为臣的待遇并未改变，此时虽然给自己带来烦恼，但是最终结果还算是好的。

象曰：来徐徐，志在下也。虽不当位，有与也。

【译文】

受困慢慢而来，还想着下属，虽然有职无权，还有给予。

【解义】

为臣的权力被慢慢削弱，说明其君对臣还怀念旧情。虽然目前有职无权，但是依然保留着原来的待遇。

九五：劓刖，困于赤绂。乃徐有说，利用祭祀。

【注释】

劓：割鼻。指上。

刖：砍掉双脚。指下。

赤绂：官服。

徐：缓慢。

说：悦。

【译文】

割掉鼻子，砍掉双脚，被官服所困。虽然缓慢有喜悦，用于祭祀。

【解义】

为臣上、下得力助手都被在上之君先后除掉，其目的是让臣前行变得更加艰难，这是受困于现职的情况。虽然过程来得缓慢，有时还会出现一些令人高兴的事，但是其臣如同祭祀中的祭品，此次用完之后将不会被再次使用。

象曰：劓刖，志未得也。乃徐有说，以中直也。利用祭祀，受福也。

【译文】

割掉鼻子，砍去双脚，君志未实现。缓慢有喜悦，是臣正且直。用于祭祀是福气。

【解义】

为臣上、下得力助手先后被清除掉，说明其君困臣的目的尚未达到。为臣被困的过程来得缓慢，有时还有令人高兴的事，是为臣能够持正直言的结果。为臣被最后一次使用如同祭祀中的祭品，也是一种福气。

上六：困于葛藟，于臲卼，曰动悔。有悔，征吉。

【注释】

葛藟：蔓藤。

臲卼：不安。

动悔：动则后悔。

有悔：有悔悟。

【译文】

困于蔓藤之中感到不安，称动则有悔。有悔改正，前行则吉。

【解义】

为臣被君牢牢束缚如同被蔓藤扎牢使臣根本无法解脱一样，并且将臣放在危险的环境之中让臣时刻感到惊恐不安。此时为臣若要挣脱，将有后悔之事发生。为臣若能悔悟马上改正错误，并且能够严格按照其君的命令行事则吉。

象曰：困于葛藟，未当也。动悔有悔，吉行也。

【译文】

受困于蔓藤，是行不当。动则有悔，有悔改正，是走上了吉之道。

【解义】

为臣被牢固束缚是行为不当带来的后果，如果强行挣脱将有后悔之事发生；若能悔悟立即改正，则是为臣走出困境的吉之道。

四、终述

1. 爻辞终述

困——论臣之困

初六：臀困株木——坐卧不宁

九二：困于酒食——酒后失德

六三：困于石蒺——众叛亲离

九四：困于金车——有职无权

九五：困于朱绂——制裁助手

上六：困于葛藟——以困施教

2. 本卦终述

下坎上兑，下险上悦是困之象。臣险君悦，在上之君以柔制下是象之意。为臣被困是在上之君采用使臣陷入困境的方法展示自己内心的不满。为臣被困之时应持正以悦相对，不要失去走出困境的信心和勇气，做到遇困不失其德，遇困其行不乱。困险来后要认真分析险情出现的原因，针对不同险情采用不同的解困方法：坐卧不宁隐退解、酒宴之困恭敬解、居行受阻逃离解、有职无权顺从解、制裁助手辞职解、以困施教速改解。

井卦第四十八：　论君之困

坎上

（顺从防险：井）
巽下

一、卦辞

井：改邑不改井。无丧无得，往来井。井汔至，亦未繘井。羸其瓶，凶。

【注释】

井：水井。养民之器。指社会组织或经济实体其职能应像水井一样是养民之器，即为君执政要养民。

汔：干涸。

繘：通“潏”。水中工程。指淘井。

羸：毁坏。

【译文】

水井是养民之器：村庄可以搬迁，但井不能搬。人们往来不断在井中取水，井却不计得失。井干了，是未淘井。取水的瓶罐打破了，凶。

【解义】

为君执政要像水井一样养民，称井。朝代可以更替，但是为君执政养民的职能却不能改变。人们反复不断受益于君的执政，身为人君应不计得失，就像人们在井中往来取水不断，井却从不计较自己的得失一样。倘若为君执政不能养民，就像没有及时淘井导致井水干了，或者为君打破了人们从井中取水的瓶罐，断了人们的生路一样。此后为君执政的凶险将要伴随而来了。

二、彖辞与卦象

彖曰：巽乎水而上水，井。井养而不穷也。

【注释】

巽：在五行中属木。

乎：于。

养：保养。

【译文】

木于水下而上水，称井。井要保养，水才能源源不断。

【解义】

木在水下而上水，称井。古时打井最下层是木炭，木炭上是木条，木条上是厚厚的沙层，这样打出的井可使井水甘甜没有异味。井要经常保养，水才能源源不断；为君执政也要经常清除弊病，调正执政养民的方向，才能保证事业顺利，并且获得源源不断的成功业绩。

改邑不改井，乃以刚中也。汔至亦未繘井，未有功也。羸其瓶，是以凶也。

【译文】

村庄可以搬迁但井不能搬，这是刚正。井干了是未淘井，是做事无功。瓶罐被打破了，所以会出现凶险。

【解义】

朝代可以更替，但是为君执政养民的职能却不能改变。这是要求为君执政要坚守正道、执政为民。为君执政如果不能养民或者有错不及时改正，如同没有及时淘井导致井干了不出水一样，最终的结果将是徒劳无功。如果为君破坏了民众生存之道，如同打破了在井中取水的瓶罐断了民众的生路一样，所以执政的凶险不久将至。

象曰：木上有水，井。君子以劳民劝相。

【注释】

劳民：为民操劳。

劝：劝导。教育。

相：辅君之臣。指下属。

【译文】

水在木上，井。君子以为民操劳劝导下属之臣。

【解义】

水在木上是井之象。君子观此象，以为民操劳不计得失的井之德，教育自己的下属。

三、爻辞与爻象

初六：井泥不食。旧井无禽。

【译文】

井底污泥沉滞不能饮用。废旧之井禽兽离去。

【解义】

倘若为君执政破坏了人们的生存条件不能养民，人们将会纷纷离君而去；如同有大量污泥沉滞的废旧老井，其井水混浊不堪不能饮用，就连禽兽都不愿光顾纷纷离去一样。为君执政若不养民、民将散去。民散则国将不存。

象曰：井泥不食，下也。旧井无禽，时舍也。

【注释】

下：下策。

时：此时。

【译文】

井底污泥沉滞不能饮用，是下策。废旧之井禽兽散去，是此时井被舍去了。

【解义】

井水不能食用是指为君执政不能养民，这是执政的下策。废旧之井禽兽散去，是指此时民众纷纷离君而去。

九二：井谷射鲋，瓮敝漏。

【注释】

井谷：井底水坑。

射：谋求。

鲋：小鱼。

瓮：大水缸。

敝：损坏。

【译文】

井底水坑谋求小鱼，水缸打破漏水。

【解义】

为君执政倘若心如井谷，只能容纳小人物而不能容纳德才兼备、能力超群的大人时，为君的事业也将如同盛水的水缸被打破漏水，只能有小成（盛），而不能有大成（盛）一样。

象曰：井底射鲋，无与也。

【译文】

井底水坑谋求小鱼，没有给予。

【解义】

为君执政心若井谷只能容纳小人物，这是对德才兼备、能力超群的大人物不舍得投入的情况。

九三：井渫不食，为我心恻。可用汲王明，并受其福。

【注释】

井渫：井底淘去污泥。

恻：忧伤。

汲：引导。

并：一起。共同。

【译文】

井底已淘除污泥而不饮用，令我忧伤。为君可用引导明示的方法，共同享受其福。

【解义】

为君真诚修政养民、为民众谋求福祉而民众却拒不接受，这个结果令君十分忧伤。此时为君可用引导明示的方法消除人们心中的疑虑，让人们放心共同分享其君给他们带来的福分。

象曰：井渫不食，行恻也。求王明，受福也。

【注释】

求：请求。

【译文】

井已淘除污泥而不饮用，这个结果令君忧伤。请求君王明示，为了享受其福。

【解义】

为君真诚修政养民而民众却拒不接受，这个结果令君十分忧伤，这是人们不知其君的行为是否真诚的情况。人们请君明示，是为了享受其君给他们带来的福分。

六四：井甃。无咎。

【注释】

井甃：修治井壁。

【译文】

修治井壁，没有灾祸。

【解义】

为君的养民政策出现错误，或者政策没错但在执行的过程中出现偏差时，若能及时改正就不会有灾祸发生；如同井壁出现开裂脱落，应及时修治井壁防止水井崩塌一样。

象曰：井甃无咎，修井也。

【译文】

修治井壁没有灾祸，是修井的结果。

【解义】

为君在执政养民的过程中改正错误没有灾祸发生，是为君能够及时纠正错误的结果。

九五：井冽寒泉，食。

【注释】

冽：寒凉清醇。

食：享受。享用。

【译文】

井水清凉甘甜，人们快乐享用。

【解义】

身为人君倘若能够做到真诚地为民众谋求福祉，使人们都能过上幸福美满的生活，民众将会紧紧团结在其君的周围，促成其君的事业不断走向辉煌。

象曰：寒泉之食，中正也。

【注释】

中：内心。

【译文】

井水清凉甘甜人们快乐享用，是内心正的结果。

【解义】

为君让民众都能过上幸福美满的生活，是其君在执政的过程中能够做到内心始终坚守正道的结果。

上六：井收勿幕，有孚元吉。

【注释】

收：收获。

幕：覆盖。

【译文】

井有收获时，不要覆盖井口。有诚信大吉。

【解义】

为君养民、富民的政策大见成效之后，不要害怕民富而改变养民、富民的政策。此时为君若能坚守诚信，继续推进养民、富民政策的贯彻与实施，将会获得大吉。

象曰：元吉在上，大成也。

【译文】

大吉在上，有大成。

【解义】

为君在上有大吉，说明其君事业已经获得了巨大成功，这是其君坚持不懈养民、富民的结果。

四、终述

1. 爻辞终述

井——论君之困

初六：井泥不食——政不养民

九二：井底射鲋——政养小人

九三：井渫不食——养而不受

六四：井甃无咎——养政有误

九五：井洌寒泉——养政无误

上六：井收勿幕——有成勿收

2. 本卦终述

下巽上坎，顺从防险是井之象。为君以顺从民生的方法执政防险，如同水井养民一样是象之意。为君执政要学井之德：①要全心全意养民。②要养民不计得失。③待人公平一视同仁。一个社会组织或一个经济实体，其事业若要兴旺发达，要靠广大民众真心的支持和努力奋斗。倘若为君执政不能养民，最终将会导致民众散去、事业无成。养民还应注意：有错即改、持正以恒、增益不止、有成勿收。

革卦第四十九： 论变革

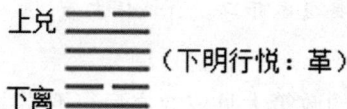

上兑 ▇▇
　　　▇▇▇（下明行悦：革）
下离 ▇▇

一、卦辞

革：己日乃孚，元亨。利贞。悔亡。

【注释】

革：变革。改变。

己：天干第六，属土。本卦中土代表滋生祸乱的根源。己后是庚，庚属金。本卦中金代表君。己日之后是庚日。己日是指土将被金（君）取代，暗示变革时机已经成熟，为君可通过变革消除祸乱的根源了。

孚：信任。

【译文】

变革：己日获得信任。大顺。宜坚持到底，没有后悔之事。

【解义】

以变革消除祸乱，称革。时机成熟的变革，可得到人们的信任和支持，并且也将获得大顺。变革若能做到意志坚定、不畏艰难并将变革进行到底，就不会有后悔之事发生。

二、象辞与卦象

彖曰：革，水火相息。二女同居，其志不相得。曰革。

【注释】

得：合。投合。

【译文】

革是变革。变革好像水火相互熄灭。二女同居一室，志不相合，称革。

【解义】

以变革消除祸乱是革之意。变革是生死抉择，就像水火不相容一样。变革之前又像二女同居一室，由于其志不同迟早会分开一样。正邪分开、以正除邪的过程，称革。

己日乃孚，革而信之，文明以说。大亨以正，革而当，其悔乃亡。

【注释】

信：信任。

文：美。善。

明：阐明。

当：适当。

【译文】

己日变革获得信任。对变革相信，是以说阐明变革之美。大顺因为正，无悔是变革适当。

【解义】

时机成熟的变革，才会得到人们的信任和支持。人们相信变革是变革者对人们讲清了变革的必要性；变革大顺是变革者在变革的过程中能够坚守正道；没有后悔之事发生是因为变革适当没有出现过错。

天地革而四时成。汤武革命，顺乎天而应乎人。革之时大矣哉！

【注释】

汤武革命：指商汤与周武王推翻夏桀、商纣王的革命。

天：天时。

【译文】

天地间寒暑改变，四季顺时而成。汤、武革命上顺天时，下合民意。变革时机非常重要啊！

【解义】

天地之间的寒暑转变，一年四季因此能够顺时而成。商汤、周武王推翻夏桀、商纣王的革命，由于上顺应天时、下符合民意，因此获得了成功。所以变革的时机对变革能否成功而言非常重要啊！

象曰：泽中有火，革。君子治历明时。

【注释】

历：乱。

明：明白。懂得。

【译文】

泽上火下，革。君子治乱要懂得时机。

【解义】

泽上火下，水火不相容是革之象。君子观此象，在着手治理弊乱之前要懂得如何选择正确的时机。

三、爻辞与爻象

初九：巩用黄牛之革。

【注释】

巩：以革束物。

【译文】

被黄牛皮牢牢束缚的变革。

【解义】

变革时机未到时，变革如同被黄牛之皮牢固束缚一样根本无法进行。此时倘若强行变革，最终的结果将是徒劳无功。

象曰：巩用黄牛，不可以有为也。

【译文】

被黄牛皮束缚，不可以有行动。

【解义】

变革时机未到，变革如同被黄牛之皮牢牢束缚一样根本无法进行，因此不可以实施变革。

六二：己日乃革之。征吉，无咎。

【译文】

时机成熟的变革，出征吉，无灾祸。

【解义】

变革条件成熟时，若能抓住时机大刀阔斧实施变革可获得变革成功之吉，同时也不会有灾祸发生。

象曰：己日革之，行有嘉也。

【注释】

嘉：赞美。称赞。

【译文】

时机成熟的变革，前行可获得称赞。

【解义】

时机成熟的变革，可得到人们的拥护和称赞。

九三：征凶，贞厉。革言三就，有孚。

【注释】

三：多次。

就：用。

【译文】

出征凶，坚持不变危险。变革之言再三使用，有诚信。

【解义】

在变革出现严重错误的情况下，如果为君坚持不改、继续强行推进错误的变革，将会面临遭受重大损失的凶险。此时其君即使有诚信，并且再三宣传变革的重要性也将无济于事，最终不会有好结果。

象曰：革言三就，又何之矣。

【译文】

再三宣传，又有何用呢？

【解义】

变革出现严重错误，再三宣传变革的重要性，又有何用呢？

九四：悔亡。有孚改命，吉。

【注释】

命：命令。

【译文】

没有后悔之事。有诚信更改命令，吉。

【解义】

在变革出现严重错误的情况下，为君若能及时下达改错命令，这是有诚信的表现。若能如此可即无后悔之事发生，又能获得变革成功之吉。

象曰：改命之吉，信志也。

【译文】

更改命令之吉，相信变革之志。

【解义】

变革出现严重错误及时下达改错命令之吉，来自人们相信其君变革的坚定信念和决心。

九五：大人虎变。未占有孚。

【注释】

大人：指变革之君。

虎：虎为百兽之王。象征君。虎变：指为君变革如虎。

占：占卜。问事凶吉。

【译文】

为君变革如虎，有诚信不用占问凶吉。

【解义】

身为人君如果为了正义的事业变革，要势如猛虎、大刀阔斧地进行；只要有诚信，不用考虑未来的凶吉。

象曰：大人虎变，其文炳也。

【注释】

文：外表。

炳：显示。

【译文】

为君变革势如猛虎，其外表是显示权力。

【解义】

为君变革如果势如猛虎、大刀阔斧，说明他是在对外展示自己的权力。

上六：君子豹变，小人革面。征凶。居贞吉。

【注释】

君子：指臣。

豹：豹行灵活。象征臣。豹变：指为臣灵活多变。

【译文】

君子之臣灵活多变，小人改面。出征有凶。居守正道吉。

【解义】

当在上之君变革不走正道、注定会失败时，君子之臣应以灵活多变的方式应对。这时帮助其君强行推进变革有凶险，易被当作变革失败的替罪羊。最好采用小人之法，变其面而不变其事。此时若能坚守正道不变，则吉。

象曰：君子豹变，其文蔚也。小人革面，顺以从君也。

【注释】

蔚：病态。

【译文】

君子之臣灵活多变，其外表是病态。小人改变面貌，是顺从君之变。

【解义】

当在上之君的变革注定会失败时，君子之臣以灵活多变的方式应对，说明其臣对外展示的是一种病态。即采用小人变其面而不变其事的方法，小心谨慎地顺从其君的变革。

四、终述

1. 爻辞终述

革——论变革

初九：黄牛之革——时机未到

六二：己日革之——时机已到

九三：革言三就——有错不改

九四：有孚改命——有错即改

九五：虎变之革——革之以正

上六：豹变之革——革之不正

2. 本卦终述

下离上兑，下明行悦是革之象。为君对下属讲明变革的益处，下属将以喜悦相随是象之意。下有政乱为君如果不能及时变革纠正，必将殃及自身的事业。变革时要注意：①要时机成熟。②要做好宣传。③要革之以正、中而不过。④要有错即改。⑤要坚定信念、善始善终。

鼎卦第五十： 论用权

上离 ▅▅▅▅
　　 ▅▅ ▅▅　（顺从之明：鼎）
下巽 ▅▅ ▅▅

一、卦辞

鼎：元吉，亨。

【注释】

鼎：烹饪之器。象征权力。

【译文】

鼎象征权力：大吉，顺利。

【解义】

鼎象征权力。正确使用手中的权力，称鼎。正确使用权力可获大吉，并且自身的事业也将变得顺利。

二、象辞与卦象

象曰：鼎，象也。以木巽火，亨饪也。

【注释】

木：象征升。指臣升职。

巽：恭顺，恭敬顺从。

火：象征明。指明君。

饪：煮熟食物供人食用。指养贤人。

【译文】

鼎是一种象征。下木顺从于上火，可顺利烹饪食物。

【解义】

鼎象征权力是国家供养贤人之器。正确使用手中的权力是鼎之意。对贤人委以重任，让其有足够的权力使之恭敬顺从于在上的明君。用此方法养贤，为君的事业将会因此变得顺利。

圣人亨，以享上帝。而大亨以养圣贤。

【注释】

圣人：帝王尊称。

上帝：天帝。

【译文】

帝王顺利，用鼎烹饪食物祭祀天帝，而大顺要养圣贤。

【解义】

君王为了顺利实现自己的愿望，用鼎烹饪食物祭祀天帝以求佑助。同时还要用职务与俸禄供养圣贤之人，其目的是在夺取天下或治理天下时获得大顺。

巽而耳目聪明，柔进而上行。得中而应乎于刚，是以元亨。

【注释】

应：顺应。

刚：指君。

【译文】

恭顺耳目聪明，柔顺上行，成于正而顺应于君，所以大顺。

【解义】

为臣掌权后做人应恭敬顺从、耳聪目明；做事应柔顺上行、不断创造新成绩。为臣用权成功于走正道，同时还要符合在上之君的要求。若能如此为臣将获大顺。

象曰：木上有火，鼎。君子以正位凝命。

【注释】

正：确实。明确。

凝：完成。

命：命令。使命。

【译文】

下木上火，鼎。君子以明确职位，完成使命。

【解义】

下木上火是鼎之象。鼎是国家重器、是权力的象征。君王对臣授权之后，为臣要明确自己的权力范围，努力完成自身的使命。

三、爻辞与爻象

初六：鼎颠趾，利出否，得妾以其子，无咎。

【注释】

颠：上下倒置。

否：污秽。废物。

妾：男子另娶的女人。指新领导人。

子：指团队成员。

【译文】

将鼎倒置，利清除鼎内废物。得妾及子，没有过错。

【解义】

在上之君授臣特殊权力用于清除不称职之人，其目的是起用新人、组建新的团队，如同将鼎倒置清除鼎中污秽之物，为了烹饪新食物一样。为臣奋力前行不会有错。

象曰：鼎颠趾，未悖也。利出否，以从贵也。

【注释】

悖：违反。违背。

从：顺从。满足。

贵：权贵。指君。

【译文】

将鼎颠倒，未违反常规。宜清除废物，是为了顺从权贵。

【解义】

赋予在下之臣具有特殊权力并不违反常规，这样有利于清除不称职之人。为臣帮助在上之君起用新人、组建新团队是为了早日实现其君的远大志向。

九二：鼎有实，我仇有疾。不我能即，吉。

【注释】

实：装满。指授臣实权。

仇：敌人。

疾：损害。伤害。

即：到。到达。

【译文】

鼎中充满食物，对我的敌人有伤害，我不在也能到达，吉。

【解义】

在上之君对手下的贤臣良将授以实权，将对为君的敌人构成伤害。即使在无君的情况下，这些贤臣良将依靠自己的能力也能顺利实现其君的愿望。

象曰：鼎有实，慎所之也。我仇有疾，终无尤也。

【译文】

鼎中充满食物，要谨慎行事。对我的敌人有伤害，最终无错。

【解义】

对手下贤臣良将授以实权，为君需要谨慎行事，防止因授权不当使自己受到伤害。如果授权对自己的敌人构成伤害，最终不会有错。

九三：鼎耳革，其行塞。雉膏不食，方雨亏悔。终吉。

【注释】

革：除掉。

膏：羹。

方：当。

亏：损害。损失。

【译文】

鼎耳除掉后，其行不通。野鸡羹不吃，当下雨受损后有悔。最终吉。

【解义】

为臣有权失耳，真言不信、忠言不听，必然导致前行受阻其行不顺，有好机会也将丧失。当受到损失后若能知错悔改，最终还会吉祥如意。

象曰：鼎耳革，失其义也。

【译文】

鼎耳除掉后，鼎也失去意义了。

【解义】

为臣有权失耳真言不信、忠言不听，其手中的权力也就没有任何意义了。

九四：鼎折足，覆公餗，其形渥，凶。

【注释】

折足：指失下。

公：指上司。

餗：美食。

形：形体。指鼎身。

渥：沾湿。

【译文】

鼎足折断了，王公的美食倾泻在地上，弄脏了鼎身，凶。

【解义】

为臣在有权时，由于缺少下属的支持与配合给上司的事业造成了严重损失，同时也沾污了目前手中的权力，辜负了上司对自己的信任和期望，其臣的凶险不久将至。

象曰：覆公餗，信如何也。

【注释】

信：信任。相信。

【译文】

将王公的美食倾泻一地，如何相信呢？

【解义】

为臣给自己上司造成了严重损失，怎么能够让上司继续相信自己呢？

六五：鼎黄耳，金铉，利贞。

【注释】

黄耳：指以正视听。

金：比喻用刚。

铉：举鼎器具，即鼎杠。

【译文】

黄色的鼎耳，金属鼎杠，利坚守正道不变。

【解义】

为臣在有权时，要做到以正视听。在用权时，要做到坚定刚健。除此之外为臣还要坚守正道不变。

象曰：鼎黄耳，中以为实也。

【译文】

黄色鼎耳，以正用实。

【解义】

为臣有权能够以正视听，是运用实权走正道的结果。

上九：鼎玉铉，大吉，无不利。

【注释】

玉：外温润内坚硬的美石。比喻外柔顺内刚强。

【译文】

鼎配玉鼎杠，大吉，没有不利。

【解义】

为臣权力至极时，若能做到外柔内刚、刚柔兼备可获大吉。外柔可使上顺，内刚可使下不惑，此时为臣带队前行将会一切顺利。

象曰：玉铉在上，刚柔节也。

【注释】

节：分寸。

【译文】

玉鼎杠在上，刚柔有分寸。

【解义】

为臣在权力至极时，采用外柔内刚的方法能够获得成功，是指为臣在刚柔的运用上做到了有分寸，中而不过。

四、终述

1. 爻辞终述

鼎——论用权

初六：鼎 颠 趾——授臣特权

九二：鼎 有 实——授臣实权

九三：鼎 耳 革——有权失聪

九四：鼎 折 足——有权失下

六五：黄耳金铉——以正视听

上九：鼎 玉 铉——外柔内刚

2. 本卦终述

下巽上离，顺从之明是鼎之象。鼎是国家重器、是权力的象征，为臣有权时能够顺从、明智地正确使用手中的权力是象之意。为臣有权若能做到明慎用权，即对上要行柔顺之道，对下要刚中不过，则有大顺之吉。同时要注意：①有权不失其明，失明有误。②有权不失其下，失下大败。③有权不失中正，丧失中正前行有险。④有权宜外柔内刚，柔使上顺、刚使下不惑。总之，为臣有权时用得好可使自身的事业发展顺利；用得不好可让自己步履艰难，甚至一败涂地。

震卦第五十一： 论君之怒

震上 ☳
（下动上怒：震）
震下 ☳

一、卦辞

震：亨。震来虩虩，笑言哑哑。震惊百里，不丧匕鬯。

【注释】

震：为雷。象征君怒。

虩虩：恐惧之状。

哑哑：笑语声声。

丧：失。

匕：取酒的勺。

鬯：美酒。

【译文】

震象征君怒：顺利。怒来惊恐，而后笑语声声。炸雷震惊百里，不失勺中美酒。

【解义】

在上之君发怒，在下之臣因怒而动，称震。君怒之后为臣做事可获得上、下的支持与配合，因此会顺利。为臣因做事不周导致在上之君发怒时，身为人臣应知恐惧。因为知恐则会改错，改错可使其君由怒转悦。君怒的目的是让臣尽快改正错误，所以即使君怒震惊朝野，为臣也要处惊不乱、不失常态；如同炸雷震惊百里，为臣也应做到不失勺中美酒一样。

二、象辞与卦象

象曰：震，亨。震来虩虩，恐致福也。

【译文】

震是君怒，顺利。君怒惊恐，惊恐可有福报。

【解义】

在上之君对臣发怒，在下之臣因怒而动是震之意。君怒之后为臣做事可获得上、下的支持与配合，因此会顺利。君怒时为臣应知惊恐，惊恐说明为臣对君有敬畏之心。对君敬畏可导致喜事来临。

笑言哑哑，后有则也。

【注释】

则：法则。规则。

【译文】

笑语声声，是而后行为符合规则。

【解义】

君怒之后，君臣见面能够谈笑风生，说明为臣在君怒之后的行为符合在上之君的要求，并且做出了成绩令君喜悦。

震惊百里，惊远而惧迩也。出可以守宗庙社稷，以为祭主也。

【注释】

惧：害怕。

迩：近。

宗庙：祭祖的处所。指家。

社稷：国家。

祭主：主持祭祀之人。指肩负重任。

【译文】

震惊百里，是远惊近怕之意。出能保家卫国，入可委以重任。

【解义】

君怒可震惊百里，为臣在远处要感到惊恐、在近处要知道害怕。能够做到远惊近怕之臣可委以重任，对外可领兵打仗保家卫国，对内可管理重要政事是为君可以信赖之人。臣不畏则是不敬，不敬则是对君不忠，不忠之臣不可重用。

象曰：洊雷，震。君子以恐惧修省。

【注释】

洊：重。

省：检查。反省。

【译文】

上雷下雷，震。君子以恐惧修身反省过错。

【解义】

上雷下雷是震之象。君子观此象，在君怒之时要以恐惧修身，认真反省自身的过错。

三、爻辞与爻象

初九：震来虩虩，后笑言哑哑，吉。

【译文】

震来惊恐畏惧，后来谈笑风生，吉。

【解义】

由于为臣的过错导致在上之君发怒时，为臣应知惊恐畏惧，并且要迅速改正错误。而后在上之君能与自己谈笑风生，说明君怒之后自己的行为令君满意，为臣因此获得赞赏之吉。

象曰：震来虩虩，恐致福也。笑言哑哑，后有则也。

【译文】

君怒来时，恐惧可有福报。谈笑风生，是而后行为符合规则。

【解义】

由于为臣的过错导致在上之君发怒时，如果臣有敬畏之心并能认真改正错误，事成之后将有福报。君怒之后与臣能够谈笑风生，说明为臣在君怒之后的行为符合其君的要求，并且受到了赞赏。

六二：震来厉，亿丧贝，跻于九陵。勿逐，七日得。

【注释】

厉：猛烈。严厉。

亿：安定。指职务未受影响。

丧：失去。损失。

贝：古代钱币。

跻：升。

九陵：极致。

逐：追。要。

七日：每卦六爻，每爻一日，第七日回归初爻。七日得：指事成之后失而复得。

【译文】

君怒猛烈，虽然职务安定未受影响，但经济损失巨大，达到了极限。不要争执、讨要，事成之后将会复得。

【解义】

君用严厉的经济处罚施震。虽然为臣的职务没有发生变化，但是经济损失巨大，几乎到了极限。此时不要与君争执、讨要，应竭尽全力改正错误并且要加倍努力工作，事成之后一切都将失而复得。

象曰：震来厉，乘刚也。

【注释】

乘刚：柔在刚之上。指臣凌驾于君之上。

【译文】

君怒来的猛烈，是臣凌驾君之上的结果。

【解义】

在上之君之所以用严厉的经济处罚施震，是为臣凌驾于其君之上、所做之事严重背离其君愿望的结果。

六三：震苏苏，震行无眚。

【注释】

苏：死而复生。苏苏：不断出现。

【译文】

君怒不断出现，依震而行不会有灾祸。

【解义】

君对臣发怒不断，为臣若能按照其君的要求行事并且保证其行不乱，就不会有灾祸发生。

象曰：震苏苏，位不当也。

【译文】

君怒不断出现，是臣居位不当的结果。

【解义】

君对臣发怒不断是为臣做事经常未尽其职或不合君意的结果。

九四：震遂泥。

【注释】

遂：通"坠"。坠入。

泥：污泥。指自辱其身。

【译文】

君发怒，臣自己坠入污泥。

【解义】

君对臣发怒之后，为臣仍然固执己见、坚持不改将会自辱其身。如同自己坠入泥潭一样。这是为臣未能正确领悟其君发怒的初衷带来的后果。

象曰：震遂泥，未光也。

【译文】

君发怒，臣自己坠入污泥，是没有光大。

【解义】

君对臣发怒之后，为臣如果固执己见、坚持不改将会自辱其身；这是为臣没有正确领悟其君发怒的初衷，并且没能将其发扬光大的结果。

六五：震往来厉。亿无丧，有事。

【注释】

有事：有其他事。

【译文】

君怒臣往归来严厉。平安无事没受损失，有其他事。

【解义】

君怒为臣按君要求行事，可事成归来之后其君之怒变得更加严厉。如果为臣平安无事，自己并未遭受任何损失，说明为臣此次所做之事没有过错，而是其他方面的表现令君感到不满。

象曰：震往来厉，危行也。其事在中，大无丧也。

【注释】

大：通"泰"。安定。

【译文】

君怒臣往，归来严厉，这是危行。做事正确可安定没损失。

【解义】

君怒为臣按其要求行事，可事成归来之后其君之怒变得更加严厉，这是危险之行。倘若为臣所做之事正确无误，自己可平安无事也不会有损失。

上六：震索索，视矍矍，征凶。震不于其躬，于其邻，无咎。婚媾有言。

【注释】

索索：越来越强。

矍矍：观察。斜视。

邻：他人。

婚媾：男女结为夫妻。指君臣合作。

【译文】

君怒越来越强，眼睛观察现场，为臣征凶。君怒不是针对自己，而是针对他人。无灾祸。这是用臣的警言。

【解义】

君发怒越来越强并且用眼睛不断观察在场之人，此时为臣贸然行事，凶。因为君怒不是针对自己而是在说其他人，所以臣无灾祸。这是为君用臣做事前的警告之言。

象曰：震索索，中未得也。虽凶无咎，畏邻戒也。

【注释】

畏：担心。

畏邻：担心他人之错。

【译文】

君怒越来越强，甚至过头了。虽然凶险，但是无灾祸。担心他人之错，告诫自己。

【解义】

君之怒越来越强并且措辞严厉甚至有些话讲过头了，此时其君虽凶但是为臣并无灾祸。这是为君用臣之前以他人之错警告自己。因此要引以为戒，不可犯同样的错误。

四、终述

1. 爻辞终述

震——论君之怒

初九：震 虩 虩——以怒施震

六二：震 来 厉——以罚施震

六三：震 苏 苏——改正无灾

九四：震 遂 泥——不改受辱

六五：震往来厉——君有不满

上六：震 索 索——君有戒言

2. 本卦终述

下震上震，下动上怒是震之象。在下之臣动不合君意，为君因此发怒是象之意。在上之君因在下之臣做事不周或不合君意而发怒，其目的是让臣立即改正错误。因此为臣遇震要注意：①要有敬畏之心。敬畏可致事周。②要立即改正错误。改错可有后福。③遇震不要自乱。自不乱则事不乱，事乱会自辱其身。

导致自辱其身主要有下述表现：①心怀不满，面部不快。②顶撞辩解，固执己见。③惊慌失措，事乱方寸。总之，自辱其身的出现是为臣对上不敬或者没有正确理解上司发怒的初衷所带来的后果。

艮卦第五十二： 论臣之止

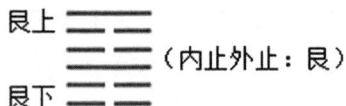

艮上 ═══
　　　 ══ ══ （内止外止：艮）
艮下 ══ ══

一、卦辞

艮：艮其背，不获其身。行其庭，不见其人，无咎。

【注释】

艮：为山。象征臣止。

背：背离。相背。

获：适宜，得当。不获：不当。

身：自己，自身。

【译文】

艮象征臣止：止于相背，自止不当之行。走进别人庭院，不见其人，无错。

【解义】

君、臣意见不同，为臣自止不当之行，称艮。在君、臣意见不同以及君、臣不相见的情况下，为臣能够严格自律、自止不当之行，如同走进人的庭院不见其家人能够自止其行一样。这样做没有过错。

二、象辞与卦象

象曰：艮，止也。时止则止，时行则行。动静不失其时，其道光明。

【译文】

艮是止。当止时则止，当行时则行。动静不失时机，是光明大道。

【解义】

为臣自止不当之行是艮之意。当止时为臣能止、当行时为臣能行，止与行不失时机，说明为臣所行之道是走向成功的光明大道。

艮其止，止其所也。上下敌应，不相与也。

【注释】

所：所行。

敌应：对立。

相与：相同。

【译文】

艮其止，是止其所行。上下敌应，是不相同。

【解义】

艮其止是为臣自止其行。上下敌应是君、臣意见对立，各自不同的意思。

是以不获其身，行其庭，不见其人，无咎也。

【译文】

所以自止不当之行，是走进别人的庭院，不见其人，无错。

【解义】

所以自止不当之行是在君、臣意见不同的情况下，以及君、臣不相见时，为臣能够做到严格自律、自止不当之行；如同走进别人的庭院不见其家人自止其行一样。若能如此不会有错。

象曰：兼山，艮。君子以思不出其位。

【注释】

兼：重。

【译文】

上山下山，艮。君子以此思考不出其位。

【解义】

下止上止是艮之象。君子观此象，思考如何做到对上、对下言行不出其位。

三、爻辞与爻象

初六：艮其趾，无咎。利永贞。

【注释】

趾：脚趾。下身的初端，象征事初。下身是身体胯部向下的部分。

【译文】

止于事初，无错。宜持正永远不变。

【解义】

君、臣意见不同以及其君不在时，为臣能在事初自止违反君命之行，没有过错。如果能够做到坚持自止永远不变，对为臣后续前行有利。

象曰：艮其趾，未失正也。

【译文】

止于事初，没有丧失正道。

【解义】

君不在时为臣能在事初自止违命之行，说明其臣没有丧失为臣的正道。

六二：艮其腓，不拯其随，其心不快。

【注释】

腓：小腿肚。下身的中部，象征事中。

拯：拯救。制止。

快：高兴。

【译文】

止于事中，不制止随其发展，内心不高兴。

【解义】

君、臣意见不同以及其君不在时，为臣的违反君命之行在事初不及时加以自止，反而任其发展至事中，此时若要行止将会遇到因半途而废给自己带来内心不情愿的烦恼。

象曰：不拯其随，未退听也。

【注释】

退：停止。

听：听从。

【译文】

不制止任其发展，是没有停止听从君命。

【解义】

为臣的违命之行事初不止、任其发展，这是为臣在犯错之后，未能做到听从君命及时自止其行的结果。

九三：艮其限，列其夤，厉熏心。

【注释】

限：胯部。下身的最末端。象征事末。

列：分割。

夤：背肌。

熏：烧灼。

【译文】

止于事末，刀割背肌，危险来自烈火灼其心。

【解义】

君、臣意见不同以及其君不在时，为臣的违反君命之行已经发展到事末，此时若要行止将要面临前功尽弃的艰难抉择，如同刀割背肌一样疼痛难忍；最危险的是像烈火灼其心一样痛苦不堪，使为臣行止变得异常艰难。

象曰：艮其限，危熏心也。

【译文】

止于事末，危险来自烈火灼其心。

【解义】

为臣违反君命之行已经发展到事末，此时行止的危险主要来自内心的痛苦不堪，如同烈火灼其心一样，使行止变得异常艰难。

六四：艮其身，无咎。

【译文】

自止其身，没有过错。

【解义】

在君、臣意见不相同以及其君不在的情况下，为臣能够做到自止其身，使自己动不出其位，则不会有错。

象曰：艮其身，止诸躬也。

【注释】

诸：各。

躬：自身。

【译文】

自止其身，是止自身各部分之动。

【解义】

自止其身是指在君、臣意见不相同以及其君不在的情况下，为臣的一切行动都能做到动不出其位，保证不越雷池半步。

六五：艮其辅，言有序，悔亡。

【注释】

辅：上牙床。指口。

有序：指尊卑有序。

【译文】

止其口，说话尊卑有序，没有后悔之事。

【解义】

在君、臣意见不同以及君不在的情况下，为臣能够做到自止其口，说话尊卑有序言不出其位，就不会有后悔之事发生。

象曰：艮其辅，以中正也。

【注释】

以：依靠。

中：内心。

【译文】

止其口，要依靠内心正。

【解义】

为臣若要做到自止其口，要依靠端正内心修好为臣之德，才能做到说话尊卑有序言不出其位。

上九：敦艮，吉。

【注释】

敦：忠诚纯朴。

【译文】

忠诚纯朴之止，吉。

【解义】

在君、臣意见不同以及其君不在时，为臣能以忠诚、纯朴自止其行，可使自己在前行的征途上吉祥如意。

象曰：敦艮之吉，以厚终也。

【注释】

厚：厚德。

【译文】

止于忠诚、纯朴之吉，以厚德保持到最终。

【解义】

为臣的忠诚、纯朴之止所获得的吉祥如意，是为臣以忠厚的坤之德行止并保持到最终的结果。

四、终述

1. 爻辞终述

艮——论臣之止

初六：艮其趾——事初之止

六二：艮其腓——事中之止

九三：艮其限——事未之止

六四：艮其身——善止其身

六五：艮其辅——善止其口

上九：敦　艮——以德止行

2. 本卦终述

上艮下艮，内止外止是艮之象。在君、臣意见不同并且君、臣不相见时，为臣能内止于心、外止于行是象之意。为臣若能内外行止说明其臣守规矩、自律性强，并且对上忠诚是可以信赖能委以重任之人。为臣内外行止要注意：①宜早不宜晚。早止易、晚止难。②行止要修德。修德才能做到自止其言、自止其行。③忠诚纯朴之止若能保持不变，可得善终。

渐卦第五十三： 论出任正职

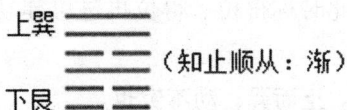

$$上巽 \equiv\!\!\equiv\!\!\equiv$$（知止顺从：渐）
$$下艮 \equiv\!\!\equiv\!\!\equiv$$

一、卦辞

渐：女归，吉，利贞。

【注释】

渐：渐进。

女归：女子嫁人为正室。指出任正职。

【译文】

渐进：女子嫁人为正室，吉。宜坚守正道不变。

【解义】

新官出任正职要渐进而行，称渐。新官出任正职要遵守规矩、渐进而行，如同女子出嫁若能遵规守矩、渐进而行，则吉。同时宜坚守正道不变。

二、象辞与卦象

象曰：渐之进也，女归吉也。

【译文】

渐进的进步，是女子嫁人为正室之吉。

【解义】

新官上任要渐进而行是渐之意。新官出任正职如同女子出嫁，若能遵规守矩、渐进而行则能不断进步，并且获得吉祥如意。

进得位，往有功也。进以正，可以正邦也。

【注释】

得位：获得领导权威。

功：成功。

正邦：安邦治国。

【译文】

不断进步可得位，前行可建功立业。得位走正道可安邦治国。

【解义】

伴随新官的不断进步，可逐步获得上、下对自己的信任和支持；从而建立起自身的领导权威，此时称得位。得位再进可建功立业。得位如果走正道则能安邦治国。

其位刚，得中也。止而巽，动不穷也。

【译文】

在位可刚，成于正。能止能顺，可动无止境。

【解义】

新官得位可用刚，但是成功要依靠走正道。新官上任要奉命行事，当止时能够做到自止其行，当顺时能够做到恭敬顺从，这样才能动不受阻、动无止境。

象曰：山上有木，渐。君子以居贤德，善俗。

【注释】

居：守。

贤德：贤人之德。

善：擅长。长于。

俗：世俗。指为臣之道。

【译文】

下山上木，渐。君子以守贤人之德，擅长世俗。

【解义】

山上之木顺势而长是渐之象。君子观此象，以守贤人之德能止、善行为臣之道能奉命行事。

三、爻辞与爻象

初六：鸿渐于干，小子厉，有言，无咎。

【注释】

鸿：大雁。有蹼，食鱼、虾、植物种子，群居湿地水边。这里的鸿指头雁。

干：岸边。指危险之地。

小子：儿子。指下属。

【译文】

头雁将雁群带到岸边，雁群有危险，遭到责骂，没有灾祸。

【解义】

新官上任由于缺乏经验，误将团队带入危险地带做了错事。虽然遭到上司的责骂，但是责骂的目的是让新官尽快改正错误，所以没有灾祸。

象曰：小子之厉，义无咎也。

【译文】

雁群有危险，其义没有灾祸。

【解义】

新官误将团队带入危险地带遭到上司的责骂。责骂的目的是让新官尽快改正错误，帮助新官成长。因此被责骂不会给新官带来灾祸。

六二：鸿渐于磐，饮食衎衎，吉。

【注释】

磐：水中露出的大石头。是雁群防止天敌伤害的安全地带。

衎衎：和乐的样子。

【译文】

头雁将雁群带到安全地带，大家有吃有喝快乐融融，吉。

【解义】

新官将团队带到了安全福地，使大家居食无忧、快乐融融，吉。

象曰：饮食衎衎，不素饱也。

【注释】

素：白。素饱：白吃。

【译文】

有吃有喝快乐融融，不会白吃。

【解义】

让下属居食无忧、快乐融融的生活与工作，这样的事不会白做，新官将会在其他方面获得回报。

九三：鸿渐于陆。夫征不复，妇孕不育，凶。利御寇。

【注释】

陆：陆地。指无居无食的死地。

育：生育。

【译文】

头雁将雁群带入死亡之地。丈夫出征不归，妻子临产不生，凶。宜抵抗入侵者。

【解义】

新领导将团队带入死亡之地，如同丈夫"出征不归"战死沙场或者妻子临产不生造成"全军覆没"一样，此时凶。但是置之死地而后生之法可用于抵抗入侵者。

象曰：夫征不复，离群丑也。妇孕不育，失其道也。利用御寇，顺相保也。

【注释】

丑：众。离群丑：指孤军深入。

顺：顺势。

保：保全。

【译文】

丈夫出征不归，是孤军深入。妻子临产不生，是其道不正。宜抵抗入侵者，是顺势相保。

【解义】

新官将团队带入死地是指：（1）如同丈夫"出征不归"，这是孤军深入的结果。（2）如同妻子临产不生造成了"全军覆没"，这是严重背离用兵正道的结果。用置之死地而后生之法抗击入侵者，是君、臣顺势相互保全的危险之举。

六四：鸿渐于木。或得其桷，无咎。

【注释】

木：树木。大雁脚上有蹼，无法立足在树枝上，指无立足之地。

桷：树上平坦之地。树上平坦之地可作大雁的立足之地。

【译文】

头雁将雁群带入无法安歇之处。如果能够找到立足之地，没有过错。

【解义】

新官将团队带入无法立足之地，这时如果能够全力以赴找到一块使团队能够安营扎寨的落脚点，就没有过错。

象曰：或得其桷，顺以巽也。

【译文】

找到立足之地，是顺应服从的结果。

【解义】

新官为团队找到立足之地就没有过错，是新官顺应环境、奉命行事的结果。

九五：鸿渐于陵，妇三岁不孕，终莫之胜，吉。

【注释】

陵：丘陵。指升至高位。

莫：没有谁。

胜：超过。

【译文】

头雁逐渐升上高位，妻子三年不孕，最终没有人超过自己，吉。

【解义】

新官经过长期艰苦卓绝的努力奋斗，甚至连续三年都不回家探望一次，最终取得了无人能及的突出业绩，使其职务逐渐升至高位，吉。

象曰：终莫之胜，吉。得所愿也。

【注释】

得：实现。

愿：愿望。

【译文】

最终无人能及之吉，实现了其君的愿望。

【解义】

新官最终取得无人能及的业绩之吉，来自其臣成功实现了在上之君的愿望。

上九：鸿渐于陆，其羽可用为仪，吉。

【注释】

陆：土山之顶。指臣之极位。

羽：翅膀。比喻自己的助手。

仪：仪式。

【译文】

头雁渐进至极，其助手可用于主持重大仪式，吉。

【解义】

新官的职务渐进至极，就连助手都被用于主持国家的重大仪式，说明新官得到在上之君的极大信任，因此将会吉祥如意。

象曰：其羽可用为仪，吉。不可乱也。

【译文】

助手都可用于主持重大仪式，吉。不可自乱方寸。

【解义】

连助手都被用于主持国家的重大仪式时，吉。但不可因吉而自乱方寸偏离为臣的正道。

四、终述

1. 爻辞终述

渐——论出任正职

初九：渐于干——带入危地

六二：渐于磐——带入福地

六三：渐于陆——带入死地

六四：渐于木——无法立足

九五：渐于陵——升至高位

上九：渐于陆——升至极位

2. 本卦终述

下艮上巽，知止顺从是渐之象。新官出任正职做到自止不当之行和恭敬顺从于在上之君是象之意。新官上任要做到：①遵规守矩和坚守正道，并且要循序渐进不宜操之过急；②遵规为臣可知何时应止；③守矩为臣可善行柔顺；④坚守正道可带来自身事业长期发展；⑤循序渐进可帮助自己顺利成功；⑥不急于求成可减少自身的失误。因此新上任的领导应注意：任何一个领导者的成长，都要经过成功与失败的洗礼。成功时将受到赞誉，失败时将受到责罚。无论成功与失败都要不失为臣的正道。另外坚苦卓绝的努力创造无人能及的业绩，是自己走向职业辉煌的阶梯。同时要牢记成功之时不可骄，失败之时志不移。

归妹卦第五十四： 论出任副职

上震 ☳
下兑 ☱ （悦上之动：归妹）

一、卦辞

归妹：征凶，无攸利。

【注释】

归妹：女子嫁人为偏室。指新官出任副职。

【译文】

女子嫁人为偏室：强行凶，长期不利。

【解义】

新官出任副职，称归妹。为臣出任副职时，未经正职同意自作主张、擅自前行将有凶险，对自己长期发展不利。

二、象辞与卦象

象曰：归妹，天地之大义也。

【译文】

女子嫁人为偏室，是天地之间的正道。

【解义】

出任副职是归妹之意。正职在上似天、副职在下似地，副职跟随正职行动如同天动地顺是君、臣之间的正道。

天地不交，而万物不兴。归妹人之终始也。

【译文】

天地不相互配合，万物不兴旺。女子嫁人为偏室是少女生活之终，也是新生活之始。

【解义】

天地不能相互配合，地上万物则不能顺利生长。副职不能全力配合正职工

355

作，则万事不成。出任副职是人生平民生活的终止，同时又是人生仕途生活的开始。

说以动，所归妹也。征凶，位不当也。

【注释】

说：悦。

所：适宜。适合。

【译文】

上动下以悦顺，适合嫁人为偏室。前行有凶，是居位不当。

【解义】

副职要以喜悦的方式顺从正职而动，这样才适合担任副职。倘若副职不能摆正自己的位置自作主张、擅自前行将有凶险，这是身居副职其行不当的结果。

无攸利，柔乘刚也。

【译文】

长期不利，是以柔乘刚。

【解义】

副职做事对自己长期发展不利，是身居副职在工作中越俎代庖凌驾于正职之上所造成的不良后果。

象曰：泽上有雷，归妹。君子以永终知敝。

【注释】

永终：永远终止。

敝：通"弊"。弊病。

【译文】

下泽上雷，归妹。君子用永远终止乘刚的方法，了解有无弊病。

【解义】

下泽上雷，头上有雷是归妹之象。君子观此象，出任副职时如果能始终将"动以悦上"作为自己的行为准则，便可知道自身的行动有无弊病。

三、爻辞与爻象

初九：归妹以娣，跛能履，征吉。

【注释】

娣：妹妹。

【译文】

女子出嫁为偏室是妹妹，虽跛但可行。奋力前行，吉。

【解义】

出任副职要安守其位，给自己的上司当好助手。由于是副职自己的行为将会受到一定的限制，但是可以前行，这是副职的工作特点。如果能够做到按照正职的要求奋力前行时，吉。

象曰：归妹以娣，以恒也。跛能履吉，相乘也。

【注释】

以：为。按照。

恒：常规。

相：指副职一方。

乘：辅佐。

【译文】

女子出嫁为偏房是妹妹，按照常规做事。虽跛能行之吉，是副职辅佐正职的结果。

【解义】

出任副职要按照常规做事。在行为受到一定限制的情况下，按照正职的要求奋力前行之吉，是副职全力辅佐正职的结果。

九二：眇能视，利幽人之贞。

【注释】

眇：一只眼失明。

幽人：什么都不知道之人。

【译文】

一只眼失明，宜坚持什么都不知道。

【解义】

出任副职要安守其位，给正职当好助手。当正职有些事不让你看时，如同让你睁一只眼、闭一只眼。此时应做到让看时则看、不让看时则不看，并且对不让看的事做到不闻不问。在这种情况下，如果坚持什么都不知道对自己有利。

象曰：利幽人之贞，未变常也。

【注释】

变：改变。

常：规则。

【译文】

宜坚持什么都不知道，未改变规则。

【解义】

坚持不去了解正职不让自己知道的事情，是没有改变副职做事的规则。

六三：归妹以须，反归为娣。

【注释】

须：等待。期盼。

反：反而。

娣：偏室的妹妹。指比偏室还差。

【译文】

少女出嫁期盼成为正室，反而成了偏室的妹妹。

【解义】

出任副职不安分守己对自己的上司总期盼着取而代之，这样做违背了副职的行为准则，如果坚持不改其结果反而会变得更差。

象曰：归妹以须，未当也。

【译文】

少女出嫁期盼成为正室，是行为不当。

【解义】

身为副职不安分守己对自己的上司总想取而代之，这是身居副职不该做的事。

九四：归妹愆期，迟归有时。

【注释】

愆：延误。

有时：要有时机。

【译文】

少女嫁人延误了佳期，推迟后再嫁要等待时机。

【解义】

为臣出任副职要不失时机。如果延误了出任副职的最佳时机，若要再次得到任命不知道要等到何时了。

象曰：愆期之志，有待而行也。

【译文】

延误婚期的想法，是在等待更好的机会。

【解义】

倘若为臣有意延误就任副职，说明他正在等待对自己更为有利的机会出现。

六五：帝乙归妹，其君之袂，不如其娣之袂良。月几望，吉。

【注释】

帝乙：商王帝乙。

袂：衣袖。指衣装。

月几望：月亮几乎圆了，但未满。指德盛而不满。

【译文】

商王帝乙嫁出的女儿，其衣装不如其他偏房的华丽。月亮几乎圆了但未满，吉。

【解义】

道德高尚具有一定背景之人出任副职，其人谦而有礼不彰显自己的特殊背景；从外表上看比其他副职更加谦卑温顺、遵守规矩，其实是道德高尚而不自满之人，如同商王帝乙的女儿出嫁一样。若能如此则会吉祥如意。

象曰：帝乙归妹，不如其娣之袂良也。其位在中，以贵行也。

【译文】

帝乙嫁女儿，其衣装不如其他偏房华丽，是以高贵的行为守其位。

【解义】

具有一定背景的副职不彰显自己的特殊背景，从外表上看比其他副职更加谦逊。说明其臣能以正确的方法坚守其位，这是保持自身高贵的正确行为。

上六：女承筐无实。士刲羊无血。无攸利。

【注释】

女承：女子辅佐丈夫。指副职辅佐正职。

筐无实：筐中无物。指没有能力。

士：男子。

刲：刺。

羊：指未婚女子。

【译文】

女子辅佐丈夫没有能力如空筐无物。男子刺羊无血。长期发展不利。

【解义】

为臣出任副职倘若有其名而无其能，就如同空筐无物一样。倘若有其名而无其德，就如同女子婚前道德败坏不守妇道一样。提拔这两种人担任副职，对为君的事业长期发展不利。

象曰：上六无实，承虚筐也。

【译文】

女子嫁人无能，辅佐丈夫仅是虚设而已。

【解义】

副职倘若有其名而无其能将对其君没有任何帮助，如同空筐无物仅仅是虚设而已。

四、终述

1. 爻辞终述

归妹——论出任副职

初九：跛 能 履——行为受限

九二：眇 能 视——视觉受限

六三：归妹以须——不守其位

九四：归妹愆期——错失良机

六五：帝乙归妹——道德高尚

上六：承筐无实——无德无能

2. 本卦终述

下兑上震，悦上之动是归妹之象。出任副职安守其位，采用动以悦上之法给正职当好助手是象之意。出任副职是人生仕途生涯的开始，倘若处理不当将会变成仕途生涯之终。因此当好副职则是为自己的今后发展奠定基础。怎样才能当好副职呢？①副随正行，不擅自做主。②副动正悦，当好配角。③不越其位，遵守规矩。④修好臣德，不为名利。

丰卦第五十五： 论能臣之用

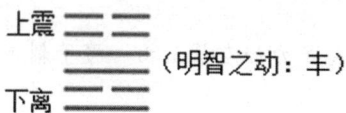

上震 ＝＝
　　　＝＝＝（明智之动：丰）
下离 ＝＝

一、卦辞

丰：亨。王假之，勿忧，宜日中。

【注释】

丰：大。指才华出众、能力超群可成大事之臣。又称能臣。

假：授。用。

日中：太阳正当中午。指竭尽全力。

【译文】

能臣：顺利。君王用时，不用担心，宜竭尽全力。

【解义】

为臣才华出众、能力超群可成大事时，称丰。为臣在丰之时，若能得到君王重用自身将会顺利。此时不用担心得失，做事应当竭尽全力。

二、象辞与卦象

象曰：丰，大也。明以动，故丰。

【注释】

大：指大成。

【译文】

丰是大。用明智统领行动，所以称丰。

【解义】

能臣可大成是丰之意。能臣若能以明智统领自己行动时可成大事，所以称丰。

王假之，尚大也。勿忧，宜日中，宜照天下也。

【译文】

君王用能臣，崇尚大成，不用担心，宜尽全力，宜普照天下。

【解义】

君王重用能臣说明其君志向远大。此时能臣不用担心自身的得失要竭尽全力，宜争取普照天下的光辉业绩。

日中则昃，月盈则食。天地盈虚，与时消息，而况于人乎？况于鬼神乎？

【注释】

消：死亡。

息：出生。

【译文】

太阳正中将西斜，月亮满圆将亏缺。天地盈虚变化，万物与时生死，何况人呢？何况鬼神呢？

【解义】

太阳过中午将西斜，月亮圆满后将亏缺。天地万物兴盛衰亡是随着时间的变化而改变；盛极则衰、盈极则亏，何况人呢？鬼神也一样。

象曰：雷电皆至，丰。君子以折狱致刑。

【注释】

折狱：断案。指明断是非。

致：取得。

刑：成就。成功。

【译文】

下电上雷，丰。君子用明断是非，取得成功。

【解义】

雷鸣电闪、威明惧盛是丰之象。君子观此象，效法闪电雷鸣先明而后动，即先要明辨是非，而后谋求事业上的成功。

三、爻辞与爻象

初九：遇其配主，虽旬无咎。往有尚。

【注释】

配：匹配。配主：指明君。

旬：通"均"。均平。

尚：佑助。

【译文】

遇到匹配的主人，虽然待遇均平，但没有灾祸，前行有助。

【解义】

能臣遇到明君时最初虽然待遇平平，但是没有灾祸，不会影响能臣的自身发展。此时如果能够奋力前行、尽快取得突出业绩，不久将会得到明君的提拔与重用。

象曰：虽旬无咎，过旬灾也。

【译文】

待遇均平没有灾祸，要求过高则会有灾祸发生。

【解义】

能臣与明君合作初期，虽然待遇平平，但是没有灾祸。如果在合作初期，能臣提出过高的要求将会失去明君对自己的信任，这是灾祸之举。

六二：丰其蔀，日中见斗。往得疑疾，有孚发若，吉。

【注释】

蔀：席棚。指战地指挥部。象征能臣具有重大决策权。

斗：北斗星。

疑：责怪。责备。

疾：损害。伤害。

发：说明，证明。

若：顺从。

【译文】

有重大决策权的能臣被遮掩，如同日中见斗。前行因被怀疑而受伤害，此时若能证明忠诚与顺从，则吉。

【解义】

有重大决策权的能臣遇到疑心较大的上司，其决策权大部分被替代时，如同中午光芒四射的太阳，被遮掩成北斗之星一样。此时为臣仍然自作主张、擅自前行，将会遭到其君的怀疑而受到伤害。如果能够做到以实际行动，证明自己对其君的忠诚与顺从，则吉。

象曰：有孚发若，信以发志也。

【注释】

信：真诚。

【译文】

证明忠诚与顺从，是以真诚表明自己的心意。

【解义】

有重大决策权的能臣其权力大部分被替代时，为臣应当以实际行动证明自己对在上之君能够做到忠诚、顺从的心意。

九三：丰其沛，日中见沫。折其右肱，无咎。

【注释】

沛：旗帜。指战场上指挥官用于指挥作战的旗帜。象征能臣具有重大指挥权。

沫：暗淡无光的小星星。

右肱：右臂。助手。古时左肱指文官助手。右肱指武官助手。

【译文】

有指挥权的能臣被遮掩，如同日中见小星星。折断右臂，没有过错。

【解义】

有重大指挥权的能臣，其指挥权大部分被替代时，如同中午光芒四射的太阳，被遮掩成黯淡无光的小星星；并且能臣身边的主要助手也被调离使用，让能臣无所事事。遭此冷落并非能臣之错。

象曰：丰其沛，不可大事也。折其右肱，终不可用也。

【译文】

有指挥权的能臣其权力被取代，不可干大事。折断右臂，终身不用。

【解义】

有重大指挥权的能臣其权力大部分被替代时，说明其君不准备用能臣继续干大事了。能臣身边的主要助手被调离使用，说明其君以后不会再用能臣了。

九四：丰其蔀，日中见斗。遇其夷主，吉。

【注释】

夷：平。指公正。夷主：指明君。

【译文】

有决策权的能臣被埋没，如同日中见斗，遇明君，吉。

【解义】

由于不了解能臣，导致能臣的决策权被君无意埋没了，如同中午光芒四射的太阳，被遮掩成了北斗之星一样。此时在上若是明君不要顾虑目前的处境要奋力前行，依靠自己的能力和聪明才智，可以很快得到明君的信任和重用，吉。

象曰：丰其蔀，位不当也。日中见斗，幽不明也。遇其夷主，吉行也。

【译文】

有决策权的能臣被埋没，是其君居位不当。如同日中见斗，是隐而未明。遇明君前行可吉。

【解义】

能臣的决策权被埋没，是其君在其位做了不该做的事。此时能臣如同中午光芒四射的太阳，被遮掩成了北斗之星一样。这是能臣的决策能力，尚未完全展示出来的情况。此时在上若是明君，为臣只要大胆奋力前行就能走上吉祥如意之道。

六五：来章，有庆誉。吉。

【注释】

章：文章。指为臣任命通知书。

【译文】

能臣得到任命，有庆贺，有赞誉，吉。

【解义】

明君对能臣充分信任并且委以重任时，为臣应当竭尽全力争取建功立业。当建功有庆贺、业成有赞誉时，为臣将会吉祥如意。

象曰：六五之吉，有庆也。

【译文】

能臣之吉，来自庆贺。

【解义】

能臣获得吉祥如意是其经过艰苦奋斗取得事业成功之后，获得在上之君表彰和奖励的结果。

上六：丰其屋，蔀其家。窥其户，阒其无人。三岁不觌，凶。

【注释】

屋：房屋。指家中。

窥：探看。

阒：窥静。

觌：见。

【译文】

能臣埋没在家中，只能指挥家中成员。观其家，寂静无人，三年不见一次，凶。

【解义】

能臣被软禁在家中，只有指挥调动家中成员的权力。观察其家，如果家中寂静无外界人员往来，并且三年未被其君召见一次，能臣将有凶险。

象曰：丰其屋，天际翔也。窥其户，阒其无人，自藏也。

【注释】

天际：天边。指到头了。

翔：飞。

【译文】

被埋没在家中,是飞到尽头了。观其家,寂静无人,自己隐藏。

【解义】

能臣被软禁在家中,说明为臣的职业生涯已经走到尽头了。观其家,如果家中寂静无人往来时,为臣应主动将自己隐藏起来不宜再抛头露面与外界接触了。

四、终述

1. 爻辞终述

丰——论能臣之用

初九:遇其配主——掩其职务

六二:丰蔀见斗——掩决策权

九三:丰沛见沫——掩指挥权

九四:丰蔀遇主——君明误掩

六五:来章有庆——重用能臣

上六:丰屋蔀家——能臣不用

2. 本卦终述

下离上震,明智之动是丰之象。能力超群、才华出众的能臣动应明智是象之意。能臣得到重用时说明其君志向远大,此时不用担心要竭尽全力,争取创造无人能及的光辉业绩。当能臣被遮掩时要注意:①在上是明君不知臣能时,臣可奋力前行,尽全力展示其能。②在上是疑君见其臣能不敢大胆使用时,应以实际行动表示自己的忠诚和能够顺从君命行事。③在上是昏君有能臣不但不用,还将能臣的主要助手调离不让其成事时,能臣应另谋出路。如果继续留在昏君身边,其最终将会遭遇不幸的结局。

旅卦第五十六: 论能臣不用

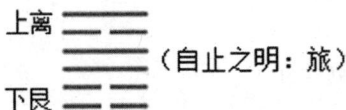

上离 ▬▬ ▬▬
　　　 ▬▬▬▬▬ (自止之明:旅)
下艮 ▬▬ ▬▬

一、卦辞

旅：小亨。旅贞吉。

【注释】

旅：旅居。离家移居。指为臣的事业靠山在上"着火"遇难即将殃及自身，自己及时撤离避难、移居他乡。简称撤离。

小：指臣。

【译文】

撤离：臣顺利。撤离持正，吉。

【解义】

为臣的事业靠山在上有难，自己及时撤离避难、移居他乡，称旅。如果为臣撤离及时可获顺利。撤离时若能坚守正道，吉。

二、象辞与卦象

彖曰：旅，小亨。柔得中乎，外而顺乎刚。止而丽乎明，是以小亨。

【译文】

旅是撤离。撤离臣顺利。为臣成于正而外顺从于君。能止而依靠明智，所以臣顺利。

【解义】

为臣的事业靠山在上有难，自己及时撤离避难、移居他乡是旅之意。为臣若能及时撤离可获顺利。撤离能够成功是为臣坚守正道和对外顺从于在上之君的结果。撤离因为做到了依靠明智自止不当之行，所以为臣撤离将会变得顺利可行。

旅贞吉也。旅之时义大矣哉！

【译文】

撤离持正则吉。何时撤离意义非常大啊！

【解义】

为臣撤离时如果能够坚守正道则会吉祥如意，另外选择何时撤离对为臣而言其意义非常大啊！

象曰：山上有火，旅。君子以明慎用刑而不留狱。

【注释】

明：明察。

留：保存。

狱：牢房。监狱。不留狱：指不留后患。

【译文】

下山上火，旅。君子以明察案件慎重用刑，不予收监。

【解义】

山上有火，山下有难是旅之象。君子观此象，在自身难保的情况下对待下属犯错之人要明察是非、慎用刑罚从而不留后患。

三、爻辞与爻象

初六：旅琐琐，斯其所取灾。

【注释】

琐琐：细小零碎之事。

斯：这。

【译文】

撤离时为细小零碎之事顾虑重重，这样的撤离是自取灾祸。

【解义】

撤离时为琐碎之事顾虑重重、迟迟不肯离去，这样的撤离是自取灾祸。

象曰：旅琐琐，志穷灾也。

【译文】

撤离顾虑重重，是其志穷尽的灾祸。

【解义】

撤离时为琐碎之事顾虑重重、迟迟不肯离去，错失了撤离的良机。这是为臣对时局缺乏正确判断，其自身的想法根本行不通所造成的灾祸。

六二：旅即次，怀其资，得童仆。贞。

【注释】

即：舍，离。

次：位，职位。即次：辞去职务。

怀：赠送。

资：钱财。

童仆：佣人。指待遇。

【译文】

辞去职务撤离，赠送钱财，又得佣人，正确。

【解义】

在自己事业靠山蒙受大难之际，为臣辞去职务及时撤离，既可获得撤离的补偿，又可保住部分待遇，这是正确的选择。

象曰：得童仆贞，终无尤也。

【译文】

得佣人是正确的选择，最终没有过错。

【解义】

为臣辞去职务及时撤离保住了部分待遇，说明为臣在撤离的过程中，自始至终都没有犯错。

九三：旅焚其次。丧其童仆，贞厉。

【注释】

焚：焚毁。比喻被撤职。

【译文】

职务被焚毁之后撤离，失去佣人，坚持不撤有危险。

【解义】

为臣被撤职后才被迫撤离，由于最佳的撤离时机已经错过，所以这时撤离将会失去一切。如果继续坚持不撤将会有危险。

象曰：旅焚其次，亦以伤矣。以旅与下，其义丧也。

【注释】

与：对付，应对。

下：舍去，除去。

【译文】

职务被焚毁后撤离，已经受伤了。用撤离应对被舍去，已失去意义了。

【解义】

为臣被撤职后撤离，这时自己已经受到伤害了。此时用撤离应对被撤职，已经没有任何意义了。

九四：旅于处，得其资斧，我心不快。

【注释】

处：留下。收留。

斧：杀人刑具。指权力。

【译文】

撤离后被友人收留，获得了收入和权力，而内心不快。

【解义】

为臣撤离后被友人收留，在友人的帮助下安排了工作，虽然获得了特定的收入和权力，但是对当前的待遇不甚满意，因此感到内心不快。

象曰：旅于处，未得位也。得其资斧，心未快也。

【译文】

被友人收留后，未得到自己想要的职位，虽有收入和权力，内心不快。

【解义】

为臣被友人收留后，在友人的帮助下安排了工作，虽然获得了特定的收入和权力，但是因为没有得到自己想要的待遇而感到内心不快。

六五：射雉，一矢亡。终以誉命。

【注释】

雉：野鸡。射雉一矢亡：一箭射中。指出色的技艺。

【译文】

一箭射中野鸡，最终得到友人表彰的命令。

【解义】

被友人收留后，为臣凭借自己出色的能力与技艺取得了显著的成绩，最终获得了友人表彰的命令。

象曰：终以誉命，上逮也。

【注释】

上：上司。指友人。

逮：至。

【译文】

最终获得表彰的命令，是至上而来的。

【解义】

为臣最终获得表彰的命令，是在上友人对自己关照的结果。

上九：鸟焚其巢，旅人先笑后号咷。丧牛于易，凶。

【注释】

焚其巢：指无家可归。

丧牛：指失去相助的朋友。

易：轻视。怠慢。

【译文】

无家可归，为臣先笑后哭，由于轻慢失去了朋友。凶。

【解义】

在友人的帮助下取得显著成绩之后，对友人并无感恩之心，反而傲慢无礼、轻视慢待相助的友人；最终因为失去友人的信任和支持被撤职罢官、驱逐出境，最后走上了先笑后哭"无家可归"的凶之道。

象曰：以旅在上，其义焚也。丧牛于易，终莫之闻也。

【注释】

莫：没有。

【译文】

凌驾于友人之上，其道义被焚毁了。轻慢友人失去朋友，最终默默无闻。

【解义】

为臣反客为主凌驾于友人之上，这本身就失去道义了。取得成绩之后傲慢无礼、轻视慢待友人从而失去了友人的支持，最终走上无人问津的默默无闻之路了。

四、终述

1. 爻辞终述

旅——论能臣不用

初六：旅 琐 琐——失机有灾

六二：旅 即 次——早撤有得

九三：旅焚其次——迟撤有险

九四：旅 于 处——友人相助

六五：终以誉命——成受赞誉

上九：丧牛于易——成后不义

2. 本卦终述

下艮上离，自止之明是旅之象。自己的事业靠山"着火"遇难即将殃及自身，此时明智撤离是象之意。如果撤离及时、处理得当可为自己保住部分待遇，这是最好的结果；反之将会失去一切，这是最不明智的选择。撤离后被友人收留，要有感恩之心；在"寄人篱下"的情况下，要不计名利、得失努力工作，争取早日成为友人的得力助手或骨干。另外要时刻牢记：在任何情况下都不可轻视慢待友人，否则结果将是"先笑后哭"，最终走上"无家可归"的凶之道。

巽卦第五十七： 论奉命行事

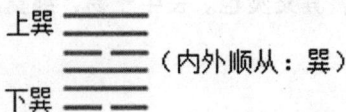

<pre>
上巽 ━━━━━
     ━━━━━
     ━ ━ ━   （内外顺从：巽）
下巽 ━━━━━
     ━━━━━
     ━ ━ ━
</pre>

一、卦辞：

巽：小亨。利有攸往。利见大人。

【注释】

巽：恭顺，恭敬顺从。指奉命行事的恭敬顺从。

小：指臣。

大人：指自己的上司。

【译文】

恭敬顺从：臣顺利，利于长期前行，宜见帮助自己的上司。

【解义】

为臣奉命行事做到恭敬顺从，称巽。为臣奉命行事做到恭敬顺从，可使自身的事业顺利，并且对自己长期发展有利。为臣若要获得事业成功，需要得到在上之君对自己的支持和帮助。

二、象辞与卦象

象曰：重巽以申命。

【注释】

重巽：内、外卦皆为巽。指内、外顺从。内顺是内心的恭敬，外顺是外在的顺从。

申：表达，说明。申命：上司用命令表达自己的要求，简称命令。

【译文】

巽是内、外顺。内、外顺用于执行命令。

【解义】

为臣奉命行事做到恭敬顺从是巽之意。为臣在接受和执行命令的过程中做到内心恭敬、外在顺从，是为了顺利完成在上之君下达的命令。

刚巽乎中正而志行。柔皆顺乎刚，是以小亨。

【注释】

刚：指君。

柔：指臣。

皆：都，全。

【译文】

君行刚、顺从于中正为了行其志。臣完全顺从于君，所以会顺利。

【解义】

在上之君持刚坚守正道、中而不过是为了实现自己的志向。为臣若能完全按照君命行事，就是对其君最有力的支持，所以自身也将获得顺利。

利有攸往，利见大人。

【译文】

利于长期前行，利见大人。

【解义】

为臣完全按照君命行事，有利于自身事业的长期发展。为臣若要取得事业成功，需要得到在上之君对自己的支持和帮助。

象曰：随风，巽。君子以申命行事。

【注释】

随：跟随。

【译文】

两风相随，巽。君子用于奉命行事。

【解义】

上巽下巽，内外皆顺是巽之象。君子观此象，以内心恭敬、外在顺从保证自己能够顺利完成在上之君下达的各项任务。

三、爻辞与爻象

初六：进退，利武人之贞。

【译文】

进退不定，宜行武人忠诚之法。

【解义】

为臣在接受命令之后心存疑虑、进退难以决断时，宜采用武人忠诚不疑之法，坚决果断地执行命令。

象曰：进退，志疑也。利武人之贞，志治也。

【注释】

志：心志。指内心。

【译文】

进退不定，是内心有疑虑。宜行武人忠诚之法，可治内心疑虑。

【解义】

为臣进退不定是心存疑虑的结果。宜采用武人忠诚不疑之法坚决果断执行命令，是可医治为臣内心存在的疑虑。

九二：巽在床下，用史巫纷若，吉。无咎。

【注释】

床：放置祭物的桌子。

巽在床下：指身为下属。

史巫：祷告的巫师。

纷：多。纷若：多请示汇报。

【译文】

身为下属，用巫师祷告之法，多请示、汇报，吉，没有过错。

【解义】

身为下属接受命令时应谦卑之至，要像巫师敬奉神灵一样内心虔诚、恭敬；并且在执行命令的过程中若能多向在上之君请示、汇报，则吉。不会有错。

象曰：纷若之吉，得中也。

【译文】

多请示汇报之吉，是成于走正道的结果。

【解义】

为臣在执行命令的过程中多请示、汇报之吉，是避免出错、坚守正道的结果。

九三：频巽，吝。

【注释】

频：皱眉。

【译文】

皱眉接受命令，有烦恼。

【解义】

为臣在接受命令时，因为不合自己心意而皱眉不快。此时虽然勉强接受了命令，但是在执行命令的过程中必受烦恼之困。

象曰：频巽之吝，志穷也。

【译文】

皱眉接受命令的烦恼，是其成功之志没有了。

【解义】

为臣皱眉接受命令的烦恼，是因为其臣对成功已经失去信心了。

六四：悔亡，田获三品。

【注释】

三品：干豆，宾客，充苞。干豆：干肉及豆可长期食用，指长期利益。宾客：客人，指良好的外部环境。充苞：供应厨房现用，指短期利益。

【译文】

没有后悔之事，打猎获得充苞、干豆、宾客。

【解义】

为臣接受命令之后，前行虽然艰难，但是若能为在上之君获得"短期收益、长期收益或创造了良好的外部环境"时，一切烦恼都将随之消失了。

象曰：田获三品，有功也。

【译文】

打猎获得三品，有功劳。

【解义】

能为在上之君获得"短期收益，长期收益或创造了良好的外部环境"时，说明为臣做出了重要贡献，因此建立了自己的功绩。

九五：贞吉悔亡，无不利。无初有终，先庚三日，后庚三日，吉。

【注释】

无初：指最初艰难。

有终：指最终有成

庚：指庚日。庚为金。象征君。

先庚三日：为丁日，丁为火。火克金。指君有难。

后庚三日：为癸日，癸为水。水灭火。指为君解难。

【译文】

坚守正道不变吉，没有后悔之事发生，也没有不利之事出现。最初艰难，最终有成。君有难，臣解君难，吉。

【解义】

身为下属在自己上司有难的情况下，为臣若能坚定不移执行命令、及时为在上之君排忧解难时吉，并且不会有后悔之事发生，也不会有任何不利的情况出现。此时执行君命虽然开始艰难，但最终会有好结果。君有难，为臣若能帮助在上之君排忧解难，一定会给自己带来吉祥如意。

象曰：九五之吉，位正中也。

【译文】

九五的吉祥，是位正坚守正道的结果。

【解义】

帮助在上之君排忧解难所获得的吉祥，是为臣在其位、走正道的结果。

上九：巽在床下。丧其资斧。贞凶。

【注释】

资：钱财。指收入。

斧：杀人的刑具。比喻权力。

【译文】

身为下属，失去收入和权力，正也凶。

【解义】

身为下属在自己上司有难的情况下，拒绝执行命令、不及时出手相助，其臣将会失去目前的收入和权力。即使其臣是正确的也会有凶险。

象曰：巽在床下，上穷也。丧其资斧，正乎凶也。

【译文】

身为下属，当在上之君无路可走时，失去收入和权力，虽正也凶。

【解义】

身为下属在自己上司走投无路的情况下，拒绝执行命令不及时出手相助，其臣一定会失去目前的收入和权力。即使其臣是正确的也会有凶险。

四、终述

1. 爻辞终述

巽——论奉命行事

初六：进退之疑——忠诚之顺

　　九二：史巫纷若——恭敬之顺

　　九三：频巽之吝——不敬之顺

　　六四：田获三品——顺之有成

　　九五：贞吉悔亡——助君解险

　　上九：丧其资斧——君险违命

2. 本卦终述

　　下巽上巽，内外顺从是巽之象。为臣奉命行事做到内心恭敬、外在顺从是象之意。为臣若要事业顺利有成，必须做到内顺、外顺。内顺是内心对上的恭敬，外顺是对上表现的顺从。内顺、外顺是为臣事业成功的必要条件。怎样才能做到内顺、外顺呢？①对君要忠诚。②对君要恭敬。③要为君排忧解难。④执行命令坚定不移。

兑卦第五十八： 论与下沟通

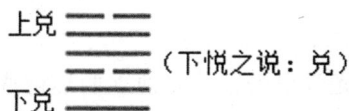

上兑 ▱▱▱
　　　　　　（下悦之说：兑）
下兑 ▱▱▱

一、卦辞

兑：亨，利贞。

【注释】

兑：说，悦。指让下属高兴的沟通。

【译文】

让下属高兴的沟通：顺利，宜坚守正道不变。

【解义】

用上说下悦的方法与下沟通，称兑。让下属高兴的沟通，可使为君前行顺利。与下属沟通若要获得成功，沟通的内容要坚守正道不变。

二、象辞与卦象

彖曰：兑，说也，刚中而柔外，说以利贞，是以顺乎于天而应乎于人。

【译文】

兑是说。说要内刚外柔，说宜坚守正道。所以要顺应天理而迎合人心。

【解义】

用上说下悦的方法与下属沟通是兑之意。沟通时要做到内心刚正、外表和蔼可亲，并且沟通的内容要坚守正道不变。所以沟通要顺应天理而迎合人心。

说以先民，民忘其劳。说以犯难，民忘其死。说之大，民劝矣哉！

【注释】

先民：前人。

犯：遭遇。

难：苦难。

大：最。

劝：勉励，鼓励。

【译文】

讲前人的事迹，百姓可忘疲劳。讲遭遇的苦难，百姓可忘其死。讲话的最大作用是百姓受到了鼓励啊！

【解义】

沟通时讲前人的光辉事迹，可以使人们忘记疲劳。讲国破家亡给人们带来的痛苦与灾难，可以使人们舍生忘死。沟通的最大作用是人们受到鼓励后，可奋勇向前啊！

象曰：丽泽，兑。君子以朋友讲习。

【注释】

丽：相连。

讲习：练习。

【译文】

两泽相连，兑。君子与朋友在一起时练习。

【解义】

上以悦说、下以悦顺，两悦相连是兑之象。君子观此象，与亲朋好友在一起时练习沟通的正确方法。

三、爻辞与爻象

初九：和兑，吉。

【注释】

和：和悦。

【译文】

和悦沟通，吉。

【解义】

为君与下属和蔼、愉悦的沟通，能让下属以喜悦的心情完成任务，吉。

象曰：和兑之吉，行未疑也。

【译文】

和悦沟通之吉，对其行为不怀疑。

【解义】

为君与下属和蔼、愉悦的沟通之吉，来自下属按照其君要求行事的正确性深信不疑。

九二：孚兑，吉。悔亡。

【译文】

诚信的沟通，吉。没有后悔之事。

【解义】

为君与下属沟通如果能够做到真诚守信时，吉。并且也不会有后悔之事发生。

象曰：孚兑之吉，信志也。

【译文】

有诚信沟通之吉，是相信其志的结果。

【解义】

为君与下属诚信沟通之吉，是下属对其君所讲的内容深信不疑的结果。

六三：来兑，凶。

【注释】

来：回来。归来。

【译文】

归来后的沟通，凶。

【解义】

为君对下属事前不沟通，待下属出了问题之后又将责任全部推给下属的事后沟通，是为君执政的凶之道。

象曰：来兑之凶，位不当也。

【译文】

归来后沟通之凶，是居位不当的结果。

【解义】

事后沟通之凶，是其君在其位做了不该做的事所造成的不良后果。

九四：商兑，未宁。介疾有喜。

【注释】

商：商量。

宁：安宁。

介：阻碍。阻止。

【译文】

用商量解决不安宁，可阻止疾病，有喜事。

【解义】

为君采用商量的方法与下属沟通，用于解决团队内部出现的不安宁；除了可防止沟通出错之外，还会有意外的收获。

象曰：九四之喜，有庆也。

【译文】

九四之喜，是有值得庆贺事发生。

【解义】

为君采用商量的方法与下属沟通所带来的喜事，是有值得庆贺的意外收获。

六五：孚于剥，有厉。

【注释】

剥：脱落。指逐渐减少。

【译文】

诚信减少，有危险。

【解义】

为君与下属沟通其诚信越来越少时，前行将会有因失信于民而导致下属众叛亲离的危险。

象曰：孚于剥，位正当也。

【注释】

当：挡住。

【译文】

诚信减少，是其位挡住了走正道。

【解义】

为君与下属沟通时诚信越来越少，是为君在利用职权恃强凌弱，没有正确使用手中的权力。

上六：引兑。

【注释】

引：引诱。

【译文】

引诱他人的沟通。

【解义】

为君用引诱下属讲真话的方法与下属沟通，是想了解自己不清楚的事情。

象曰：上六引兑，未光也。

【译文】

引诱他人的沟通，没有光大沟通。

【解义】

为君用引诱下属讲真话的方法与下属沟通，并不能将"上说下悦"的沟通宗旨发扬光大。

四、终述

1. 爻辞终述

兑——论与下沟通

初九：和　兑——和悦沟通

九二：孚　兑——诚信沟通

六三：来　兑——事后沟通

九四：商　兑——商量沟通

九五：孚于剥——少诚沟通

上六：引　兑——引诱沟通

2. 本卦终述

下兑上兑，下悦之说是兑之象。在上之君采用让下属喜悦的方式与下属沟通是象之意。与下属沟通的目的是劝民成事。若让下属忘记疲劳，要宣传前人的光辉事迹；若让下属舍生忘死，要大力宣传国破家亡给人们带来的灾难与痛苦。沟通如果能够做到坚守正道、外柔内刚可达到最好的沟通效果。同时要注意：①沟通的态度要真诚。②沟通要讲诚信。③沟通后要上下和悦。④沟通要合于天道、顺应民心。

涣卦第五十九：　论除内患

巽上　（除险顺从：涣）
坎下

一、卦辞

涣：亨。王假有庙。利涉大川，利贞。

【注释】

涣：离散。指清除内部离散的灾祸，简称清除内患。

【译文】

清除内患：顺利，君王祭祖。利干大事，利坚守正道不变。

【解义】

清除内部离散之患，称涣。当团队内部出现离散之患时，为君若要保证自身的事业发展顺利，首先要以祖先的遗训统一思想、凝聚人心，其次才能动手清除内患。清除内患是为了干大事，干大事为君自己一定要坚守正道不变。

二、象辞与卦象

象曰：涣，亨。刚来而不穷，柔得位乎外而上同。

【注释】

刚：指君。

穷：止。

柔：指臣。

【译文】

涣是清除内患。顺利。君用刚不止，臣得位一致对外而与上同心。

【解义】

清除内部离散之患是涣之意。在内患时常出现的情况下，为君的事业之所以能够顺利向前发展，是因为在上之君不断运用手中的权力施刚除患，以此保证在下之臣能够各守其位、一致对外，密切配合在上之君奋力前行的结果。

王假有庙，王乃在中也。

【译文】

君王祭祖，是其君在走正道了。

【解义】

内患出现之后，为君决定采用祖先遗训统一团队思想、凝聚人心，说明在出现内患的情况下，为君已经开始走正道了。

利涉大川，乘木有功也。

【注释】

木：木船。木船是过大河的前提条件。指清除内患是为君走向成功的前提。

功：成功。

【译文】

宜过大河，乘坐木船可获成功。

【解义】

宜为君干大事，是指为君只有在清除内患的前提下，才能保证自身事业获得成功。

象曰：风行水上，涣。先王以享于帝，立庙。

【注释】

享：享受。

立：设立。立庙：设立宗庙。暗指继承祖先的遗训。

【译文】

下水上风，涣。先王以此成帝，设立宗庙。

【解义】

风助险势，遇险而散是涣之象。先王曾以祖先的遗训凝聚人心消除内部离散之患，并且获得了成功、成就了帝业。这是先王正确贯彻执行祖先遗训的结果。

三、爻辞与爻象

初六：用拯马壮，吉。

【注释】

拯：拯救。

马壮：良马。比喻快速。

【译文】

用良马快速拯救，吉。

【解义】

当团队内部出现离散之患时，为君若能快速消除内患，则吉。

象曰：初六之吉，顺也。

【译文】

快速消除内患之吉，是变得顺利了。

【解义】

为君快速消除内患之吉，是消除内患之后，其君的事业变得顺利了。

九二：涣奔其机，悔亡。

【注释】

奔：急走。指快速离去。

机：时机。

【译文】

内患快速离去要抓住时机，没有后悔之事。

【解义】

内患出现之后，如果能够抓住时机快速消除内部的离散之患，就不会有后悔之事发生。

象曰：涣奔其机，得愿也。

【译文】

抓住时机消除内患，实现了自己的愿望。

【解义】

为君抓住时机快速消除内部的离散之患，实现通过"清除内患"推动自身事业继续向前发展的愿望了。

六三：涣其躬，无悔。

【译文】

离散之患在于自身，没有后悔之事。

【解义】

由于为君自身的原因造成团队内部出现离散之患时，如果自己能够及时纠正错误就不会有后悔之事发生。

象曰：涣其躬，志在外也。

【译文】

离散之患来自为君自身，其志在外部。

【解义】

由于为君个人的原因造成了离散之患，如果自己能够及时改正错误，说明其君最终的目标是要向外发展。

六四：涣其群，元吉。涣有丘，匪夷所思。

【注释】

群：众人。

元：开始。

丘：坟墓。指失败。

夷：平常。指内患的制造者。

【译文】

消除众人离散之患开始吉。众人之患的失败是内患的制造者没想到的。

【解义】

当团队内部出现众人离散之患时，如果为君在事发之初就能够彻底清除内患，则吉。众人之患能这么快被彻底清除，这是内患的制造者没有想到的事。

象曰：涣其群元吉，光大也。

【译文】

消除众人离散之患开始吉，是事业得到光大。

【解义】

众人离散之患刚刚出现就被为君彻底清除的吉祥，是其君通过及时清除内患推动自身事业继续向前发展的结果。

九五：涣汗其大号。涣王居，无咎。

【注释】

汗：汗水。指艰辛。

号：命令。大号：指君命。

涣王：指制造内患的领头人。

居：坟墓。

【译文】

除患艰辛可用君命，将涣王送入坟墓，没有过错。

【解义】

众人离散之患已经发展到一定程度，为君除患变得异常艰难，这是其君错失除患良机的结果。此时如果能够下令彻底清除制造内患的罪魁祸首，并将其送入坟墓，不会有错。

象曰：王居无咎，正位也。

【译文】

内患之首被消灭，没有过错，是其君做了正确的事。

【解义】

将众人离散之患的罪魁祸首送入坟墓没有过错，这是在位之君做了自己应该做的事。

上九：涣其血去，逖出，无咎。

【注释】

血：血液。血去：血已流尽，人已死亡。指彻底失败。

逖：远。

【译文】

离散之患造成彻底失败，远行避难，不会有错。

【解义】

如果让众人离散之患任其发展，最终将会造成其君的彻底失败。此后唯一出路就是放弃一切远行避难，这样可避免自己受到更大的伤害，不会有错。

象曰：涣其血，远害也。

【译文】

离散之患造成彻底失败，要远离灾害。

【解义】

离散之患给在上之君造成彻底失败后，当其君已无力扭转失败的局面时，只能选择远走高飞以避其害了。

四、终述

1. 爻辞终述

涣——论除内患

初六：用拯马壮——除患要快

九二：涣奔其机——除患择机

六三：涣 其 躬——自患自除

六四：涣 其 群——众患早除

九五：涣汗大号——众患晚除

上九：涣 其 血——众患不除

2. 本卦终述

下坎上巽，除险顺从是涣之象。在外有阴风助势、内有离散之患的情况下，为君只有清除内患之后，下属才能顺从于君继续前行是象之意。清除内部离散之患首先要用祖先的遗训统一思想，而后要用手中的权力及时果断地清除内部离散之患，以保证自身的事业发展顺利。同时要注意：①除患要快。②除患要择机。③除患宜早行。④有患不除自食恶果。

节卦第六十：　论防内患

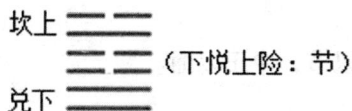

坎上 ☵

兑下 ☱（下悦上险：节）

一、卦辞

节：亨。苦节不可贞。

【注释】

节：节制。调节。

苦：痛苦。

【译文】

调节：顺利。痛苦的调节，不可坚持不变。

【解义】

为君调节"下悦上险"的执政过失，称节。为君调节执政的过失，可使以后执政变得顺利。给下属带来痛苦的调节叫苦节。苦节不可强行推进坚持不变。

二、象辞与卦象

象曰：节亨。刚柔分而刚得中。

【注释】

刚：指君。

柔：指臣。

分：与合相对，不合。

【译文】

节是调节。调节，顺利。君、臣失合，君成于中而不过。

【解义】

为君调节执政的过失是节之意。调节执政过失可获事业顺利。如果调节执政的过失造成君、臣失合时，为君的调节将成功于中而不过。

苦节不可贞，其道穷也。

【译文】

苦节不可坚持不变，其道不可行。

【解义】

给下属带来痛苦的调节，不可强行推进坚持不变。因为此路不通，不可能成功。

说以行险，当位以节，中正以通。

【注释】

说：通"脱"。脱离。

【译文】

脱离正道带来风险，用权力调节，中正则通。

【解义】

当为君执政脱离了正道给自身事业带来风险时，为君要运用手中的权力进行调节。此时的调节如果能够做到坚守正道、中而不过才能畅通无阻。

天地节而四时成。节以制度，不伤财，不害民。

【译文】

天地有节四季而成。节用于控制度，即不伤财，又不害民。

【解义】

天地运行因为调节有度，一年四季才能成而不乱。如果为君调节执政过失也能做到调节有度，便可实现即不损失钱财、又不伤害自己下属的最好结果。

象曰：泽上有水，节。君子以制数度，议德行。

【注释】

制：制定。

数：分辨。

度：标准。

议：审理，审查处理。

【译文】

下泽上水，节。君子以制定分辨标准，审理德与行。

【解义】

泽上之水，不节则溢是节之象。君子观此象，以制定分辨是非的标准，审查处理道德与行为中的过失。

三、爻辞与爻象

初九：不出户庭，无咎。

【注释】

户：家庭。户庭：家中客厅。指内部。

【译文】

不出客厅，没有过错。

【解义】

为君执政对内有过失时，宜在内部调节不宜涉及外部，防止调节范围过大，造成不利局面。这样做没有过错。

象曰：不出户庭，知通塞也。

【注释】

通：畅通。指可行。

塞：阻塞。指不可行。

【译文】

不出客厅，知畅通阻塞。

【解义】

为君调节内部之过不涉及外部，说明其君知道在什么范围调节可行与不可行。

九二：不出门庭，凶。

【注释】

门：指通往户外之门。门庭：庭院之门。

【译文】

不出庭院之门，凶。

【解义】

为君执政对外有过失时，如果错误地调节内部而不调节外部；由于其过失没有得到真正解决，最终将会殃及自身是凶之道。

象曰：不出门庭凶，失时极也。

【译文】

不出庭院之凶，失去了最佳时机。

【解义】

为君执政对外有过失而错误地调节内部之凶，是因为其君失去了解决问题的最佳时机。

六三：不节若，则嗟若。无咎？

【注释】

若：语气词，无实义。

【译文】

不调节，则会叹息，怎能无错呢？

【解义】

为君执政有过失不调节，最后的结果只能是面对执政之过所带来的重大损失而叹息了，这样执政怎么会没有过错呢？

象曰：不节之嗟，又谁咎也？

【译文】

不调节的叹息，这是谁的错呢？

【解义】

为君执政有过失而不调节，最终出现了后悔的叹息，这又能怪谁呢？

六四：安节。亨。

【注释】

安：安乐。

【译文】

安乐的调节，顺利。

【解义】

为君调节执政的过失给下属带来平安快乐时，这样的调节可顺利进行。

象曰：安节之亨，承上道也。

【注释】

承：接受。

【译文】

调节顺利，是接受了在上之君的调节。

【解义】

为君调节执政的过失可顺利进行，说明下属已经接受了在上之君的调节。

九五：甘节，吉。往有尚。

【注释】

甘：美好。指幸福。

尚：推崇。

【译文】

幸福的调节，吉，前行将受推崇。

【解义】

为君调节执政的过失给下属带来福祉时，吉。并且会很快得到下属的支持和响应。

象曰：甘节之吉，居位中也。

【译文】

幸福调节之吉，是在其位行正道。

【解义】

给下属带来福祉的调节之吉，是为君在其位、走正道能够正确调节执政过失的结果。

上六：苦节。贞凶。悔亡。

【译文】

痛苦的调节，坚持不变，凶。没有后悔之事。

【解义】

为君调节执政的过失给下属带来痛苦时，如果坚持不变则会有凶险。倘若能及时改正就不会有后悔之事发生。

象曰：苦节贞凶，其道穷也。

【译文】

痛苦的调节不变，凶。其道不可行。

【解义】

给下属带来痛苦的调节坚持不变的凶险，是由于其调节之道根本行不通，为君却又固执己见、强行推进带来的后果。

四、终述

1. 爻辞终述

节——论防内患

初九：不出户庭——内过之节

九二：不出门庭——外过之节

六三：不节之嗟——有过不节

六四：安节之亨——安下之节

九五：甘节之吉——甘下之节

上六：苦节贞凶——苦下之节

2. 本卦终述

下兑上坎，下悦上险是节之象。当现行政策出现"下悦上险"的过错时，为君运用手中的权力调节政策之过是象之意。如果有过不调节对自身事业的发展将无任何益处。但是要注意调节给下属带来的后果：给下属带来收益的调节，可顺利执行；给下属带来损失的调节，要注意方法；给下属带来严重伤害的调节根本行不通，如果强行推进是凶之道。

中孚卦第六十一： 论用臣以诚

巽上
（悦而顺从：中孚）
兑下

一、卦辞

中孚：豚鱼，吉。利涉大川。利贞。

【注释】

中：内。中孚：发自内心的诚信。

豚：小猪。

【译文】

内心诚信：小猪小鱼，吉。宜干大事，宜坚持不变。

【解义】

为君对下属发自内心的诚信，称中孚。发自内心的诚信能够驯化不通情理的小猪小鱼，何况是人了，所以吉。对待下属若能做到发自内心的诚信可干大事，但是要坚持不变、不能半途而废。

二、象辞与卦象

象曰：中孚，柔在内而刚得中。说而巽，孚乃化邦也。

【译文】

中孚是内心诚信，以柔对内，若行刚成于中。悦而顺从，诚信可改变邦国。

【解义】

为君发自内心的诚信是中孚之意。发自内心的诚信是真心关爱自己的下属，同时对待下属要以柔相待，如果行刚要中而不过。若能如此，下属将会因喜悦而顺从。所以发自内心的诚信可改变自己团队的面貌。

豚鱼吉，信及豚鱼也。利涉大川，乘木舟虚也。

【注释】

乘木舟：借助木船过河。指借助诚信干大事。

虚：空。谦虚。

【译文】

小猪小鱼吉，是对小猪小鱼讲诚信。利过大河，是指借助木船内空虚可乘人渡河。

【解义】

小猪小鱼都能驯化之吉，是因为对小猪小鱼讲诚信。宜干大事，是指为君若能借助诚信和谦虚的力量，就能顺利实现自己的愿望。

中孚以利贞，乃应乎天也。

【注释】

以：因为。

乃：才。

【译文】

发自内心的诚信因为坚持不变，才与天道相合。

【解义】

为君发自内心的诚信只有做到坚持不变，才能实现与天道相合。

象曰：泽上有风，中孚。君子以议狱缓死。

【注释】

议狱：审理案件。

缓死：宽缓死刑。

【译文】

下泽上风，中孚。君子审理案件，宽缓死刑。

【解义】

下兑上巽，下悦上顺是中孚之象。君子观此象，以发自内心的诚信待下，达到让下属能够真诚感激的效果；如同审理被判处死刑的犯人宽缓其死刑时，犯人所表现的真诚感激一样。

三、爻辞与爻象

初九：虞吉。有它不燕。

【注释】

虞：通"娱"。欢乐，快乐。

它：第三人称代词，指欢乐。

燕：同"宴"。宴请。指利益分享。

【译文】

欢乐，吉。有欢乐不用宴请。

【解义】

在君、臣相距较近可相互见面的情况下，如果为君的诚信可让下属感到喜悦、欢乐时，吉。当下属感到喜悦、欢乐时，为君可不用利益分享的方法也能成事。

象曰：初九虞吉，志未变也。

【译文】

初九欢乐之吉，是其志未变的结果。

【解义】

给下属带来喜悦、欢乐的诚信之吉，来自下属对其君的信任始终没有改变的结果。

九二：鸣鹤在阴，其子和之。我有好爵，吾与尔靡之。

【注释】

阴：不相见。

好爵：好酒。

靡：分（享）。

【译文】

鹤在互不相见的地方鸣叫，其子随声应和，我有好酒与你分享。

【解义】

在君、臣相距较远不能相互见面的情况下，若要做到为君有召唤时驻外之臣能够积极响应，除了为君待臣要真诚守信之外，同时还应做到利益分享；如同君有好酒好肉与驻外之臣共同分享一样。

象曰：其子和之，中心愿也。

【译文】

其子随声应和，是内心的愿望。

【解义】

君有召唤时驻外之臣能够积极响应，说明为君的召唤是驻外之臣的内心愿望。

六三：得敌。或鼓或罢，或泣或歌。

【注释】

得：俘获。

鼓：击鼓迎战。

罢：鸣金罢兵。

泣：指罚的哭泣。

歌：指奖的欢歌。

【译文】

俘获敌人，或击鼓迎战，或鸣金罢兵，或哭泣，或欢歌。

【解义】

为君执政如果没有诚信，当下属遇到俘获敌人的机会时，是应进攻、还是后退；其行动是被处罚、还是被奖励，由于分辨不清而犹豫不决，最终的结果将是贻误战机和失去战斗力。

象曰：或鼓或罢，位不当也。

【译文】

或进或退，是在其位行不当的结果。

【解义】

为君如果没有诚信，下属遇到俘获敌人的机会时，将不知是进、还是退，这是身为人君在其位对下属做了不该做的事。

六四：月几望，马匹亡，无咎。

【注释】

月几望：月亮几乎圆满了。指诚信接近极致时。

马匹亡：指遭受重大损失。

【译文】

月亮几乎圆满了，虽然失去马匹，不会有错。

【解义】

为君待下的诚信接近极致时，下属之臣在执行命令的过程中即使遭受重大损失，其斗志也不会因此而改变；将会义无反顾地继续奋勇向前，不会有错。

象曰：马匹亡。绝类上也。

【注释】

绝：超过。

类：此类。

上：以前。

【译文】

失去马匹，超过此类以前情况。

【解义】

为臣奉命前行遭受了重大损失，其损失程度是前所未有的。

九五：有孚挛如，无咎。

【注释】

挛：蜷曲不伸。指不张扬。

【译文】

有诚信不张扬，无错。

【解义】

为君待下能真诚守信并且不四处宣扬，对其执政而言没有过错。

象曰：有孚挛如，位正当也。

【译文】

有诚信不张扬，是在其位行正当。

【解义】

为君待下能真诚守信并且不四处宣扬，是其君在其位做了自己应该做的事。

上九：翰音登于天。贞凶。

【注释】

翰：山鸡。

登：升。

【译文】

山鸡的鸣叫声飞至天空，坚持不变，凶。

【解义】

欺骗下属的虚假诚信叫得震天响，却让下属屡屡失望。为君用此方法执政如果坚持不改，将会给自己带来凶险。

象曰：翰音登于天，何可长也？

【译文】

山鸡的鸣叫声飞至天空，怎么能长久呢？

【解义】

欺骗下属的虚假诚信叫得震天响，却让下属屡屡失望。用这样的方法执政怎么会长久呢？

四、终述

1. 爻辞终述

中孚——论用臣以诚

初九：虞吉不燕——近臣之孚

九二：鹤鸣在阴——远臣之孚

六三：或鼓或罢——无孚之败

六四：马匹之亡——有孚之成

九五：有孚挛如——有孚不张

上九：翰音登天——无孚之张

2. 本卦终述

下兑上巽，悦而顺从是中孚之象。为君以发自内心的诚信、真心关爱下属时，下属因喜悦而顺从是象之意。发自内心的诚信是为君的立业之本。对下有诚，则事业有成；对下无诚，则事业衰败。讲诚信的同时还要注意：①对下要有仁爱之心。②做事要刚中不过。③要持之以恒永远不变。④要注意方法与时同行。

小过卦第六十二： 论用臣无诚

上震 ☳
下艮 ☶ （止险之动：小过）

一、卦辞

小过：亨，利贞。可小事不可大事。飞鸟遗之音不宜上，宜下大吉。

【注释】

小：指臣。

过：越过。小过：指为臣越过常规。

遗：遗留。

【译文】

臣越过常规：顺利，宜守正道。可小心行事，不可干大事。飞鸟遗留哀鸣时，不宜上行，宜下行，下行大吉。

【解义】

在上之君整治在下之臣，为臣受到伤害后采用越过常规之法应对，称小过。小过之时为臣若能坚守正道不变，则会顺利；但要小心行事、不可干大事。此时如同猎人驱赶草丛中受伤哀鸣的飞鸟，待其暴露后猎杀。在这种情况之下为臣上行将有凶险，向下深藏不露才能大吉。

二、象辞与卦象

象曰：小过，小者过而亨也，过以利贞，与时行也。

【译文】

小过是为臣越过常规。为臣越过常规而能顺利，是在小过之时能坚守正道、不失时机。

【解义】

在上之君整治在下之臣，为臣采用越过常规的方法应对是小过之意。为臣越过常规能够顺利，是在遇难之时能够坚守正道，并且不失时机、顺势而行的结果。

柔得中，是以小事吉也。刚失位而不中，是以不可大事也。

【注释】

柔：指臣。

中：正。

刚：指君。

【译文】

臣成于正，所以小心行事可吉。君失位不走正道，所以不可干大事。

【解义】

为臣在遇难之时只有坚守正道才能成功摆脱困境，所以小心行事才能吉祥。由于在上之君不走正道，所以为臣不可干大事。在不走正道的上司手下工作，为臣若要持正干大事，其最终结果将会惨败。

有飞鸟之象焉。飞鸟遗之音，不宜上宜下大吉。上逆而下顺也。

【译文】

有鸟飞起之象。飞鸟有遗留的叫声，不宜向上飞，向下隐藏可大吉。这是上逆下顺的势态。

【解义】

为臣被整治受伤之后，有飞鸟起飞之象，如同猎人驱赶草丛中受伤哀鸣的飞鸟，待其暴露后猎杀。在此情况下，为臣上行申诉、争辩无疑是自我暴露，会有凶险；下行深藏不露才会大吉。这是"上凶下吉"的态势。

象曰：山上有雷，小过。君子以行过乎恭，丧过乎哀，用过乎俭。

【注释】

行：翮，翅膀。指上司的助手。

丧：失去。

用：任用。

俭：约束，不放纵。

【译文】

下山上雷，小过。君子遇难时：当助手要过于恭敬、失去时过于悲哀、任用时过于约束。

【解义】

下止上动，君动臣止是小过之象。当在上之君整治在下之臣时，为臣要谨慎行事；在当助手时，要表现出过于恭敬；在被处罚遭受损失时，要表现出过于悲哀；在被任用时，要表现出过于约束自己。总之要严格自律，以避其害。

三、爻辞与爻象

初六：飞鸟以凶。

【注释】

以：有。

【译文】

飞鸟向上飞行有凶。

【解义】

在上之君整治在下之臣，此时为臣将会有难。如果为臣逆势上行以申诉、争辩之过应对，将会有凶险。

象曰：飞鸟以凶，不可如何也。

【注释】

何：承受。

【译文】

飞鸟向上飞行有凶，不可如此承受。

【解义】

在上之君整治在下之臣，此时为臣将会有难。如果为臣逆势而上以申诉、争辩之过应对，将会有凶险。不可用此方法承受来自上方的压力。

六二：过其祖，遇其妣。不及其君遇其臣。无咎。

【注释】

过：拜访。

祖：祖父。指制臣之君的上司。

妣：祖母。指制臣之君的上司夫人。

其君：指被制之臣。

【译文】

拜访祖父，拜见其祖母，不如去见其君的心腹之臣，没有过错。

【解义】

当在上之君整治在下之臣时，如果为臣以越级上告之过应对，采用私下拜访其君的上司或者其君上司夫人的方法向其求助以解其难；不如求助于其君身边的心腹之臣，这样做不会给自己带来麻烦，没有过错。

象曰：不及其君。臣不可过也。

【译文】

不如去见其君的心腹之臣，是臣不可越级上告。

【解义】

在上之君整治在下之臣时，越级上告不如向其君身边的心腹之臣求救，说明为臣此时不可越级上告。如果越级上告会给自己带来更大的麻烦。

九三：弗过防之。从或戕之凶。

【注释】

从：顺从。

戕：毁坏。破坏。

【译文】

不过防止受害，顺从或破坏有凶。

【解义】

在上之君整治在下之臣时，如果为臣不越级上告以小心防范应对，其结果将是：要么顺从则不会受到更大伤害，要么不从则因破坏了其君的整臣计划而受到更大的伤害，这是凶之道。

象曰：从或戕之凶，如何也？

【译文】

顺从或破坏有凶，又能怎样呢？

【解义】

在上之君整治在下之臣时，为臣要么顺从不会受到更大的伤害、要么不从破坏了其君的计划而受到更大的伤害，除此之外又能怎样呢？

九四：无咎，弗过遇之。往厉必戒，勿用永贞。

【译文】

无错，不过遇君。前行危险务必警惕，不要持正不变。

【解义】

在上昏君整治在下的君子之臣时，为臣并没有越级上告，但是其君不放心却又故意找臣试探询问其内心的不满；此时君子之臣倘若如实说出自己内心的不满，将会有危险。若以不说为戒则无过错，不要愚忠。

象曰：弗过遇之，位不当也。往厉必戒，终不可长也。

【译文】

不过遇君，是在其位、行不当。前行危险务必警惕，最终不会长久。

【解义】

昏君整治君子之臣虽然为臣未过，但是其君却又故意找臣探询内心不满，这是昏君在其位、做事不当的情况。此时为臣倘若如实说出自己内心的不满将会有危险，应以不说为戒。但是为臣的好景不会太长了。

六五：密云不雨，自我西郊。公弋取彼在穴。

【注释】

密云不雨：指不露声色。

西郊：指周文王所在地岐周。

公：指商纣王。

弋：古代兵器。

【译文】

乌云密布但不下雨，来自我岐周，王公持弋等待猎杀洞中的猎物。

【解义】

在上昏君整治在下的君子之臣，此时君子之臣要以不露声色应对，就像周文王在岐周对待商纣王一样；因为此时商纣王持弋正在洞口守候，等待猎物出现后猎杀。

象曰：密云不雨，已上也。

【注释】

已上：已在高位之上。

【译文】

乌云密布但不下雨，说明已在高位之上。

【解义】

身居高位之臣面对昏君整治时，要以不露声色的方法应对，因为只有这样才能保全自己。

上六：弗遇过之，飞鸟离之，凶。是谓灾眚。

【注释】

弗遇：不见。

【译文】

不见之过，飞鸟脱离，凶。这是灾祸。

【解义】

昏君整治君子之臣，在臣受到伤害之后又找臣谈，而臣却以赌气不见之过应对。这时如同飞鸟飞离安全地带遭遇射杀一样，凶。用此方法应对是自取灾祸。

象曰：弗遇过之，已亢也。

【注释】

已：不久。

【译文】

不见之过，不久到头了。

【解义】

昏君整治臣后又找臣谈而臣却以赌气不见之过应对，这是自取灾祸。由此可知为臣的职业生涯不久将要走到尽头了。

四、终述

1. 爻辞终述

小过——论用臣无诚

初六：飞鸟以凶——申辩之过

六二：不及其君——越上之过

九三：弗过防之——不从之过

九四：弗过遇之——诱之不过

六五：密云不雨——处危不过

上六：弗遇过之——不见之过

2. 本卦终述

下艮上震，止险之动是小过之象。在上之君整治在下之臣时，在下之臣为了排除险情采用越过常规之法应对是象之意。在上之君整治在下之臣，臣若妄动将有灾祸；此时倘若不动以深藏不露应对，可无祸事。为臣在遇难之时宜坚守正道、顺势而行，并且要注意：身处危难之时不上诉、不申辩、不过其位，并且被诱骗时不上当。只有这样才能保全自己。

既济卦第六十三： 论成功之险

上坎 ☵

（明智防险：既济）

下离 ☲

一、卦辞

既济：亨，小利贞。初吉，终乱。

【注释】

既：已经。

济：成功。

小：指臣。

【译文】

事已成功：顺利，臣宜坚守正道不变。开始吉，最终出现祸乱。

【解义】

为臣在事业成功之后以明智防险，称既济。为臣在事业上已获成功，因此仕途将会变得顺利。此时宜坚守正道不变，否则将会变成开始吉祥，最终出现祸乱的局面。

二、象辞与卦象

象曰：既济，亨。小者亨也。

【译文】

既济是事已成功。事成的顺利，是为臣的顺利。

【解义】

为臣在事业成功之后以明智防险是既济之意。事已成功的顺利，是为臣取得事业成功之后的顺利。

利贞，刚柔正而位当也。

【注释】

刚：指君。

柔：指臣。

【译文】

宜坚守正道不变，是刚柔均正而在位适当。

【解义】

为臣在成功之后宜坚守正道不变，说明君、臣此时都能够身居其位、坚守正道。

初吉，柔得中也。终止则乱，其道穷也。

【译文】

开始吉，是为臣成于正。终止后却出现祸乱，是走到尽头了。

【解义】

为臣成功之吉是初吉。初吉成于为臣走正道。事业终止之后却出现祸乱，是其臣在事业成功之后未走正道的结果。这个结果的出现，说明为臣的职业生涯已经走到尽头了。

象曰：水在火上，既济。君子以思患而豫防之。

【注释】

豫：事先准备。

【译文】

上水下火，既济。君子以思考灾祸提前预防。

【解义】

上险下明，以明智防险是既济之象。君子观此象，思考成功之后可能出现的灾祸，做到提前预防。

三、爻辞与爻象

初九：曳其轮，濡其尾。无咎。

【注释】

曳：拖拉。曳其轮：比喻艰难之行。

濡：有辱。伤害。濡其尾：比喻遭受了一定的损失。

【译文】

拖拉车轮艰难前行，遭受了一定损失。无灾祸。

【解义】

由于前行艰难，为臣经历了千辛万苦取得了事业的成功。虽然给自己的上司造成了一定的损失，由于功绩远远大于过失，所以为臣不会有灾祸。

象曰：曳其轮，义无咎也。

【译文】

拖拉车轮艰难前行，其本义没有过错。因此没有灾祸。

【解义】

为臣历经千辛万苦换来了事业上的成功，对臣而言这本身就没有过错，因此不会有灾祸。

六二：妇丧其茀，勿逐。七日得。

【注释】

妇：指臣。

茀：古代象征妇女地位的饰物。指官职。

七日：每卦六爻，每爻一日，第七日将返回到初爻，是重新开始的意思。

七日得：指失而复得。

【译文】

妇人失去了象征地位的饰物，不要追讨，七天后复得。

【解义】

为臣在历经千辛万苦取得事业成功之后，由于某种原因自己却被免了职、丢了官。此时应耐心等待不要向上司争辩、讨要。当在上之君有新任务需要为臣去完成时，为臣的官职将会失而复得。

象曰：七日得，以中道也。

【译文】

七天复得，因为坚守正道。

【解义】

在有新任务的情况下为臣能够官复原职，说明其臣在丢官之后仍然能够坚守为臣的正道。

九三：高宗伐鬼方，三年克之。小人勿用。

【译文】

商朝高宗皇帝武丁征伐鬼方，历经三年获胜，小人不要用。

【解义】

在为臣需要经过长期艰苦奋斗才能获得成功的情况下，如同商朝高宗皇帝武丁讨伐鬼方历经三年欲通奋斗才取得胜利一样，此时切记不要用小人，因为小人会在艰难之时给团队制造麻烦。

象曰：三年克之，惫也。

【注释】

惫：疲惫。

【译文】

三年以后取胜，自己疲惫不堪。

【解义】

为臣经过长期艰苦奋斗才能取得成功时，由于其工作艰难而持久，自身的团队因久而生疲惫，小人通常在团队疲惫时制造麻烦。

六四：繻有衣袽，终日戒。

【注释】

繻：通"襦"。短袄。

袽：败絮。

【译文】

短袄中有败絮，终日戒备。

【解义】

为臣在取得阶段性的成功之后，要知道这不是最终的成功，还隐藏着失败的危机，如同华丽的短袄内隐藏着败絮一样。此时不能放松警惕要终日戒备，防止功亏一篑。

象曰：终日戒，有所疑也。

【注释】

疑：恐惧。

【译文】

终日戒备，有所恐惧。

【解义】

取得阶段性成功之后能够不放松警惕终日戒备，说明其臣面对隐藏的危机有清醒的认识，没有被暂时的胜利冲昏头脑，并且时刻戒备以防不测。

九五：东邻杀牛，不如西邻之禴祭，实受其福。

【注释】

东邻：指商纣王所在地。

西邻：指周文王所在地。

禴：祭祀名。指薄物之祭。

实：真实。真正。

【译文】

东邻杀牛，不如西邻的简单祭祀，真正享受其福。

【解义】

成功之后商纣王大搞吃喝庆典，不如周文王以简单的祭祀祭奠为成功献身的人们，并且安抚好其家庭。因为正是这些英雄不怕牺牲、前仆后继用自己的生命换取了今日的成功，所以只有如此才能真正安享成功之福。

象曰：东邻杀牛，不如西邻之时也。实受其福，吉大来也。

【译文】

东邻杀牛，不如西邻抓紧时机祭祀。真正享受其福，是有更多的吉事来临。

【解义】

成功之后商纣王大搞吃喝庆典，不如周文王及时祭奠为成功献身的人们，因为只有这样才能真正安享成功之福，并且以后会有更多、更大的吉事来临。

上六：濡其首，厉。

【注释】

濡：有辱。

首：上司。

【译文】

有辱其头，危险。

【解义】

当为臣的成功有辱自己的上司，或者上司受到直接或间接的伤害时，其臣的成功将会给自己带来凶险。

象曰：濡其首厉，何可久也？

【译文】

有辱其头危险，怎么会长久呢？

【解义】

给自己上司带来耻辱的成功将会给为臣自己带来危险。这样的成功福报怎么会长久呢？

四、终述

1. 爻辞终述

既济——论成功之险

初九：濡尾无咎——艰难之成

六二：妇丧其茀——成后失位

九三：三年克之——久艰之成

六四：濡有衣袽——阶段之成

九五：西邻之禴——成后之明

上六：濡其首厉——不明之成

2. 本卦终述

下离上坎，明智防险是既济之象。为臣在自己取得成功之后，如何做到明智防险是象之意。为臣在自己取得成功时，要保持头脑清醒分清成功的性质：是阶段性的，还是最终的；是局部的，还是全局的；是对上有利的，还是有辱上司的。否则将会功亏一篑或是前功尽弃。并且还应注意：成功要谦、成功要感恩、成功要守正、这样才能长久享受成功的福报。

未济卦第六十四： 论未成之险

上离 ▭▭
　　 ▭▭ （遇险之明：未济）
下坎 ▭▭

一、卦辞

未济：亨。小狐汔济，濡其尾，无攸利。

【注释】

未济：未成。

汔：接近。

济：过河。

【译文】

尚未成功：顺利。小狐过河接近成功时，沾湿了尾巴，没有益处。

【解义】

为臣明智处理接近成功时遇到的险情，称未济。为臣在接近成功遇险的情况下能够顺利，是为臣明智决策的结果，如同小狐狸过河在接近成功时沾湿了尾巴及时退回一样。此时前行的凶兆已经呈现，倘若继续冒险前行将会遭遇全军覆没的凶险，没有任何益处。

二、象辞与卦象

象曰：未济亨，柔得中也。

【译文】

未济是尚未成功。未成顺利，是臣成于正。

【解义】

为臣明智处理在接近成功时遇到的险情是未济之意。为臣在接近成功遇险的情况下能够顺利，说明为臣的所作所为是正确的。

小狐汔济，未出中也。濡其尾，无攸利，不续终也。

【注释】

续：延续。

终：最终。结束。

【译文】

小狐狸过河接近成功是未出正道。沾湿了尾巴继续前行无益，是没有延续到最终。

【解义】

为臣奉命前行能够接近成功，是为臣没有脱离正道的结果。前行的凶兆已经呈现继续冒险前行没有任何益处，是指为臣最终没能完成自己的任务。

虽不当位，刚柔应也。

【译文】

虽然行为不当，但是刚柔相应。

【解义】

为臣在接近成功时遇险退回，虽然退回的行为有违反君命的不当之处，但是因为这一决定是正确的，所以会得到在上明君的理解和支持。

象曰：火在水上，未济。君子以慎辨物居方。

【注释】

慎：谨慎。

物：事物。

方：大地。指臣道。

【译文】

下水上火，未济。君子以谨慎辨别事物坚守臣之道。

【解义】

下水上火，遇险而明是未济之象。君子观此象，以谨慎辨别是非坚守为臣的正道。

三、爻辞与爻象

初六：濡其尾，吝。

【译文】

小狐过河沾湿了尾巴，有烦恼。

【解义】

为臣在接近成功时遇到全军覆没的凶险退回。虽然未成功带来烦恼，但是有效避免了由于灭顶之灾所造成的全军覆没。

象曰：濡其尾，亦不知极也。

【译文】

沾湿了尾巴，不知河水有多深。

【解义】

为臣在接近成功时遇到凶险及时退回，是因为不知继续前行的风险到底有多大。

九二：曳其轮，贞吉。

【译文】

拖拉车轮，坚持不变，吉。

【解义】

为臣在接近成功时前行变得异常艰难，此时若能坚定信心、奋勇向前，就一定能够获得最后成功之吉。

象曰：九二贞吉，中以行正也。

【译文】

九二坚持不变吉，是内心守正的结果。

【解义】

在异常艰难的情况下坚持前行的吉祥，是为臣在异常艰难的情况下仍然能够做到意志坚定、继续坚守正道的结果。

六三：未济，征凶。利涉大川。

【译文】

接近成功时，前行有凶险，宜过大河。

【解义】

为臣在接近成功的情况下，如果奉命走陆路将会遭遇全军覆没的凶险时，宜过大河改走水路，这样可以避开凶险取得出奇制胜的效果。同时也可使成功所付出的代价最小。

象曰：未济征凶，位不当也。

【译文】

接近成功时前行凶，是居位不当。

【解义】

在接近成功时，为了回避继续前行的凶险，为臣自作主张改走水路，虽然这是违背君命的不当之举，但是可以避开凶险取得出奇制胜的效果。

九四：贞吉，悔亡。震用伐鬼方，三年有赏于大国。

【注释】

震：东方。指东方的商朝。

赏：奖赏。

【译文】

坚守正道不变，吉。没有悔恨。当年东方商朝高宗皇帝武丁征伐鬼方，三年后封大国之候。

【解义】

为臣奉命征伐实力强大的顽敌时，要做好长期艰苦奋斗的准备。只有在取得成功时，才能获得最终的吉祥，也不会有后悔之事发生。为臣若能获得如此成功将会得到其君的重奖，就像当年东方商朝高宗皇帝武丁征伐鬼方时，经过三年的浴血奋战取得了最终的胜利，其有功之臣被武丁大帝封为大国之候一样。

象曰：贞吉悔亡，志行也。

【译文】

坚守正道不变吉，没有后悔之事，实现了其君的愿望。

【解义】

为臣经过长期艰苦奋斗和坚守正道不变获得了吉祥，并且没有后悔之事发生，是为臣坚定不移实现在上之君既定目标的结果。

六五：贞吉无悔，君子之光，有孚吉。

【译文】

持正不变，吉。没有后悔之事。是君子道德高尚，有诚信的吉祥。

【解义】

为臣在长期艰苦奋斗的过程中，仍能坚守正道、勇往直前所获得的吉祥和没有后悔之事发生，是君子之臣道德高尚、坚守正道不变的结果；也是君子之臣对上忠诚柔顺，对下真诚守信给自己带来的吉祥如意。

象曰：君子之光，其晖吉也。

【注释】

晖：光辉。

【译文】

君子道德高尚，所焕发的光辉之吉。

【解义】

君子之臣在长期艰苦奋斗的过程中能始终坚守正道，充分展示了君子之臣的优秀品质，同时也给自己带来了事业上的吉祥。

上九：有孚于饮酒，无咎。濡其首，有孚失是。

【注释】

首：上司。

孚：诚实。

是：正。

【译文】

诚实饮酒，没有过错。有辱其头，即使诚实也失正。

【解义】

为臣成功之后奉命赴宴饮酒，在庆功宴上做到举止谦恭有礼、言谈真心诚意，没有过错。但是酒宴之上如果有辱自己的上司，即使自己诚实讲真话，也脱离了为臣的正道，是招灾惹祸之举。如果情节严重将会导致功败垂成。

象曰：饮酒濡首，亦不知节也。

【注释】

节：礼节。分寸。

【译文】

饮酒有辱其头，是不知分寸。

【解义】

为臣酒宴之上失正有辱自己的上司，这是为臣在酒宴之上不知礼节、没有分寸的结果。

四、终述

1. 爻辞终述

未济——论未成之险

初六：濡 其 尾——遇险撤回

九二：曳 其 轮——难行利贞
六三：未济征凶——遇险改道
九四：三年有赏——久艰利贞
六五：君子之光——有德之吉
上九：饮酒濡首——失正有咎

2. 本卦终述

下坎上离，遇险之明是未济之象。为臣在接近成功的情况下，如何明智处理遇到的凶险是象之意。为臣奉命带队前行在接近成功遇到凶险时，正确的处理方法如下：①遇到全军覆没的凶险，要停止前行原路返回。②遇到按计划前行的凶险，要改道而行侧面迂回。③遇到前行艰难的凶险，要决不退缩勇往直前。④遇到长期艰辛的凶险，要意志坚定决不半途而废。⑤有了成绩不要狂妄自大，谨防酒后失正、乐极生悲。